JOSUÉ YRION

T0328044

LA vida espiritual VICTORIOSA

GRUPO NELSON
Una división de Thomas Nelson Publishers
Desde 1798

NASHVILLE DALLAS MÉXICO DF. RÍO DE JANEIRO BEIJING

ISBN: 978-1-60255-3033

Impreso en Estados Unidos de América

09 10 11 12 13 BTY 9 8 7 6 5 4 3 2 1

CONTENIDO

Contenido

DEDICATORIA

1 Juan 5.7 dice: «Porque tres son los que dan testimonio en el cielo: el Padre, el Verbo [el Hijo] y el Espíritu Santo; y estos tres son uno» (ver también Juan 15.26). Deseo dedicar este mi sexto libro, *La vida espiritual victoriosa*, a la Santísima Trinidad. Al único y verdadero Dios, al Todopoderoso, Jehová de los ejércitos, el Dios de Israel, por haberme escogido desde el vientre de mi madre para predicar su preciosa Palabra, lo cual hasta ahora lo he hecho en más de 71 países en todos los continentes del mundo y por haber concedido a este indigno siervo la gran bendición de tener a mi querida esposa Damaris y mis preciosos hijos Kathryn y Joshua Yrion. Al Señor Jesucristo, el Rey de reyes y Señor de señores, por su gran sacrificio en la cruz por mí, por haberme salvado y perdonado desde mi juventud, por su sangre que me ha lavado y purificado de todos mis pecados; y por su gran misericordia, amor y paciencia para conmigo. Al Espíritu Santo por su sabiduría, poder, respaldo, convicción y autoridad que ha puesto sobre mi vida; y por su importante guía al ayudarme a hacer las decisiones correctas para mi vida personal, pública, familiar y ministerial. A ellos es dedicado este libro, pues es el Padre, el Hijo y el Espíritu Santo, que me han llevado a experimentar y poseer grandes victorias en mi vida espiritual durante estos largos años que le he servido fielmente. No hay y no tengo palabras adecuadas para expresarle a Dios Padre, al Dios Hijo y al Dios Espíritu Santo, mi agradecimiento por haberme guardado y librado del mal dondequiera que yo he estado. No estaría yo escribiendo este libro sobre «La vida espiritual victoriosa», si ellos no me hubieran proporcionado extraordinarias victorias en mi propia vida espiritual. He tenido grandes batallas y conflictos; pero grandes problemas, pruebas y tribulaciones, traen grandes victorias y excepcionales conquistas. Muchísimas gracias a mi Dios, a mi Cristo, y al Espíritu Santo, por

todas las victorias que he tenido en mi vida espiritual. Humildemente y definitivamente reconozco que sin ellos no estaría yo escribiendo estas líneas. Les amo con todo mi corazón, con toda mi alma y con todo mi entendimiento, y estoy eternamente agradecido por todo lo que han hecho y aún harán por mí. ¡Infinitamente gracias!

PRESENTACIÓN

Cuando escribí mi primer libro, *El poder de la Palabra de Dios*, mi *deseo* fue llevar a la iglesia a un entendimiento teológico más profundo de la necesidad de volver a las Escrituras. En el segundo, *Heme aquí, Señor, envíame a mí*, mi *pasión* fue hablar al pueblo de Dios y a sus ministros a reconocer la importancia de las misiones mundiales en sus vidas y hacer de la evangelización una prioridad. En el tercer libro, *La crisis en la familia de hoy*, mi *intención* fue establecer las bases bíblicas para un matrimonio estable, sólido y santo, teniendo a Cristo como fuente de todas las bendiciones sean materiales o espirituales y que este hogar sea capaz de resistir los embates furiosos del enemigo y permanecer hasta el fin. En el cuarto, *La fe que mueve la mano de Dios*, mi *propósito* fue escribir a los cristianos y ministros diciéndoles que la fe madura es capaz de llevarles a niveles espirituales poderosos y a recibir grandes milagros de parte de Dios si tan solo creemos lo que ya sabemos y predicamos. En mi quinto libro, *El secreto de la oración eficaz*, mi *énfasis* fue dejar claro la importancia de mantener o regresar a la comunión íntima con el Señor por medio del secreto de una oración específica y de poder, hecha a través del Espíritu Santo al obtener el resultado y la contestación que esperamos al oír la voz de Dios. Y en este mi sexto libro, *La vida espiritual victoriosa*, mi *corazón* anhela compartir que es posible vivir victoriosamente una vida espiritual plena, abundante y próspera, desde que empleamos las bases de la Palabra de Dios para obtenerla.

En los capítulos de este libro aprenderá a vivir en victoria al aplicar el **temor de Dios** a su vida; recibirá el **discernimiento espiritual** tan necesario; obtendrá el **crecimiento espiritual y la madurez**; poseerá la victoria sobre **el pecado y la tentación**; caminará gozosamente sobre **las aflicciones**; también conocerá la seguridad de ser un vencedor como *ministro*; tendrá la habilidad de rechazar la impaciencia y *esperar en silencio y quietud*; tendrá el poder de Dios por medio de la **oración;** sabrá cuán poderosa es el arma del **ayuno;** conocerá la importancia de guardar, aplicar, amar y vivir en la **Palabra de Dios;** y será llevado a la victoria final al *perseverar y permanecer hasta el fin.* Este libro le llevará a vivir victoriosamente en las áreas espirituales mencionadas arriba y hará que usted camine en un proceso diario, paso a paso, al hacer de usted una persona madura, consistente y capaz de ser usada por Dios en el llamado que Él tenga para su vida. Prepárese para embarcarse en una lectura placentera que culminará haciendo de su persona un gran vencedor en esta ardua y difícil batalla de la vida espiritual de la cual Cristo ya nos garantizó la victoria por medio de su muerte y resurrección. Todo lo que tenemos que hacer es tomar posesión de la victoria que Cristo ya logró en la cruz del Calvario al triunfar poderosamente sobre el diablo y sus huestes satánicas derrotándole eternamente. Esta victoria espiritual también es para todo creyente que está en Cristo, o sea, es para mí, es para usted y es para todos los que son lavados en la poderosa sangre del Cordero de Dios. Mientras lea este libro, tome posesión de esta promesa de victoria que Él nos hizo en el nombre del Señor Jesucristo. ¡Aleluya!

Que Dios les bendiga junto a sus queridas familias,

Rdo. Josué Yrion
Marzo 2009
Los Ángeles, California,
Estados Unidos de América

INTRODUCCIÓN

En 1 Juan 5.20 está escrito: *«Pero sabemos que el Hijo de Dios ha venido, y nos ha dado entendimiento para conocer al que es verdadero; y estamos en el verdadero, en su Hijo Jesucristo. Este es el verdadero Dios, y la **vida** eterna»*. En el griego, la palabra «**vida**» aquí es «**zoe**», que es comparada a «zoología» y «zoológico». «**Zoe**» se refiere al principio de la vida. En el Nuevo Testamento, «**zoe**» no solamente indica la vida física, sino también **la vida espiritual,** la cual podemos alcanzar únicamente por medio de la fe en Cristo Jesús. Vida eterna aquí se refiere no solamente a duración de vida sin fin que tendremos con Cristo, sino también mientras vivimos aquí en la tierra, la calidad de vida presente de gracia y de **victoria,** y después una vida futura de gloria con el Padre, el Hijo y el Espíritu Santo por toda la eternidad. De esto es lo que se trata este libro, de la primera parte de esta vida en Cristo, de cómo vivir «**la vida espiritual victoriosa»,** mientras estamos aquí en la tierra. Todos nosotros los creyentes en el Señor Jesucristo, los que somos parte de su Iglesia, vivimos en dos esferas en lo que a nuestra vida se refiere. La primera es la esfera natural, personal, secular y familiar, y la segunda es la esfera espiritual. Realmente cada cristiano está viviendo dos vidas en esta tierra al mismo tiempo y en dos niveles diferentes: El primer nivel es la vida normal de la cual necesitamos del alimento para sostener nuestro cuerpo físico y el segundo nivel es nuestra vida espiritual del cual somos alimentados en nuestra alma y espíritu al ser sostenidos por la Palabra de Dios, la Biblia. Nosotros tenemos un cuerpo físico y este cuerpo necesita de alimento para vivir; tenemos una mente, y nuestra mente necesita de inteligencia para pensar y hacer decisiones correctas y sabias; y tenemos un alma y un espíritu, hechos por Dios y para Dios, y sin Dios no podemos vivir. Por lo tanto definimos entonces que el hombre vive en dos dimensiones, la natural y la espiritual. De acuerdo a la Palabra de Dios tenemos una vida secular, normal y familiar y también tenemos una vida espiritual, pues 1 Tesalonicenses 5.23 confirma esto diciendo: «*Y el mismo Dios de paz os santifique por completo; y todo vuestro ser, espíritu, alma y cuerpo, sea guardado irreprensible para la venida de nuestro Señor Jesucristo*». Aquí está bien claro: ¡Tenemos una vida natural y la otra espiritual! Los que no son creyentes en Cristo, desde el punto de vista bíblico, no poseen una vida espiritual, solamente una vida física, natural y secular. La Biblia dice que tales personas aunque vivas físicamente están muertas espiritualmente. Efesios 2.1 declara: «*Y él os dio **vida** a vosotros, cuando estabais muertos en vuestros delitos y pecados*». Esta palabra es aplicada a todo aquel que ha recibido a Cristo como su Señor y Salvador, o sea, a todos nosotros los salvos, los creyentes y ministros los que hemos nacido de nuevo. Efesios 2.5 de igual manera nos habla: «*Aun estando nosotros muertos en pecados, nos dio **vida** juntamente con Cristo (por gracia sois salvos)*». A partir de este momento empezamos a tener una vida espiritual, que es necesaria mantenerla y hacerla crecer diariamente. Colosenses 2.13 también dice: «*Y a vosotros, estando muertos en pecados…os dio **vida** juntamente con él, perdonándoos todos los pecados*». Esta «**vida**» es la «**vida espiritual**» EN Cristo mientras vivimos aquí en la tierra, y posteriormente tendremos **la vida eterna** CON Cristo. Y esto es de lo que se trata este libro, *La vida espiritual victoriosa*, donde usted descubrirá cómo vivir cada día victoriosamente basado en la Palabra de Dios experimentando las grandes bendiciones que Dios tiene para usted a medida que crece y madura espiritualmente. Estoy seguro que será muy bendecido al leer las páginas de este libro y que su vida espiritual mejorará grandemente y le llevará a niveles espirituales nunca antes experimentados por usted.

PRÓLOGO

El deseo de todo padre de familia es el ver a sus hijos triunfar en la vida, desde que nacen nos preocupamos por suplir cada necesidad que tengan, los educamos con sumo cuidado, los moldeamos con nuestros consejos y enseñanzas proveyendo la sabiduría y madurez que necesitarán en el camino hacía la adultez para que lleguen a ser lo que hemos idealizado que sean desde el comienzo mismo en que fue anunciada su llegada, aun antes de conocer al bebe, cuando apenas se está formando en el vientre, lo visualizamos un vencedor (a), un triunfador (a) en la vida.

Del mismo modo nuestro Padre celestial desea que sus hijos tengan vidas victoriosas, aun antes de nacer, Él nos conoce, estando en el vientre de nuestras madres, sus ojos nos vio como dijo el rey David en el Salmo 139.16: «Mi embrión vieron tus ojos» y nos declara victoriosos en nuestra vida espiritual, siendo que ya Él ha provisto todo lo que iremos a necesitar en nuestro caminar diario. Efesios 1.3 dice: «Bendito sea el Dios y Padre de nuestro Señor Jesucristo, que nos bendijo con toda bendición espiritual en los lugares celestiales en Cristo». Él ha provisto todas las herramientas que nosotros necesitamos para caminar victoriosamente en nuestra vida espiritual en el mundo en que vivimos.

En 1 Corintios 1.30 nos dice: «Mas por él [el Padre] estáis vosotros en Cristo Jesús, el cual nos ha sido hecho por Dios sabiduría, justificación, santificación y redención». Fuimos redimidos del pecado por medio del sacrificio de su Hijo, fuimos santificados por su sangre, fuimos justificados a través de su justicia. El Padre dio a su Hijo para que a través de Él nosotros alcanzáramos todas estas cualidades que son requisitos indispensables para llegar hacia Él. Cristo Jesús nos abrió el camino, nos reconcilió con el Padre. En Cristo fuimos hechos hijos de

Dios, y si hijos también herederos de tantas y tan grandes promesas para caminar y vivir victoriosamente en santidad.

En el libro de Proverbios, en el capítulo 8, Jesús es presentado como la Sabiduría quien estaba con el Padre creándolo todo, pero en el libro de Juan se presenta a Jesús como la Palabra, pues Juan 1.1 habla: «En el principio era el Verbo [la Palabra], y el Verbo era con Dios, y el Verbo era Dios».

Por lo tanto en la Biblia, la Sabiduría y la Palabra personifican a Jesús, y es en Él donde encontramos todo lo que Dios ha provisto para que todo creyente nacido de nuevo pueda alcanzar una vida espiritual victoriosa. Este libro extraordinario de Proverbios nos insta a buscar la sabiduría. Proverbios 4.7 nos dice «sobre todas tus posesiones adquiere inteligencia» y en el Salmo 1 encontramos que hay bienaventuranzas para aquellos que meditan en la Palabra de día y de noche.

Las dos, tanto la Sabiduría como la Palabra nos son muy necesarias. Es por medio de la Palabra que obtenemos conocimiento y aprendemos que el principio de la sabiduría es el temor de Dios. Jesús, quien es nuestra Sabiduría también es la Palabra, por medio de la cual, mediante el estudio y la meditación diaria alcanzamos crecimiento espiritual y madurez. Es la Palabra quien nos revela la perfecta voluntad de Dios para cada creyente, es como una lámpara que alumbra el camino dándole la victoria a los ministros, guiándolos, fortaleciéndolos en su trabajo diario; es la que nos enseña que por medio del triunfo de Jesús en la cruz, nosotros podemos ser victoriosos sobre el pecado y la tentación. Tener un conocimiento profundo en la Palabra de Dios nos hace fuertes en nuestra vida espiritual para tener discernimiento espiritual y desarrollar los frutos del Espíritu, como la paciencia, para poder esperar en silencio y quietud la respuesta a nuestras oraciones. El saber todo lo que el Padre ha provisto para nosotros en Cristo nos hace tener victoria sobre las aflicciones por las que atravesamos en nuestro caminar diario. Y por medio del poder de la oración y del arma poderosa del ayuno viviremos espiritualmente victoriosos y esto finalmente nos capacitará para terminar nuestra carrera al perseverar y permanecer victoriosamente hasta el fin.

El vivir vidas espirituales derrotadas no agrada a Dios. La Biblia declara que usted y yo somos más que vencedores por medio de Cristo. Vivamos entonces a la altura de lo que somos. Vivamos la vida espiritual a la altura de lo que Dios ha idealizado y trazado en un plan perfecto a través del ejemplo de su Hijo Jesucristo.

Por medio de la lectura de este libro, *La vida espiritual victoriosa*, usted podrá aprender minuciosamente cómo vivir en victoria diariamente en su vida espiritual. Es mi deseo y oración que el Espíritu Santo pueda guiarlo a un entendimiento absoluto de lo que Dios ha puesto en el corazón de mi querido esposo para escribir sobre este tema a la iglesia de hoy.

Que Dios les bendiga siempre,
Damaris Yrion

La victoria del temor de Dios

1 Juan 5.4, 5
«Porque todo lo que es nacido de Dios vence al mundo;
y esta es la victoria que ha vencido al mundo, nuestra fe.
¿Quién es el que vence al mundo, sino el que cree que Jesús
es el Hijo de Dios?»

En Éxodo 1.17 está escrito: *«Pero las parteras **temieron** a Dios, y no hicieron como les mandó el rey de Egipto, sino que preservaron la vida a los niños»*. La palabra hebrea aquí traducida «temieron» es **«yare»**, que significa «temer, tener miedo de alguien o de algo; el sentir pavor o profunda admiración por algo o alguien poderoso; reverenciar a alguien». El verbo **«yare»** y sus derivados figuran más de 400 veces en las Escrituras. Aunque hay ciertas variaciones en el significado de esta palabra, su sentido básico es primordialmente «temer», vea en (Éxodo 3.6; 14.13; 1 Samuel 18.12 y 2 Samuel 6.9). El temor a Dios no es sinónimo de terror, porque Él esté en contra nuestra o vaya a castigarnos sin causa o aviso alguno. Al contrario, da lugar a sabias y saludables acciones, como en la referencia arriba: Las parteras temían desagradar a Dios al matar a los niños inocentes más de lo que temían desobedecer a faraón de Egipto.

Nosotros los creyentes en Cristo haremos bien al temer al Señor. Nuestra victoria en la vida espiritual depende básicamente de esto. Venceremos al mundo por medio de nuestra fe desde que esta vida espiritual, la cual vivimos exactamente por fe, esté establecida en el temor de Dios, o sea, nuestras palabras, acciones, pensamientos y actitudes, deben estar alineadas y en reverencia de acuerdo con la Palabra de Dios. Las parteras temieron al Señor poniendo en peligro sus propias vidas y no hicieron caso a la orden del rey, sino que hicieron lo que sus conciencias y convicciones espirituales les decía. El primer paso para la victoria en nuestra vida espiritual es temer a Jehová en todas las áreas de nuestras vidas. Dios mismo desea que nosotros tengamos su temor, pues en Deuteronomio 5.29 Él nos hace este llamado: *«¡Quién diera que tuviesen tal corazón, que me temiesen y guardasen todos los días todos mis mandamientos, para que a ellos y a sus hijos les fuese bien para siempre!»*

La Dra. Laura Schlessinger es una conductora de un show radial, quien en base al sentido común, no permite que la gente se salga con la suya a pesar de haber actuado con irresponsabilidad. Con frecuencia la gente que llama, esperando que ella les dé una palabra de consuelo o justifique las acciones de ellos, cuelgan el teléfono por la reprimenda recibida. Hace poco ella escribió: «Cada día hablo con muchas personas involucradas en situaciones difíciles, incómodas, a veces sin salida porque antes de actuar no se preguntaron lo que era sensible, correcto, legal, moral o piadoso, y en vez de eso, tomaron alternativas según ellos, viables. Y siempre tienen excusas que pueden sonar bien, pero que denotan un descuido total. La gente suele decirme: "Estamos en otro siglo, usted sabe… las cosas son diferentes hoy…"». Esto es exactamente lo que pasa hoy en día con muchos cristianos que viven en rebelión, en desobediencia, en pecado, sin temor de Dios en lo absoluto, y ellos esperan que Dios les bendiga, como que si el Todopoderoso violaría su propia Palabra no más para hacerles una «excepción». ¡Esto es ridículo! Usted no tiene idea de las centenas de centenas de llamadas telefónicas que nuestro ministerio recibe de «creyentes» metidos en toda suerte de problemas y pecados y llegan a acusar a Dios de no oírlos, y al hablar con ellos y al examinar sus vidas nos damos cuenta que una infinidad de ellos viven juntos con su pareja sin ser casados, no dan sus diezmos, no asisten a los cultos regulares de sus iglesias, no pagan sus impuestos, mienten al gobierno, falsifican sus nombres, viven en inmoralidad y muchas cosas más, etc. Ellos esperan que Dios «pase por encima de todo esto» y les bendecirá cuando ellos lo necesiten. Esto es un pensamiento perverso y anticristiano que lleva consigo la destrucción espiritual de sus vidas.

Proverbios 15.33a dice bien claro: *«El temor de Jehová es enseñanza de sabiduría...»*. La capacidad de entender sabiamente que tendremos la victoria en nuestra vida espiritual es poseer el temor del Señor. El ángel le dijo a Abraham en Génesis 22.12a lo siguiente: *«...porque ya conozco que temes a Dios...»*. El Señor desea conocernos como temerosos de Él, este es el primer paso para una vida espiritual victoriosa. José en Génesis 42.18b dijo a sus hermanos: *«Yo temo a Dios»*. ¿Será que nosotros hacemos lo mismo en todas las áreas de nuestras vidas? Cuando Dios hizo el gran milagro de abrir el mar rojo para que Israel pasara, las Escrituras dicen en Éxodo 14.31 que: *«Y vio Israel aquel grande hecho que Jehová ejecutó contra los egipcios; y el pueblo temió a Jehová, y creyeron a Jehová y a Moisés su siervo»*. Después que Dios nos libró del pecado, de las manos de faraón, del diablo, nuestro enemigo, y nos hizo pasar por las aguas del mar, por el bautismo al haber recibido a Cristo; usted cree que, ¿no deberíamos nosotros temer al Señor por todo lo que Él ha hecho a nuestro favor, renunciando el pecado?

¿Qué es el temor del Señor?

El Dr. Karl Menninger, un renombrado siquiatra hizo la siguiente pregunta: ¿Qué pasó con el pecado? Este es el título de su libro donde habla sobre la responsabilidad personal. ¿Acaso nos hemos vuelto tolerantes al pecado? ¿La palabra pecado se ha vuelto obsoleta? ¿Nos hemos olvidado que todavía existe un Dios en el cielo a quien debemos rendir cuentas por nuestras decisiones equivocadas? ¡He pecado! es una frase que con poca frecuencia se escucha cuando cometemos un error. Es interesante conocer que el rey egipcio, el faraón, que discutió con Moisés en cuanto a si se les iba a dejar libres a los obreros que habían edificado su imperio, fue el primero en usar en la Biblia la frase «¡he pecado!» Pero él no se quedó solo. Al seguir el rastro de esa frase en el Antiguo Testamento, la siguiente persona en pronunciar lo mismo fue Balaam, un hombre que en nuestros días sería igual a un gurú de la nueva era, un brujo que quería maldecir a Israel, el cual tenía un asno, que era más racional que él mismo. La frase también fue usada por el rey Saúl, y también por su sucesor, el rey David; ambos exclamaron: ¡He cometido un gran pecado! En el Nuevo Testamento, tanto Judas, quien traicionó a Jesús y el hijo pródigo, confesaron al decir: «¡He pecado!»

La Dra. Laura Schlessinger comenta que la gente en la actualidad es diferente. Si bien las personas son distintas, el tema de la moralidad y la negligencia no ha cambiado nunca. Todavía nacemos, vivimos, morimos y debemos enfrentar las consecuencias de nuestras acciones morales. El reconocer nuestra irresponsabilidad al hacer lo malo, lo que la Biblia llama PECADO, puede ser difícil, pero al hacer eso, la puerta del perdón y de la vida eterna se abre porque Dios perdona los pecados; pero la terquedad al rehusar a aceptar la irresponsabilidad es imperdonable. ¿Por qué? Romanos 6.23 nos da la respuesta: *«Porque la paga del pecado es muerte,* [tanto física como espiritual] *mas la dádiva de Dios* [el perdón] *es vida eterna en Cristo Jesús Señor nuestro».* El perdón es la solución para nuestro fracaso espiritual, pero hasta que seamos honestos, rectos y temerosos de Dios para admitir la realidad del pecado, seguiremos usando frases ya hechas y seguiremos caminando en la oscuridad. Por esto es necesario arrepentirse de nuestros pecados y volver a temer a Dios, pues Romanos 2.5, 6 declara: *«Pero por tu dureza y por tu corazón no arrepentido, atesoras para ti mismo ira para el día de la ira y de la revelación del justo juicio de Dios, el cual pagará a cada uno conforme a sus obras».* Entonces: **¿Qué es el temor del Señor?** ¿Y cómo aplicarlo a nuestras vidas?

1-Es un requisito que sugiere una elección

Deuteronomio 30.15, 16, 19: *«Mira, yo te he puesto delante de ti hoy la vida y el bien, la muerte y el mal; porque yo te mando hoy que ames a Jehová tu Dios, que andes en sus caminos, y guardes sus mandamientos, sus estatutos y sus decretos, para que vivas y seas multiplicado, y Jehová tu Dios te bendiga en la tierra a la cual entras para tomar posesión de ella. A los cielos y a la tierra llamo por testigos hoy contra vosotros, que os he puesto delante la vida y la muerte, la bendición y la maldición; escoge, pues, la vida, para que vivas tú y tu descendencia».*

2-Es un requisito para renunciar a todo lo que se opone al Señor

Proverbios 8.13a: *«El temor de Jehová es aborrecer el mal…».*

3-Es un requisito para apartarse del mal

Proverbios 16.6b: *«…y con el temor de Jehová los hombres se apartan del mal».*

4-Es un requisito ordenado por el Señor

Salmo 33.8: *«Tema a Jehová toda la tierra; teman delante de él todos los habitantes del mundo».*

5-Es un requisito para recibir la sabiduría

Proverbios 1.7: *«El principio de la sabiduría es el temor de Jehová, los insensatos desprecian la sabiduría y la enseñanza».*

6-Es un requisito para la seguridad de que nuestro nombre esté escrito en los cielos

Malaquías 3.16: *«Entonces los que temían a Jehová hablaron cada uno a su compañero; y Jehová escuchó y oyó, y fue escrito libro de memoria delante de él para los que temen a Jehová, y para los que piensan en su nombre».*

7-Es un requisito para recibir la salvación

Malaquías 4.2: «*Mas a vosotros los que teméis mi nombre, nacerá el Sol de justicia, y en sus alas traerá salvación; y saldréis, y saltaréis como becerros de la manada*».

8-Es un requisito para recibir las bendiciones de Dios en la familia

Salmo 128.1-4: «*Bienaventurado todo aquel que teme a Jehová, que anda en sus caminos. Cuando comieres el trabajo de tus manos, bienaventurado serás, y te irá bien. Tu mujer será como vid que lleva fruto a los lados de tu casa; tus hijos como plantas de olivo alrededor de tu mesa. He aquí que así será bendecido el hombre que teme a Jehová*» (Ver Salmo 112.1-10).

9-Es un requisito de santidad para recibir las promesas del Señor

2 Corintios 7.1: «*Así que, amados, puesto que tenemos tales promesas, limpiémonos de toda contaminación de carne y de espíritu, perfeccionando la santidad en el temor de Dios*».

10-Es un requisito para agradar al Señor

Hechos 10.35: «*Sino que en toda nación se agrada* [Dios] *del que le teme y hace justicia*».

11-Es un requisito para vivir en paz

Proverbios 19.23: «*El temor de Jehová es para vida, y con él vivirá lleno de reposo el hombre; no será visitado de mal*».

12-Es un requisito para ser bendecido y guiado por el Señor

Salmo 25.12, 13: «*¿Quién es el hombre que teme a Jehová? El le enseñará el camino que ha de escoger. Gozará él de bienestar, y su descendencia heredará la tierra*».

13-Es un requisito para tener un carácter sólido, íntegro y maduro

Éxodo 18.21: «*Además escoge tú de entre todo el pueblo varones de virtud, temerosos de Dios, varones de verdad, que aborrezcan la avaricia; y ponlos sobre el pueblo por jefes de millares, de centenas, de cincuenta y de diez*».

14-Es un requisito para apartarnos del pecado

Éxodo 20.20: «*Y Moisés respondió al pueblo: No temáis; porque para probaros vino Dios, y para que su temor esté delante de vosotros, para que no pequéis*».

15-Es un requisito para aprender su Palabra

Deuteronomio 4.10: «*El día que estuviste delante de Jehová tu Dios en Horeb, cuando Jehová me dijo: Reúneme el pueblo, para que yo les haga oír mis palabras, las cuales aprenderán, para temerme todos los días que vivieren sobre la tierra, y las enseñarán a sus hijos*».

16-Es un requisito para ser edificado y crecer espiritualmente

Hechos 9.31: «*Entonces las iglesias tenían paz por toda Judea, Galilea y Samaria; y eran edificadas, andando en el temor del Señor, y se acrecentaban fortalecidas por el Espíritu Santo*».

17-Es un requisito para mantenerse firmes en la fe

Proverbios 23.17b: «*...antes persevera en el temor de Jehová todo el tiempo*».

18-Es un requisito para vivir en constante victoria espiritual

Proverbios 28.14: «*Bienaventurado el hombre que siempre teme a Dios; mas el que endurece su corazón caerá en el mal*».

19-Es un requisito para servir al Señor

Hechos 18.7: *«Y saliendo de allí, se fue a la casa de uno llamado Justo, temeroso de Dios, la cual estaba junto a la sinagoga».*

20-Es un requisito para vivir con sabiduría y entendimiento

Salmo 111.10: *«El principio de la sabiduría es el temor de Jehová; buen entendimiento tienen todos los que practican sus mandamientos; su loor permanece para siempre».*

21-Es un requisito para recibir el conocimiento

Proverbios 9.10: *«El temor de Jehová es el principio de la sabiduría, y el conocimiento del Santísimo es la inteligencia».*

22-Es un requisito para estar contentos con lo que tenemos

Proverbios 15.16: *«Mejor es lo poco con el temor de Jehová, que el gran tesoro donde hay turbación».*

1 Timoteo 6.6: *«Pero gran ganancia es la piedad [el temor de Dios] acompañada de contentamiento».*

23-Es un requisito para vivir en santificación

Isaías 8.13: *«A Jehová de los ejércitos, a él santificad; sea él vuestro temor, y él sea vuestro miedo».*

24-Es un requisito para vivir una vida recta personal y públicamente

Malaquías 3.5: *«Y vendré a vosotros para juicio; y seré pronto testigo contra los hechiceros y adúlteros, contra los que juran mentira, y los que defraudan en su salario al jornalero, a la viuda y al huérfano, y los que hacen injusticia al extranjero, no teniendo temor de mí, dice Jehová de los ejércitos».*

25-Es un requisito para evangelizar a los demás

2 Corintios 5.11a: «*Conociendo, pues, el temor del Señor, persuadimos a los hombres...*».

26-Es un requisito para conocer los juicios del Señor en la tierra

Miqueas 6.9: «*La voz de Jehová clama a la ciudad; es sabio temer a tu nombre. Prestad atención al castigo, y a quien lo establece*».

27-Es un requisito para entender las obras del Señor en la tierra

Eclesiastés 3.14: «*He entendido que todo lo que Dios hace será perpetuo; sobre aquello no se añadirá, ni de ello se disminuirá; y lo hace Dios, para que delante de él teman los hombres*».

28-Es un requisito para saber la diferencia entre servir al Señor o al mundo

Eclesiastés 5.7: «*Donde abundan los sueños, también abundan las vanidades y las muchas palabras; mas tú, teme a Dios*».

29-Es un requisito para que no hagamos daño a los más débiles que nosotros

Deuteronomio 25.17, 18: «*Acuérdate de lo que hizo Amalec contigo en el camino, cuando salías de Egipto; de cómo te salió al encuentro en el camino, y te desbarató la retaguardia de todos los débiles que iban detrás de ti, cuando tú estabas cansado y trabajado; y no tuvo ningún temor de Dios*».

30-Es un requisito final al reconocer que temer es el deber de todos nosotros

Eclesiastés 12.13: «*El fin de todo discurso oído es este: Teme a Dios, y guarda sus mandamientos; porque esto es el todo del hombre*».

Se cuenta que un cierto senador caminaba tranquilamente por la calle cuando de momento es atropellado por un carro y muere al instante. Su alma llega al paraíso y se encuentra con San Pedro en la puerta de entrada, el cual le recibe con un «bienvenido al paraíso», y añade: «Antes que usted entre, hay un pequeño problemita, pues raramente vemos parlamentarios por aquí, así que no sabemos muy bien qué hacer con usted». El antiguo senador le habla: «No veo problema, es solo dejarme entrar…». «A mí me gustaría», replica San Pedro, pero «tengo órdenes superiores. Vamos a hacer lo siguiente: Usted pasa un día en el infierno y el otro en el paraíso, entonces podrá escoger dónde usted desea pasar la eternidad». «No es necesario», contesta el senador, «ya decidí, ¡quiero quedarme en el paraíso!» «Discúlpeme» insiste San Pedro, «pero tenemos nuestras reglas que cumplir». Entonces San Pedro lo lleva hasta el elevador y el senador baja, baja y baja hasta llegar al infierno. La puerta se abre y él se encuentra en un bello campo de golf, más adelante está un gran número de sus amigos en un club y muchos otros políticos con los cuales él había trabajado. Todos están muy felices y vestidos con trajes sociales y acompañados de muchas mujeres bellas. Lo saludan y abrazan, y comienzan a hablar sobre los buenos tiempos en que se hicieron ricos al engañar al pueblo al vivir en los placeres de la carne, en pecado y sin el temor de Dios y que ahí estaban, en el infierno, sin ninguna consecuencia. Juegan golf muy alegres y después comen langosta y caviar. Quien también está junto a ellos es el diablo, un camarada muy amigable que pasa todo el tiempo danzando y contando chistes. Ellos se divierten tanto que, antes de que se den cuenta, el tiempo pasó y ya es hora de irse. Todos se despiden del senador con abrazos y le encaminan al elevador. Y él sube, sube y sube hasta llegar al cielo y la puerta se abre otra vez. San Pedro está esperando por él y ahora es el momento de visitar el paraíso. Él pasa 24 horas al lado de almas muy gozosas que van de nube en nube tocando arpas y cantando todo el tiempo. Todo va muy bien y antes de que él se dé cuenta el día se termina y San Pedro regresa y le pregunta:

«Entonces… pasó un día en el infierno y el otro en el paraíso, ahora, ¿cuál eligió para que sea su casa eterna?» El senador piensa un minuto y contesta: «Mira, yo nunca pensé, pero… el paraíso es muy bueno, pero creo que realmente me gustaría quedarme en el infierno». «¿Está seguro?», insiste San Pedro… ¡Absolutamente! contesta firmemente el senador. «¡Muy bien!» dice San Pedro y entonces lo lleva de regreso al elevador y él desciende, desciende y desciende, hasta llegar al infierno nuevamente. La puerta se abre y él se ve en medio de un enorme terreno abandonado, lleno de basura y maloliente. Él mira a todos sus amigos con una mirada triste, hambrientos, vestidos con ropas rasgadas, viejas y sucias y recogiendo montones de basura y colocándolos en bolsas negras. Ya no hay música, alegría, diversión, comidas caras ni bellas mujeres. El diablo con una gran sonrisa se acerca a él y pasa el brazo por arriba del hombro del senador y le da la bienvenida de regreso. «No estoy entendiendo», dice el parlamentario con una voz temblorosa, «ayer yo estuve aquí y había un campo de golf, un gran club, langosta y caviar y danzamos y nos divertimos todo el tiempo con muchas mujeres. Ahora solamente veo este lugar terrible, lleno de basura, con un olor insoportable y mis amigos mendigos y hambrientos». El diablo le mira con una sonrisa sarcástica y le dice: «Es que ayer estuvimos aquí en campaña política para conseguir tu voto, ¡ahora ya lo tenemos! Y esto que ves es solamente la antesala al infierno, todavía te falta lo peor… bienvenido Sr. Senador… hiciste una sabia elección, ja, ja, ja…». Desafortunadamente, estimados lectores, éste es el fin de todos aquellos que vivieron sin el temor de Dios en sus vidas, sean políticos o no. Muchos de ellos terminaron y muchos otros terminarán siendo engañados por el diablo al no pensar en las consecuencias de sus hechos, como dice la Escritura en Eclesiastés 8.13 cuando afirma: «*Y que no le irá bien al impío, ni le serán prolongados los días, que son como sombra; por cuanto no teme delante de la presencia de Dios*».

¿Cómo obtener el temor de Dios?

Realmente como creyentes somos llamados a meditar en nuestra relación personal con Cristo, si de veras lo tememos en nuestras palabras, pensamientos, actitudes y acciones, pues de esto dependerá nuestra victoria o derrota en todo lo que se relaciona a nuestra vida espiritual. El temor del Señor es el principio de todo intento de comunión con Él, es de ahí que podemos conocerle al disfrutar de una relación personal con Él y amar lo que Él ama y aborrecer lo que Él aborrece. Entonces, **¿cómo podemos obtener el temor de Dios?** ¿Y cómo aplicarlo a nuestra vida?

1-Lo obtendremos al desear el temor de Dios
Salmo 19.9, 10: *«El temor de Jehová es limpio, que permanece para siempre; los juicios de Jehová son verdad, todos justos. Deseables son más que el oro, y más que mucho oro afinado; y dulces más que miel, y que la destila del panal».*

2-Lo obtendremos al conducirnos en el temor de Dios
1 Pedro 1.17: *«Y si invocáis por Padre a aquel que sin acepción de personas juzga según la obra de cada uno, conducíos en temor todo el tiempo de vuestra peregrinación».*

3-Lo obtendremos al agradarle en el temor de Dios
Hebreos 12.28: *«Así que, recibiendo nosotros un reino inconmovible, tengamos gratitud, y mediante ella sirvamos a Dios agradándole con temor y reverencia».*

4-Lo obtendremos al escoger vivir el temor de Dios
Proverbios 1.29: *«Por cuanto aborrecieron la sabiduría, y no escogieron el temor de Jehová».*

5-Lo obtendremos al aborrecer la iniquidad y permanecer en el temor de Dios

Salmo 36.1: «*La iniquidad del impío me dice al corazón: No hay temor de Dios delante de sus ojos*».

6-Lo obtendremos al buscar y entender el temor de Dios

Proverbios 2.1-5: «*Hijo mío, si recibieres mis palabras, y mis mandamientos guardares dentro de ti, haciendo estar atento tu oído a la sabiduría; si inclinares tu corazón a la prudencia, si clamares a la inteligencia, y a la prudencia dieres tu voz; si como a la plata la buscares, y la escudriñares como a tesoros, entonces entenderás el temor de Jehová, y hallarás el conocimiento de Dios*».

7-Lo obtendremos cuando se nos enseñe lo que es el temor de Dios

Salmo 34.11: «*Venid, hijos, oídme; el temor de Jehová os enseñaré*».

8-Lo obtendremos cuando nosotros amemos y andemos en el temor de Dios

Deuteronomio 10.12: «*Ahora, pues, Israel, ¿qué pide Jehová tu Dios de ti, sino que temas a Jehová tu Dios, que andes en todos sus caminos, y que lo ames, y sirvas a Jehová tu Dios con todo tu corazón y con toda tu alma*».

9-Lo obtendremos al reconocer que es una orden divina servirle en el temor de Dios

Deuteronomio 6.13: «*A Jehová tu Dios temerás, y a él solo servirás…*».

10-Lo obtendremos al obedecer la Palabra en el temor de Dios

Éxodo 9.20: «*De los siervos de Faraón, el que tuvo temor de la palabra de Jehová hizo huir sus criados y su ganado a casa*».

11-Lo obtendremos al evitar la ira divina en el temor de Dios

Deuteronomio 28.58, 59: *«Si no cuidares de poner por obra todas las palabras de esta ley que están escritas en este libro, temiendo este nombre glorioso y temible: JEHOVÁ TU DIOS, entonces Jehová aumentará maravillosamente tus plagas y las plagas de tu descendencia, plagas grandes y permanentes, y enfermedades malignas y duraderas».*

12-Lo obtendremos al no ser rebeldes a la Palabra en el temor de Dios

1 Samuel 12.14: *«Si temieres a Jehová y le sirviereis, y oyereis su voz, y no fuereis rebeldes a la palabra de Jehová, y si tanto vosotros como el rey que reina sobre vosotros servís a Jehová vuestro Dios, haréis bien».*

13-Lo obtendremos al presenciar sus milagros en el temor de Dios

1 Samuel 12.18: *«Y Samuel clamó a Jehová, y Jehová dio truenos y lluvias en aquél día; y todo el pueblo tuvo gran temor de Jehová y de Samuel.*

14-Lo obtendremos al reconocer mediante el temor de Dios lo que Él ha hecho

Salmo 66.16: *«Venid, oíd todos los que teméis a Dios, y contaré lo que ha hecho a mi alma».*

15-Lo obtendremos al saber que su salvación se encuentra en el temor de Dios

Salmo 85.9a: *«Ciertamente cercana está su salvación a los que le temen…».*

16-Lo obtendremos al saber que tenemos su misericordia por el temor de Dios

Salmo 103.11: *«Porque como la altura de los cielos sobre la tierra, engrandeció su misericordia sobre los que le temen».*

17-Lo obtendremos al confiar en su ayuda en el temor de Dios
Salmo 115.11: *«Los que teméis a Jehová, confiad en Jehová; él es vuestra ayuda y vuestro escudo».*

18-Lo obtendremos al recibir su bendición en el temor de Dios
Salmo 115.13: *«Bendecirá a los que temen a Jehová, a pequeños y a grandes».*

19-Lo obtendremos al nosotros esperar en la Palabra en el temor de Dios
Salmo 119.74: *«Los que te temen me verán, y se alegrarán, porque en tu palabra he esperado».*

20-Lo obtendremos porque Él se agrada que vivamos en el temor de Dios
Salmo 147.11: *«Se complace Jehová en los que le temen, y en los que esperan en su misericordia».*

21-Lo obtendremos si decidimos cambiar y volver al temor de Dios
Salmo 55.19: *«Dios oirá, y los quebrantará luego, el que permanece desde la antigüedad, por cuanto no cambian, ni temen a Dios».*

22-Lo obtendremos al permitir que repose sobre nosotros el temor de Dios
Isaías 11.2: *«Y reposará sobre él el Espíritu de Jehová; espíritu de sabiduría y de inteligencia, espíritu de consejo y de poder, espíritu de conocimiento y de temor de Jehová».*

23-Lo obtendremos al caminar en sabiduría en el temor de Dios
Job 28.28: *«Y dijo al hombre: He aquí que el temor del Señor es la sabiduría, y el apartarse del mal, la inteligencia».*

24-Lo obtendremos al enseñar a nuestros hijos el temor de Dios

Isaías 29.23: «*Porque verá a sus hijos, obra de mis manos en medio de ellos, que santificarán mi nombre; y santificarán al Santo de Jacob, y temerán al Dios de Israel*».

25-Lo obtendremos al poner en primer lugar en nosotros el temor de Dios

Malaquías 1.6: «*El hijo honra al padre, y el siervo a su señor. Si, pues, soy yo padre, ¿dónde está mi honra? y si soy señor, ¿dónde está mi temor? dice Jehová de los ejércitos a vosotros, oh sacerdotes, que menospreciáis mi nombre...*».

26-Lo obtendremos al proclamar el evangelio con el temor de Dios

Judas 23a: «*A otros salvad, arrebatándolos del fuego; y de otros tened misericordia con temor...*».

27-Lo obtendremos al hacer las cosas correctas en el temor de Dios

Nehemías 5.9: «*Y dije: No es bueno lo que hacéis. ¿No andaréis en el temor de nuestro Dios, para no ser oprobio de las naciones enemigas nuestras?*»

28-Lo obtendremos al vivir una vida en integridad y en el temor de Dios

Nehemías 7.2: «*Mandé a mi hermano Hanani, y a Hananías, jefe de la fortaleza de Jerusalén (porque éste era varón de verdad y temeroso de Dios, más que muchos)*».

Una vez un pastor habló a su congregación al final del culto: «La próxima semana tengo la intención de predicar sobre el pecado de la mentira y la falta del temor de Dios, y para que todos entiendan mi sermón, me gustaría que todos por favor leyeran en sus casas el capítulo

17 del evangelio de Marcos». El domingo siguiente, al prepararse para predicar el mensaje, pidió a todos aquellos que habían leído Marcos capítulo 17 que levantaran las manos. Casi todos los presentes hicieron una señal de confirmación al levantar sus manos. El pastor sonrió y dijo: «Querida iglesia, Marcos solamente tiene 16 capítulos y no 17, ahora puedo empezar mi sermón sobre el pecado de la mentira y la falta del temor de Dios en nuestras vidas…». ¡Qué lastima mis queridos lectores! pero desafortunadamente esta es la realidad en muchas iglesias y en la vida de muchos «cristianos». Para obtener el temor de Dios, es necesario honestidad de nuestra parte, un carácter íntegro de no comprometer la victoria de nuestra vida espiritual por mentiras tan absurdas como ésta. Uno de los pecados que más esclaviza al hombre es el de la mentira. Quita la libertad, destruye el sueño y nos roba la paz que tanto necesitamos. Cuando vivimos en la mentira, lo único que nos espera es ver todos nuestros planes desmoronarse en montones de escombros e ilusiones, por haber edificado nuestra «casa espiritual» en la arena de la mentira. La verdad siempre nos fortalecerá, aunque por momentos se vea como la peor solución, pero la mentira NUNCA es una salida sabia, porque durará por un tiempo, sea corto o largo, pero inevitablemente se descubrirá la verdad. Es una pena que muchísimos cristianos viven en la mentira diariamente, y después se preguntan: ¿Por qué Dios no me bendice? ¿Por qué no soy prosperado como los demás? ¿Por qué no vivo una vida espiritual victoriosa? Y yo les diría a éstos, mis queridos hermanos, que la respuesta está en que ellos sencillamente NO TEMEN al Señor ni a su Palabra, por esto viven en derrota espiritualmente y todo lo demás no les funciona, sean en sus vidas privadas, profesionales, personales, familiares, financieras o espirituales. ¡Esta es la verdad!

Treinta y cinco victorias del que tiene el temor del Señor

Todos queremos ser victoriosos en todo lo que emprendamos en nuestras vidas espirituales, pues nadie quiere perder, y esto es obvio. La victoria empieza y está centrada en vivir en el temor de Dios, o sea, reverenciándole, temiéndole, amándole, sirviéndole y caminando en sus caminos diariamente. Sin este tan necesario requisito es imposible que vivamos una vida abundante y victoriosa en Cristo. Las Escrituras hablan extensamente sobre este asunto en los dos Testamentos y deberíamos darle mucha importancia a lo que nos dicen, pues de esto depende la existencia de nuestras vidas, tanto física como espiritual. En el ámbito natural personas han perdido sus vidas trágicamente por no hacer caso a la advertencia divina al vivir pecaminosamente y al hablar palabras despectivas en contra de la santidad de Dios y de su Palabra. Todo lo que tenemos que hacer es ver las noticias y leer los periódicos y nos daremos cuenta de tantas personas que mueren a temprana edad por haber vivido vidas depravadas, corruptas e inmorales. A tales personas les fueron acortados sus días porque no temieron a Dios en sus conductas. En el ámbito espiritual, muchos cristianos han experimentado derrotas profundas en sus vidas porque no hicieron caso a lo que está escrito, pensando que Dios pasaría por desapercibido al ellos ofrecer la excusa de que son «cristianos» y que Dios «entiende sus debilidades». Pero en realidad viven vidas rebeldes, sin temor de Dios alguno en sus vidas personales, en pecados ocultos y no confesados con sus corazones saturados de las cosas del mundo y tales esperan que Dios les oiga en sus oraciones y que les prospere en lo que emprendan. Por otro lado hay muchísimos cristianos fieles y temerosos de Dios que viven en victoria en sus vidas espirituales y que disfrutan de una íntima comunión con Dios porque observan, conocen y ponen en práctica su Palabra y andan en sus caminos de acuerdo a lo que Dios estableció en cuanto a temerle y reverenciarle. Aquí tenemos tres tipos de personas, el impío y no salvo que no conoce a Dios, que por su necedad sus días son cortados, el «cristiano» que vive en derrota por no hacer caso al temor de Dios y el verdadero creyente en Cristo, que sí lo ama y vive diariamente en el temor de Dios y recibe grandes victorias al hacerlo. ¿Cuál de estas tres personas es usted? Podremos tener muchas bendiciones si tan solo tuviéramos el temor de Dios en nuestras vidas al obedecer al Señor y su Palabra. **¿Qué victorias tendremos de parte del Señor al temerle?** ¿Y cómo aplicarlas a nuestras vidas?

1-Tendremos la bondad del Señor
Salmo 31.19: «*¡Cuán grande es tu bondad, que has guardado para los que te temen, que has mostrado a los que esperan en ti, delante de los hijos de los hombres!*».

2-Tendremos la confirmación de la Palabra del Señor
Salmo 119.38: «*Confirma tu palabra a tu siervo, que te teme*».

3-Tendremos comunión íntima con el Señor
Salmo 25.14: «*La comunión íntima de Jehová es con los que le temen, y a ellos hará conocer su pacto*».

4-Tendremos la protección del Señor
Salmo 34.7: «*El ángel de Jehová acampa alrededor de los que le temen, y los defiende*».

5-Tendremos la vigilancia del Señor
Salmo 33.18: «*He aquí el ojo de Jehová sobre los que le temen, sobre los que esperan en su misericordia*».

6-Tendremos todo provisto por el Señor
Salmo 34.9, 10: «*Temed a Jehová, vosotros sus santos, pues nada falta a los que le temen. Los leoncillos necesitan y tienen hambre; pero los que buscan a Jehová no tendrán falta de ningún bien*».

7-Tendremos nuestros días prolongados por el Señor

Proverbios 10.27: *«El temor de Jehová aumentará los días; mas los años de los impíos serán acortados».*

8-Tendremos confianza en el Señor

Proverbios 14.26: *«En el temor de Jehová está la fuerte confianza; y esperanza tendrán sus hijos».*

9-Tendremos vida abundante por el Señor

Proverbios 14.27: *«El temor de Jehová es manantial de vida para apartarse de los lazos de la muerte».*

10-Tendremos los tesoros del temor y de la salvación del Señor

Isaías 33.6: *«Y reinarán en tus tiempos la sabiduría y la ciencia, y abundancia de salvación; el temor de Jehová será su tesoro».*

11-Tendremos alimentos al ser suplidos por el Señor

Salmo 111.5: *«Ha dado alimento a los que le temen; para siempre se acordará de su pacto».*

12-Tendremos prosperidad y bendiciones del Señor

Proverbios 22.4: *«Riquezas, honra y vida son la remuneración de la humildad y del temor de Jehová».*

13-Tendremos nuestros deseos cumplidos por el Señor

Salmo 145.19: *«Cumplirá el deseo de los que le temen; oirá asimismo el clamor de ellos, y los salvará».*

14-Tendremos sabiduría y discernimiento de parte del Señor

Proverbios 14.16: *«El sabio teme y se aparta del mal; mas el insensato se muestra insolente y confiado».*

15-Tendremos temor al no volver a pecar en lo mismo contra el Señor

Deuteronomio 13.11: *«Para que todo Israel oiga, y tema, y no vuelva a hacer en medio de ti cosa semejante a esta».*

16-Tendremos la certeza que todo saldrá bien al temer al Señor

Eclesiastés 7.18: *«Bueno es que tomes esto, y también de aquello no apartes tu mano; porque aquel que a Dios teme, saldrá bien en todo».*

17-Tendremos la guía y la ayuda del Señor

Isaías 50.10: *«¿Quién hay entre vosotros que teme a Jehová, y oye la voz de su siervo? El que anda en tinieblas y carece de luz, confíe en el nombre de Jehová, y apóyese en su Dios».*

18-Tendremos el honor de servir al único y verdadero Dios y Señor

Jeremías 10.7: *«¿Quién no te temerá, oh Rey de las naciones? Porque a ti es debido el temor; porque entre todos los sabios de las naciones y en todos sus reinos, no hay semejante a ti».*

19-Tendremos la bendición de buscar al Señor

Oseas 3.5: *«Después volverán los hijos de Israel, y buscarán a Jehová su Dios, y a David su rey; y temerán a Jehová y a su bondad en el fin de los días».*

20-Tendremos el privilegio de oír la Palabra del Señor

Hechos 13.16: *«Entonces Pablo, levantándose, hecha señal de silencio con la mano, dijo: Varones israelitas y los que teméis a Dios, oíd».*

21-Tendremos honestidad y sinceridad al servir al Señor

Colosenses 3.22b: *«...no sirviendo al ojo, como los que quieren agradar a los hombres, sino con corazón sincero, temiendo a Dios».*

22-Tendremos la promesa de entrar en el reposo del Señor

Hebreos 4.1: *«Temamos, pues, no sea que permaneciendo aún la promesa de entrar en su reposo, alguno de vosotros parezca no haberlo alcanzado».*

23-Tendremos la oportunidad de poner en práctica la Palabra del Señor

1 Pedro 2.17: *«Honrad a todos. Amad a los hermanos. Temed a Dios. Honrad al rey».*

24-Tendremos la bendición de alabar al Señor

Apocalipsis 14.7: *«Diciendo a gran voz: Temed a Dios, y dadle gloria, porque la hora de su juicio ha llegado; y adorad a aquel que hizo el cielo y la tierra, el mar y las fuentes de las aguas».*

Apocalipsis 19.5: *«Y salió del trono una voz que decía: Alabad a nuestro Dios todos sus siervos, y los que teméis, así pequeños como a grandes».*

25-Tendremos la bendición de adorar al Señor

Apocalipsis 15.4: *«¿Quién no te temerá, oh Señor, y glorificará tu nombre? pues sólo tú eres santo; por lo cual todas las naciones vendrán y te adorarán, porque tus juicios se han manifestado».*

26-Tendremos la bendición de recibir los galardones del Señor

Apocalipsis 11.18: *«Y se airaron las naciones, y tu ira ha venido, y el tiempo de juzgar a los muertos, y de dar el galardón a tus siervos los profetas, a los santos, y a los que temen tu nombre, a los pequeños y a los grandes, y de destruir a los que destruyen la tierra».*

27-Tendremos la aprobación del Señor

Job 1.1, 8: *«Hubo en tierra de Uz un varón llamado Job; y era este hombre perfecto y recto, temeroso de Dios y apartado del mal. Y Jehová dijo a Satanás: ¿No has considerado a mi siervo Job, que no hay otro como él en la tierra, varón perfecto y recto, temeroso de Dios y apartado del mal?».*

28-Tendremos la bendición de ser siervos del Señor

Salmo 2.11: *«Servid a Jehová con temor, y alegraos con temblor».*

29-Tendremos el privilegio de reverenciar al Señor

Salmo 119.120: *«Mi carne se ha estremecido por temor de ti, y de tus juicios tengo miedo».*

30-Tendremos fe en contra de los enemigos al temer la Palabra del Señor

Salmo 119.161: *«Príncipes me han perseguido sin causa, pero mi corazón tuvo temor de tus palabras».*

31-Tendremos bendición como iglesia al temer al Señor

Hechos 5.11: *«Y vino gran temor sobre toda la iglesia, y sobre todos los que oyeron estas cosas».*

Hechos 2.43: *«Y sobrevino temor a toda persona; y muchas maravillas y señales eran hechas por los apóstoles».*

Hechos 5.5: *«Al oír Ananías estas palabras, cayó y expiró. Y vino un gran temor sobre todos los que lo oyeron».*

32-Tendremos el honor de exaltar el nombre del Señor

Hechos 19.17: *«Y esto fue notorio a todos los que habitaban en Éfeso, así judíos como griegos; y tuvieron temor todos ellos, y era magnificado el nombre del Señor Jesús».*

33-Tendremos humildad en reconocer que necesitamos de los demás en el Señor

Efesios 5.21: *«Someteos unos a otros en el temor de Dios».*

34-Tendremos reverencia al vivir rectamente delante del Señor
Filipenses 2.12: «*Por tanto, amados míos, como siempre habéis obedecido, no como en mi presencia solamente, sino mucho más ahora en mi ausencia, ocupaos en vuestra salvación con temor y temblor*».

35-Tendremos confianza al vivir en el temor del Señor
Job 4.6: «*¿No es tu temor a Dios tu confianza? ¿No es tu esperanza la integridad de tus caminos?*».

Aquí tenemos, mis queridos lectores, en este capítulo, 30 puntos sobre ¿Qué es el temor del Señor? 28 puntos sobre ¿Cómo obtener el temor de Dios? y 35 puntos sobre cómo vivir en victoria para aquellos de nosotros que vivimos en el temor del Señor. Esto es suficiente para que podamos experimentar las grandes bendiciones del Señor en todas las áreas de nuestras vidas, al aplicar estos puntos en nosotros para vivir una vida espiritual victoriosa. El temor de Dios y la integridad son fundamentales para un cristiano y el desarrollo de su fe. Un pastor dijo cierta vez: «Vive de tal manera, en el temor de Dios y en integridad, que cuando alguien hable mal de ti, nadie lo crea». ¡Esto es verdad! Estoy seguro que este debe ser nuestro slogan y carta de presentación delante de los hombres y delante de Dios. Realmente, para que vivamos una vida espiritual victoriosa, el primer requisito es vivir en el temor de Dios.

Cierta vez pidieron a un evangelista, el Dr. Wilson, que visitara a un hombre en un hotel de la ciudad donde él estaba predicando. Cuando entró en el cuarto, fue recibido por un hombre de aproximadamente unos 80 años. Esta persona era un juez ya retirado que era bastante respetado en su vida pública. El anciano le dijo que durante su vida y profesión, había sentenciado a muchas y muchas personas, pero que ahora él había recibido un llamado para presentarse a una audiencia delante del Supremo Juez, el Dios Todopoderoso. Él siempre creyó que había vivido una vida honrada y honesta, hecho su deber, pero que últimamente se sentía preocupado con la posibilidad de que sus acciones no habían agradado del todo al Divino Juez y que estaba interesado en saber si Dios le perdonaría. Sabía él que ciertas cosas de su pasado no estaban en orden pues él había procedido sin el temor de Dios en algunas cosas que hizo y que su conciencia le acusaba. El juez humildemente deseaba que el Dr. Wilson dijera como él podría enfrentar al Supremo Juez confiadamente y comparecer en la audiencia con paz en su corazón. El evangelista se alegró en oír tal disposición, y tomando la Biblia leyó los capítulos 3 y 4 del libro de Romanos. En ellos está escrito que Cristo murió por nosotros mientras aún éramos pecadores. El juez entendió que Dios revelara su amor en la cruz y que el Señor deseaba perdonar y justificar sus pecados mediante el sacrificio de Cristo en el Calvario. El anciano juez muy emocionado entregó su corazón a Cristo y dijo que ahora él entendía que era un pecador, pero que Cristo había tomado su lugar y ahora él podía ser completamente libre de toda acusación que pesaba sobre él. Después que él hizo la oración de arrepentimiento y confesión, al recibir a Cristo como su Señor y Salvador, el Dr. Wilson leyó una vez más las Escrituras al juez en Juan 3.18 que dice: *«El que en él cree, no es condenado; pero el que no cree, ya ha sido condenado; porque no ha creído en el nombre del unigénito Hijo de Dios».* Que podamos nosotros también tener la misma actitud de este anciano juez, pues si sabemos que hemos cometido ciertas cosas que han desagradado al Señor y que las hemos hecho sin meditar y pensar en las consecuencias, sin el temor de Dios; es mejor arrepentirse de corazón. Y es mejor confesar y pedir que Él nos perdone, para que de esta manera estemos seguros que compareceremos en la audiencia del Supremo Juez confiadamente, sin la menor duda que no seremos condenados al ser juzgados por el Justo Juez de toda la tierra. ¡Temamos pues al Señor hoy y siempre!

Capítulo

2

La victoria del discernimiento espiritual

Proverbios 21.31
***«El caballo se alista para el día de la batalla; mas Jehová es
el que da la victoria».***

En Apocalipsis 11.8 está escrito: *«Y sus cadáveres estarán en la plaza de
la grande ciudad que en sentido* **espiritual** *se llama Sodoma y Egipto,
donde también nuestro Señor fue crucificado».* La palabra «espiritual»
aquí en griego es **«pneumatikos»**, que es comparado a «neumático»
y «neumatología». Es un adverbio que denota un sentido simbólico
o espiritual. En 1 Corintios 2.14, se usa esta palabra para describir
por qué el razonamiento natural no puede comprender las cosas del
Espíritu de Dios. Estas se DISCIERNEN **«nepneumatikos»**, o sea,
«espiritualmente con la ayuda del Espíritu Santo». En la cultura hebrea
se le llama «Sodoma», debido a su perversidad e inmoralidad espiritual,
y «Egipto», debido a su oposición a los planes y propósitos de Dios en
este mundo. Los que no conocen a Cristo, los que no son creyentes y
salvos, los verdaderamente no cristianos, JAMÁS podrán comprender
desde una perspectiva espiritual las cosas de Dios. ¡Esto es imposible!
Podrán tener un conocimiento «intelectual» de las Escrituras, pero sin
«discernimiento alguno a nivel del Espíritu». Aunque viven físicamente,
«su espíritu» está muerto, no puede captar, entender, discernir las cosas
espirituales porque su mente, corazón y espíritu están bloqueados
impidiendo la actuación del Espíritu Santo en sus vidas. El hecho de no
haber nacido de nuevo en Cristo, un requisito esencial para ser salvo,
y ser regenerado por el Espíritu, un requisito obligatorio para una vida
nueva, les causa a aquellos que no tienen a Cristo completa ignorancia

hacia la Palabra de Dios y de su total interpretación sea ella alegórica o literal.

En 1 Corintios 12.1-31, en todo el capítulo, el apóstol Pablo habla de los nueve dones espirituales dados por Dios a la iglesia. En el versículo 28 él dice que: «*Y a unos puso Dios en la iglesia…*», refiriéndose a que fue Dios mismo que puso estos dones y que esto no es obra de hombres sino del Espíritu Santo. Independientemente de cuál sea su iglesia, denominación, concilio u organización cristiana, si usted no cree en los dones espirituales, entonces usted no cree en la Biblia, porque esto está escrito allí, sin importar cuál sea su interpretación o línea teológica de pensamiento, pues la Palabra de Dios no es antigua ni moderna, ella es eterna, y las Escrituras mismas dicen que «*Jesucristo es el mismo ayer, y hoy, y por los siglos*», Hebreos 13.8. Por lo tanto, de los versículos 8 al 10 Pablo nombra éstos nueve dones en orden, siendo que allí está el que haremos énfasis en este capítulo, el de «*…discernimiento de espíritus*». El discernimiento es muy importante para cada cristiano, si es que queremos vivir una vida espiritual victoriosa, pues sin él es imposible conocer los diferentes espíritus que están actuando en estas tres esferas que son el mundo, la carne y el pecado. Muchos cristianos están ciegos espiritualmente porque no pueden discernir muchas de las áreas espirituales de sus vidas que tienen falla e incluso están en pecado. Para crecer en nuestra vida espiritual es necesario el discernimiento, así como para crecer un niño necesita de alimentos. La ceguera espiritual de muchos cristianos es el resultado de la falta del discernimiento que se adquiere por medio de la lectura de la Palabra de Dios, en la oración, en el ayuno y a través de las experiencias con el Señor durante toda una vida.

Ya hemos oído hablar de la señora anciana que se encontraba en una esquina de la calle muy confundida y nerviosa intentando cruzar al otro lado, en medio de un tráfico tan intenso. Muy temerosa ella no conseguía salir del lugar. Finalmente se acercó un caballero que, tocando su brazo le preguntó si él podría atravesar la calle con ella.

Muy contenta y agradecida, la señora tomó el brazo del hombre y juntos empezaron a hacer la travesía. Fue entonces que ella empezó a ponerse aun más nerviosa al ver al caballero que pasaba locamente en medio de los carros mientras se oían bocinas, frenos y los motoristas diciendo palabras ofensivas a los dos. Cuando finalmente llegaron al otro lado, la señora estaba furiosa y le dijo: «¡Oiga, señor mío, usted casi nos mató... caminaba usted como si fuese un ciego!» «¡Pero lo soy! —contestó el hombre— ...por eso pregunté si yo podía cruzar la calle con usted señora...». Esto ilustra exactamente lo que sucede hoy en día con muchos cristianos que no son victoriosos en sus vidas espirituales. Son como este hombre ciego que pensaba que la señora lo estaba guiando mientras la señora pensaba que el hombre la estaba guiando. Los dos estaban sin dirección y guía alguna, engañados por la falta de comunicación entre ellos y esto casi les costó la vida. Usted y yo no podemos enfrentar el intenso tráfico de problemas, pruebas, luchas, tribulaciones y tentaciones si no estamos seguros que llegaremos al otro lado, a la victoria de haber alcanzado la meta. Si no tenemos el tan necesario discernimiento, ESTO NOS COSTARÁ LA DERROTA EN NUESTRA VIDA ESPIRITUAL, lo mismo que a ellos físicamente casi les costó sus vidas. Para obtener el discernimiento, es necesaria una buena comunicación entre los dos, o sea, entre Dios y nosotros. Solo Él podrá enseñarnos las áreas que necesitamos cambiar y mejorar, de lo contrario no llegaremos al otro lado.

¿Qué es el discernimiento espiritual y cómo tenerlo?

En 1 Corintios 2.10 Pablo habla: *«Pero Dios nos la reveló a nosotros por el Espíritu; porque el Espíritu todo lo escudriña, aun lo profundo de Dios»*. Aquí es claro que dos elementos son necesarios para conocer y discernir las cosas de Dios: Una revelación de Dios por medio del Espíritu, y una respuesta espiritual apropiada y voluntaria del ser humano hacia Dios que se reveló por su Espíritu. Solamente por el Espíritu de Dios se disciernen las cosas de Dios. **¡No hay otra manera!** De nuevo en el versículo 11 el apóstol dijo: «*Porque ¿quién de los hombres sabe las cosas del hombre, sino el espíritu del hombre que está en él? Así tampoco nadie conoció las cosas de Dios, sino el Espíritu de Dios*». Igual que los pensamientos de cada uno sólo uno mismo los conoce, así lo que está en la mente de Dios solo lo conoce el Espíritu Santo. Dios ha escogido revelarse en Jesucristo, y el Espíritu Santo trajo esta revelación de Cristo a la iglesia por medio de la predicación. Cuando la Palabra es predicada con poder y unción, el Espíritu lleva la revelación de la persona de Cristo al corazón humano y la persona lo puede discernir por medio del entendimiento que el Espíritu le concede. **¡No hay otra manera!** También en el versículo 12, dice: «*Y nosotros no hemos recibido el espíritu del mundo, sino el Espíritu que proviene de Dios, para que sepamos lo que Dios nos ha concedido*». Lo que viene de Dios es el discernimiento espiritual por medio de algo espiritual, o sea, el Espíritu Santo. Sin Él es imposible discernir el mundo espiritual. **¡No hay otra manera!** Nuevamente, el versículo 13 afirma: «*Lo cual también hablamos, no con palabras enseñadas por sabiduría humana, sino con las que enseña el Espíritu, acomodando lo espiritual a lo espiritual*». El Espíritu responde al espíritu del hombre y no a su mente. El Espíritu Santo interpreta las cosas espirituales a las personas espirituales. Aquí también describe las vías a través de las cuales la Palabra de Dios nos ha sido dada en las Escrituras, al comunicarnos el Espíritu «ideas» espirituales por medio de las «palabras» espirituales específicas que escoge. Solamente el Espíritu nos puede enseñar y discernir lo que está en nosotros haciendo a su vez que nosotros tengamos este discernimiento para vivir una vida victoriosa en Cristo. **¡No hay otra manera!** Y por último en el versículo 14, Pablo declara: «*Pero el hombre natural no percibe las cosas que son del Espíritu de Dios, porque para él son locura, y no las puede entender, porque se han de DISCERNIR espiritualmente*». Las personas sin Cristo, los no salvos, los incrédulos, estos no pueden entender las cosas espirituales, pues este es el hombre natural, no regenerado y alejado de Dios. El hombre espiritual son las personas ya salvas, que el Espíritu les ha revelado a Jesucristo, ya poseen el discernimiento de las cosas espirituales sean que están empezando o aquellas que ya llevan tiempo en los caminos del Señor. Las cosas de Dios se DISCIERNEN espiritualmente, y no con la mente o el raciocinio humano, por más que muchos quieran «entender» a Dios con sus pensamientos, esto es imposible. Esto solamente se hace con la ayuda del Espíritu Santo. ¡No hay otra manera! Las cosas espirituales de Dios son profundas, difíciles de entender, percibir o discernir, por esto es necesaria la revelación del Espíritu Santo en nuestra mente, corazón, alma y espíritu, para que podamos comprenderlas y aplicarlas a nuestra vida. ¿Entonces qué es realmente el discernimiento espiritual y cómo tenerlo? ¿Y cómo podemos reconocerlo y aplicarlo para que nuestra vida espiritual sea victoriosa?

1-Discernimiento es tener los ojos espirituales abiertos

Efesios 1.18a: «...alumbrando los ojos de vuestro entendimiento, para que sepáis cual es la esperanza a que él os ha llamado...».

2-Discernimiento es tener entendimiento de las cosas espirituales

2 Timoteo 2.7: «Considera lo que te digo, y el Señor te dé entendimiento en todo».

3-Discernimiento es tener madurez y esperar la venida de Jesucristo

1 Pedro 1.13: «Por tanto, ceñid los lomos de vuestro entendimiento, sed sobrios, y esperad por completo en la gracia que os traerá cuando Jesucristo sea manifestado».

4-Discernimiento es tener los sentidos espirituales alertas y velando

1 Tesalonicenses 5.6: *«Por tanto, no durmamos como los demás, sino velemos y seamos sobrios».*

5-Discernimiento es tener un entendimiento santo de las cosas espirituales

2 Pedro 3.1: *«Amados, esta es la segunda carta que os escribo, y en ambas despierto con exhortación vuestro limpio entendimiento».*

6-Discernimiento es tener entera consagración y santidad

Romanos 12.1: *«Así que, hermanos, os ruego por las misericordias de Dios, que presentéis vuestros cuerpos en sacrificio vivo, santo, agradable a Dios, que es vuestro culto racional».*

7-Discernimiento es tener una transformación y renovación de la mente

Romanos 12.2: *«No os conforméis a este siglo, sino transformaos por medio de la renovación de vuestro entendimiento, para que comprobéis cuál sea la buena voluntad de Dios, agradable y perfecta».*

8-Discernimiento es tener un sólido entendimiento

Salmo 111.10: *«El principio de la sabiduría es el temor de Jehová; buen entendimiento tienen todos los que practican sus mandamientos...».*

9-Discernimiento es tener conocimiento del tiempo de nuestra salvación

Romanos 13.11: *«Y esto, conociendo el tiempo, que es ya hora de levantarnos del sueño, porque ahora está más cerca de nosotros nuestra salvación que cuando creímos. La noche está avanzada, y se acerca el día. Desechemos, pues, las obras de las tinieblas, y vistámonos las armas de la luz».*

10-Discernimiento es tener amor a Dios e ignorar al mundo

1 Juan 2.15: *«No améis al mundo, ni las cosas que están en el mundo. Si alguno ama al mundo, el amor del Padre no está en él».*

11-Discernimiento es tener amistad con Dios y no con el mundo

Santiago 4.4: *«¡Oh almas adúlteras! ¿No sabéis que la amistad del mundo es enemistad contra Dios? Cualquiera, pues, que quiera ser amigo del mundo, se constituye enemigo de Dios».*

12-Discernimiento es tener la aprobación de Dios y el rechazo del mundo

Juan 15.18, 19: *«Si el mundo os aborrece, sabed que a mí me ha aborrecido antes que a vosotros. Si fuerais del mundo, el mundo amaría lo suyo; pero porque no sois del mundo, antes os elegí del mundo, por eso el mundo os aborrece».*

1 Juan 3.13: *«Hermanos míos, no os extrañéis si el mundo os aborrece».*

Juan 17.14: *«Yo les he dado tu palabra; y el mundo los aborreció, porque no son del mundo, como tampoco yo soy del mundo».*

13-Discernimiento es tener y conocer la única verdad que es solamente Jesucristo

1 Juan 5.20: *«Pero sabemos que el Hijo de Dios ha venido, y nos ha dado entendimiento para conocer al que es verdadero; y estamos en el verdadero, en su Hijo Jesucristo. Este es el verdadero Dios y la vida eterna».*

14-Discernimiento es tener sabiduría en conocer entre el bien y el mal

Job 6.30: *«¿Hay iniquidad en mi lengua? ¿Acaso no puede mi paladar discernir las cosas inicuas?»*

15-Discernimiento es tener la habilidad de hablar lo que es correcto

Job 27.4: *«Mis labios no hablarán iniquidad, ni mi lengua pronunciará engaño».*

16-Discernimiento es tener misericordia de los demás

Jonás 4.11: *«¿Y no tendré yo piedad de Nínive, aquella gran ciudad donde hay más de ciento veinte mil personas que no saben discernir entre su mano derecha y su mano izquierda, y muchos animales?»*

17-Discernimiento es tener capacidad de entender y cumplir la Palabra oída

Mateo 13.23: *«Mas el que fue sembrado en buena tierra, éste es el que oye y entiende la palabra, y da fruto; y produce a ciento, a sesenta, y a treinta por uno».*

18-Discernimiento es tener la certeza que somos hijos, herederos y coherederos

Romanos 8.16, 17: *«El Espíritu mismo da testimonio a nuestro espíritu, de que somos hijos de Dios. Y si hijos, también herederos; herederos de Dios y coherederos con Cristo...»* (Ver Gálatas 4.7).

Cierta vez un viejo indio nativo americano, que era cojo, andrajoso y hambriento, vagaba por las calles suplicando comida para saciar el hambre. Mientras él devoraba el pan que había recibido de una mano misericordiosa, un cordón brillante y colorido colgado alrededor de su cuello sostenía una pequeña bolsita sucia y vieja. Cuando alguien le preguntó lo que era la bolsita y lo que estaba adentro de ella, él dijo que fue un regalo que había recibido aún de muy joven. Y abriendo la bolsita sacó un papel amarillo y gastado por el tiempo y le enseñó al que le preguntaba. El hombre quedó sorprendido. Lo que el indio tenia adentro de la bolsita era un documento oficial del ejercito federal de los

Estados Unidos, que le otorgaba una pensión vitalicia, firmada por el propio general George Washington. Si el indio supiera lo que tenía en la bolsita, hubiera sido un hombre respetado en todos los lugares de la nación. Tendría asegurado un sostén financiero y una vida digna por el resto de sus días, si hubiera sabido lo que traía colgado de su cuello en la tal bolsita. Pero allí estaba él, sucio, vagabundo, hambriento y abandonado, porque sencillamente no supo usar y disfrutar lo que le fue otorgado y que era derecho suyo. De la misma manera, mis queridos hermanos, si no sabemos, conocemos y DISCERNIMOS lo que a nosotros ya nos fue dado por herencia por medio de Cristo, que somos hijos de Dios, herederos y coherederos, viviremos espiritualmente cojos, hambrientos y necesitados. El indio llevaba su victoria en su propio cuello, pero no sabia lo que era. Nosotros sin saber lo que es el DISCERNIMIENTO espiritual, no podremos vencer y asegurar una vida espiritual victoriosa diariamente, si no sabemos lo que es nuestro por derecho propio de la promesa que nos regaló el gran general, Jesucristo, el Señor de los ejércitos, que derrotó a las huestes del maligno.

¿Cómo recibir y mantener el discernimiento espiritual?

1 Corintios 11.29 dice: «*Porque el que come y bebe indignamente, sin discernir el cuerpo del Señor, juicio come y bebe para sí*». El discernimiento no se limita a solamente aquellos cristianos que no están listos para participar de la santa cena del Señor. El discernimiento involucra a todas las áreas espirituales y personales de nuestras vidas. Por esto es necesario saber cómo recibir el discernimiento, aplicarlo a nuestra vida, y disfrutar de una vida espiritual victoriosa en Cristo. El discernimiento es como el aire natural que respiramos, si no lo tenemos, moriremos físicamente. De la misma forma en el ámbito espiritual, si no tenemos el discernimiento, moriremos espiritualmente. Por esta causa el apóstol Pablo decía que aquellos que no discernían el cuerpo del Señor, en otras

palabras, no estaban viviendo una vida recta y santa, no estaban listos ni preparados espiritualmente para participar de la santa cena, estaban: «...*enfermos y debilitados... y muchos duermen*», 1 Corintios 11.30. Esto lo habló desde un punto espiritual, que estos estaban enfermos espiritualmente, debilitados espiritualmente y que muchos estaban dormidos espiritualmente. Y este es el caso realmente en muchísimas de nuestras iglesias, donde muchos están viviendo en derrota espiritual porque no saben discernir las cosas espirituales y están viviendo igual que el viejo indio americano, hambrientos y fracasados espiritualmente hablando. ¿Cómo recibir entonces el discernimiento espiritual?

1-Recibiremos al aceptar la reprensión

Proverbios 17.10: «*La reprensión aprovecha al entendido, mas que cien azotes al necio*».

2-Recibiremos al poseer entendimiento

Proverbios 28.11: «*El hombre rico es sabio en su propia opinión; mas el pobre entendido lo escudriña*».

3-Recibiremos al buscar la sabiduría

Proverbios 15.14: «*El corazón entendido busca la sabiduría; mas la boca de los necios se alimenta de necedades*».

4-Recibiremos al aceptar la corrección

Proverbios 19.25: «*Hiere al escarnecedor, y el simple se hará avisado; y corrigiendo al entendido, entenderá ciencia*».

5-Recibiremos al aceptar la amonestación

Proverbios 21.11: «*Cuando el escarnecedor es castigado, el simple se hace sabio; y cuando se le amonesta al sabio, aprende ciencia*».

6-Recibiremos al aceptar la disciplina

Proverbios 9.8: *«No reprendas al escarnecedor, para que no te aborrezca; corrige al sabio, y te amará».*

7-Recibiremos al aceptar el castigo

Salmo 141.5: *«Que el justo me castigue, será un favor, y que me reprenda será un excelente bálsamo…».*

8-Recibiremos al hacer la diferencia entre el bien y el mal

1 Reyes 3.9: *«Da, pues, a tu siervo corazón entendido para juzgar a tu pueblo, y para discernir entre lo bueno y lo malo; porque ¿quién podrá gobernar este tu pueblo tan grande?»*

9-Recibiremos al pedir conocimiento y sabiduría

Santiago 1.5: *«Y si alguno de vosotros tiene falta de sabiduría, pídala a Dios, el cual da a todos abundantemente y sin reproche, y le será dada».*

10-Recibiremos al entender que viene de Dios

Job 32.8: *«Ciertamente espíritu hay en el hombre, y el soplo del Omnipotente le hace que entienda».*

11-Recibiremos al vivir en rectitud y sabiduría

Proverbios 8.9: *«Todas ellas son rectas al que entiende, y razonables a los que han hallado sabiduría».*

12-Recibiremos al acercarnos al Señor diariamente en fe y santidad

Hebreos 10.22: *«Acerquémonos con corazón sincero, en plena certidumbre de fe, purificados los corazones de mala conciencia, y lavados los cuerpos con agua pura».*

13-Recibiremos al invocar al Señor verdaderamente
Salmo 145.18: «*Cercano está Jehová a todos los que le invocan, a todos los que le invocan de veras*».

14-Recibiremos al orar con entendimiento
1 Corintios 14.15: «*¿Qué, pues? Oraré con el espíritu, pero oraré también con el entendimiento…*».

Se cuenta que un hacendado estaba enfrentando problemas con los cuervos que estaban comiendo su plantación de maíz. Cierto día él tomó su escopeta y gateó sin ser visto por los pájaros hasta un rincón cerca de ellos, determinado a dispararles. El hacendado poseía una cotorra muy amigable que hacía amistad con todos. Mirando la banda de cuervos, la cotorra voló y se juntó a ellos y como hablaba mucho, luego hizo amistad con sus nuevos amigos. El hacendado miró los cuervos, pero no vio la cotorra. Apuntó la escopeta, hizo puntería y disparó. Cuando el hombre se levantó para agarrar a los cuervos caídos, para su sorpresa, allá estaba su cotorra, herida, con un ala quebrada y temblando de miedo. Con cuidado el hacendado la llevó a su casa para curarla. Como era un animalito de estima, los niños entre lágrimas preguntaron al papá: ¿Qué pasó, porque está herida? Y antes que el padre contestara, la cotorra habló en voz alta: «¡FUERON LAS MALAS COMPAÑÍAS». Podríamos decir que a esta cotorra le faltó «discernimiento» para saber con quién se estaba juntando. De la misma manera, nosotros cometeremos grandes equivocaciones si no estamos dispuestos a RECIBIR EL DISCERNIMIENTO como parte integral, necesaria e importante para nuestras vidas espirituales. Aun en su iglesia, si usted no es sabio y discierne quiénes podrían ser sus verdaderos ayudadores espirituales, aquellos cristianos sinceros, honestos y rectos que estarían dispuestos a ser de bendición a usted, ciertamente fracasará, porque no todos son realmente lo que dicen que son. La cotorra quizás pensó que al menos porque eran pájaros como ella y volaban, podrían ser sus amigos. Pero no fue así. Ella casi muere por haber estado junto con los «amigos» equivocados, en el «momento» equivocado. En la vida espiritual es lo mismo. Busque BUENAS COMPAÑÍAS, personas sabias y con entendimiento, que puedan ser sus consejeros, personas maduras y que han RECIBIDO EL DISCERNIMIENTO espiritual para que usted pueda aprender de ellas. Aplique los puntos arriba mencionados a su vida y verá que Dios le ayudará a que viva una vida espiritual victoriosa.

Dieciséis victorias del que tiene discernimiento espiritual

Hebreos 5.14 cita: *«Pero alimento sólido es para los que han alcanzado madurez, para los que por el uso tienen los sentidos ejercitados en el discernimiento del bien y del mal».* Solamente a través de una disciplina y esfuerzo diario al estudiar las Escrituras, orar y sacar tiempo semanal o mensualmente para ayunar, usted desarrollará el sentido del discernimiento, o sea, la sabiduría necesaria para caminar victoriosamente en su vida espiritual. Entonces el discernimiento le llevará a hacer la diferencia entre una conducta apropiada y una desviada. Pero a los cristianos que no están dispuestos a vivir bajo el discernimiento espiritual, no comprenderán las cosas del Espíritu y no sabrán cuando Dios les habla, como está escrito en Job 33.14 que afirma: *«Sin embargo, en una o en dos maneras habla Dios; pero el hombre no entiende».* Todos los versículos anteriores y los que aún citaremos, principalmente los del libro de Proverbios cuando se dice que el sabio es «ENTENDIDO, O TIENE ENTENDIMIENTO», literalmente está diciendo que posee «DISCERNIMIENTO» y que es una persona que «DISCIERNE» las cosas espirituales. Por lo tanto, si queremos vivir una vida fructuosa en el Espíritu debemos anhelar, buscar, desear poseer el tan necesario DISCERNIMIENTO, de lo contrario no disfrutaremos de las bendiciones que Dios tiene para nosotros. **¿Y qué victorias podrá traer el discernimiento espiritual al que lo tiene?** ¿Y cómo aplicar a nuestras vidas estos principios que nos llevarán a permanecer victoriosamente en Cristo?

1-Nuestros ojos espirituales serán abiertos

2 Reyes 6.17: «*Y oró Eliseo, y dijo: Te ruego, oh Jehová, que abras sus ojos para que vea. Entonces Jehová abrió los ojos del criado, y miró; y he aquí que el monte estaba lleno de gente de a caballo, y de carros de fuego alrededor de Eliseo*».

2-Las cosas nos serán más fáciles cuando lo tenemos

Proverbios 14.6: «*Busca el escarnecedor la sabiduría y no la halla; mas al hombre entendido la sabiduría le es fácil*».

3-Tendremos vida

Salmo 119.144: «*Justicia eterna son tus testimonios; dame entendimiento, y viviré*».

4-Comprenderemos las Escrituras

Lucas 24.45: «*Entonces les abrió el entendimiento, para que comprendiesen las Escrituras*».

5-Hallaremos el bien y seremos bienaventurados

Proverbios 16.20: «*El entendido en la palabra hallará el bien, y el que confía en Jehová es bienaventurado*».

6-Conoceremos al Señor

Jeremías 9.24a: «*Mas alábese en esto el que se hubiere de alabar: en entenderme y conocerme, que yo soy Jehová…*».

7-Nos hace amar a nuestra alma

Proverbios 19.8: «*El que posee entendimiento ama su alma; el que guarda la inteligencia hallará el bien*».

8-Tendremos una vida abundante

Proverbios 16.22: *«Manantial de vida es el entendimiento al que lo posee; mas la erudición de los necios es necedad».*

9-Seremos librados de ceder a la tentación sexual

Proverbios 7.7, 8: *«Vi entre los simples, consideré entre los jóvenes, a un joven falto de entendimiento, el cual pasaba por la calle, junto a la esquina, e iba camino a la casa de ella».*

10-Tendremos un corazón sabio

Proverbios 18.15: *«El corazón del entendido adquiere sabiduría; y el oído de los sabios busca la ciencia».*

11-Sabremos hacer una distinción del que ama y sirve a Dios y el que no lo hace

Malaquías 3.18: *«Entonces os volveréis, y discerniréis la diferencia entre el justo y el malo, entre el que sirve a Dios y el que no lo sirve».*

12-Conoceremos cuando lleguen y sea el tiempo de las oportunidades

Eclesiastés 8.5: *«El que guarda el mandamiento no experimentará mal; y el corazón del sabio discierne el tiempo y el juicio».*

13-Sabremos hacer decisiones correctas y distinguir entre el bien y el mal

1 Reyes 3.9: *«Da, pues, a tu siervo corazón entendido para juzgar a tu pueblo, y para discernir entre lo bueno y lo malo; porque ¿quién podrá gobernar este tu pueblo tan grande?»*

14-Sabremos la diferencia entre lo puro y lo impuro

Levítico 10.10: *«Para poder discernir entre lo santo y lo profano, y entre lo inmundo y lo limpio».*

15-Sabremos la manera correcta de cómo amar a Dios y al prójimo

Marcos 12.33: *«Y el amarle con todo el corazón, con todo el entendimiento, con toda el alma, y con todas las fuerzas, y amar al prójimo como a uno mismo...».*

16-Conoceremos y permaneceremos en la verdad que es Jesucristo

1 Juan 5.20: *«Pero sabemos que el Hijo de Dios ha venido, y nos ha dado entendimiento para conocer al que es verdadero; y estamos en el verdadero, en su Hijo Jesucristo. Este es el verdadero Dios, y la vida eterna».*

Cierta vez un hombre, miembro de un determinado grupo cristiano, donde frecuentaba regularmente para aprender la Palabra de Dios, sin aviso alguno, dejó de hacerlo de momento. Después de algunas semanas el líder del grupo decidió visitarlo. Era una noche muy fría. El líder al llegar a la casa del hermano lo encontró solo y sentado delante de la chimenea, donde ardía el fuego brillante y acogedor de las leñas. Ya sabía el hombre el porqué de la visita de su líder, así que le dio la bienvenida y lo condujo a una silla bien cerca de la chimenea y se quedó quieto, esperando que su líder empezara la conversación. El líder se acomodó confortablemente en el sillón pero no dijo nada, solamente oraba en su mente pidiendo discernimiento. Hubo un gran silencio, donde los dos solamente contemplaban las llamas que ardían en las leñas. Al cabo de algunos minutos, el líder mirando las brasas que se formaban, con mucho cuidado seleccionó una de ellas, la más incandescente y viva de todas ellas, y empujándola a un lado, la separó lejos de las demás leñas. Y volvió a sentarse, solamente oraba y pedía discernimiento silenciosamente. El hombre prestaba atención quietamente a todo y esperaba que su líder hablara en cualquier momento. A los pocos minutos, la llama de la brasa de la leña solitaria disminuyó lentamente, hasta que hubo un brillo de momento y su fuego se apagó de una vez. En poco tiempo, lo que antes era un impresionante despliegue de calor y luz, ahora no pasaba de un negro, frío y muerto pedazo de carbón cubierto de ceniza. Ninguna palabra había sido dicha desde el saludo inicial entre los dos amigos. Y el líder, preparándose ya para salir, se levantó y tomó aquel pedazo de carbón frío e inútil y volvió a ponerlo nuevamente junto a las otras leñas que estaban prendidas con fuego. Casi de inmediato el carbón volvió a ser incandescente, alimentado por el calor de los otros carbones y leñas ardientes que estaban a su alrededor. Cuando el líder llegó a la puerta para salir, el hombre le dijo: «Muchas gracias por su visita y por su bello sermón, aunque usted no habló palabra alguna. Esta semana —concluyó de decir el anfitrión a su líder— regreso al grupo sin falta».

¿Cuál es la lección de lo que sucedió? Que todos nosotros los cristianos somos parte de una llama espiritual que necesitamos del calor, de la sabiduría, del discernimiento de los demás, de la enseñanza, del compañerismo, y de que lejos del grupo de apoyo a nuestras vidas junto a los demás miembros del cuerpo de Cristo, nos vamos a apagar, perder el brillo, enfriar y morir espiritualmente. Nosotros somos responsables de mantener esta brasa encendida, este carbón incandescente del Espíritu Santo en nuestros corazones, de buscar la comunión y la unidad dentro de nuestras iglesias. ¿Y cómo podremos mantenernos en esto? Buscando el discernimiento espiritual para reconocer las necesidades profundas de nuestros corazones y que dependemos los unos de los otros. Así como este sabio líder tuvo gran discernimiento al impartir su enseñanza y obtuvo gran victoria al hacer regresar al hombre al grupo, nosotros de igual manera necesitamos de este discernimiento para mantenernos en Cristo y vivir una vida espiritual victoriosa.

Capítulo

3

La victoria del crecimiento espiritual
y de la madurez

Proverbios 24.6

«Porque con ingenio harás la guerra, y en la multitud de consejeros está la victoria».

Proverbios 4.13 cita: *«Retén el consejo, no lo dejes; guárdalo, porque eso es tu vida».* La palabra **consejo** aquí en el hebreo es **«musar»**, que significa «corrección», «castigo», «instrucción» y «disciplina». También es una «admonición», «reprensión» o «advertencia». **«Musar»** viene del verbo **«yasar»,** que significa «reformar», «castigar», «disciplinar» o «instruir». **«Musar»** aparece 50 veces en el Antiguo Testamento, 30 de ellas en el libro de Proverbios. **«Musar»** es un término lo suficientemente amplio como para incluir el castigo verbal y físico, (Pr 1.3 y 22.15). En Proverbios 3.11 se nos urge a no menospreciar el castigo de Jehová, ni cansarnos de su corrección. Una persona mala y necia y sin el temor de Dios podría hasta morir por falta de instrucción, (Pr 5.23). De ahí que **«musar»** incluye todas las formas de disciplina que se supone llevan a una vida transformada. Aplicando esta palabra a nosotros los cristianos, en relación al crecimiento espiritual y la madurez, podremos decir que sin oír el consejo, sea de la Palabra de Dios o de alguien para nuestro beneficio, sin vivir bajo «corrección» espiritual mientras caminamos con Cristo, sin obtener la instrucción y sin ser partícipes de las reglas diarias de la disciplina espiritual, NO PODREMOS CRECER Y MADURAR ESPIRITUALMENTE. La «admonición» de nuestros líderes espirituales, la «reprensión» abierta y sincera de nuestros pastores, y la «advertencia» de Dios mismo al hablar a nosotros personalmente, nos debería llevar diariamente a crecer y madurar en las cosas espirituales, trayendo la «instrucción» necesaria para llevarnos a niveles y a revelaciones espirituales más altas de las cuales nunca hemos experimentado y vivido antes.

1 Corintios 2.14 afirma: «*Pero el hombre natural no percibe las cosas que son del Espíritu de Dios, porque para él son locura, y no las puede entender, porque han de discernir espiritualmente*». Desde el punto de vista espiritual, la gente está dividida en tres categorías, lo cual esclarece cómo la revelación de la cruz es recibida del lado humano. **1-EL HOMBRE NATURAL,** no regenerado y alejado del Espíritu, no siente aprecio por el evangelio, pues para el son locuras las cosas espirituales. **2-EL HOMBRE ESPIRITUAL,** regenerado y que posee MADUREZ ESPIRITUAL, como los que están libres de inclinaciones sectarias y de agradar a los hombres, pero que tienen una naturaleza que responde a la verdad y que desean CRECER Y MADURAR ESPIRITUALMENTE, lo cual los incrédulos lo encuentran difícil de comprender. **3-EL HOMBRE CARNAL,** regenerado, pero viviendo de forma parecida a los que no son. Estos son creyentes de comportamiento INFANTIL, como los que se ven en aquellos que no son consagrados al Señor, que viven una VIDA ESPIRITUAL INMADURA, que están más preocupados por las opiniones humanas, las cosas de esta vida y del materialismo, que de Cristo, las cosas del Espíritu y las eternas. Todavía no ha vencido a la carne y sus deseos y sucumbe a menudo a sus pasiones y deseos.

Se cuenta que un día muy temprano, salió a pescar un hermano en Cristo con mucho ánimo y alegría, ya que él sentía que pescaría mucho. Tenía todas las condiciones perfectas para hacer una gran pesca. Se sube a su bote, comienza a remar y llegando no muy lejos de la orilla, lanzó el ancla. Preparó el hilo y la carnada, y antes de comenzar a pescar se puso de pie y comenzó a orar al Señor agradeciéndole por un día muy hermoso y declarando su ayuda en la gran pesca que iba a tener. Y de inmediato inició la pesca. Mientras él pescaba, a pocos metros había una persona que observaba todo lo que el hermano hacía. Notó el hombre que cuando el pescador creyente cogía un pez, lo medía y decía: «Este mide 15 centímetros», lo sacaba y lo colocaba en una cesta donde pondría toda la pesca del día. Luego sacaba otro pez, y hacía lo mismo, «mide 16 centímetros» y lo echaba en la cesta y continuaba su pesca. El hombre observó que el siguiente pez que el hermano sacó era muy grande, más del triple del tamaño de los que había sacado anteriormente y se sorprendió que éste dijo: «Mide mucho, demasiado», e inmediatamente lo echó al agua. Este comportamiento se repitió varias veces, lo que le llamó la atención al hombre observador. Éste, sorprendido, comienza a remar y se acerca sutilmente al bote del hermano, lo saluda y le pregunta: «He visto que ha tenido buena pesca, pero he notado que los peces muy grandes lo devuelve usted al agua. ¿Pudiera decirme por qué los peces gordos los echa de vuelta y los chicos usted los guarda?» A lo que contestó el hermano: «Es que mi sartén solo mide 16 centímetros y los peces gordos y grandes no caben en ella…». Apreciados lectores: Muchos de nosotros somos iguales a este hermano, sincero, bueno y creyente, pero con una mentalidad inmadura, que todavía no ha desarrollado su potencial. El sartén significa nuestra mente inmadura, que a veces pedimos cosas al Señor y que él nos quiere bendecir, pero no estamos preparados para recibir sus grandes bendiciones, porque nuestro «sartén es inmaduro todavía», y porque no tenemos la capacidad para creer en cosas grandes y poderosas que Dios puede hacer con nosotros. ¿Qué tamaño es su sartén? La INMADUREZ ESPIRITUAL le impedirá a usted crecer espiritualmente y llegar a niveles espirituales tremendos en el Señor. Es necesario para usted obtener la victoria en su crecimiento espiritual, desarrollar la madurez y crecer en su mente y espíritu para ser partícipes de las cosas que Dios tiene para usted.

¿Cómo crecer espiritualmente y desarrollar la madurez?

Pudiéramos decir que para crecer espiritualmente y madurar es necesario la oración, el ayuno, el estudio y la lectura diaria de la Palabra de Dios, una vida íntegra, la fe, etc. Todo esto es muy necesario entre muchas otras cosas más. Pero yo deseo enfocar otra manera de crecer y madurar espiritualmente, y es aquella donde en **HUMILDAD** reconocemos nuestras faltas, pecados y errores. Desde mi niñez, pasando por mi juventud, y durante todos estos largos años de mi vida, como esposo y padre, y como ministro, he crecido y madurado en muchas áreas, como todos, y les diré que esto es un largo y arduo proceso que requiere paciencia, voluntad propia, consejería y **HUMILDAD.** Todos, pero absolutamente todos, cometemos equivocaciones. El que dice que no yerra, ni se equivoca y es perfecto en todo, probablemente esté mintiendo... Y para ser honesto, sincero y transparente, yo no soy esta «rara» excepción. He cometido muchos errores en decisiones inmaduras, que fueron hechas por impulso, impaciencia y precipitación, debido al carácter sanguíneo y colérico que tengo. Y por no haber consultado al Señor, tanto en mi vida privada como ministerial, he cometido errores. Y todos ellos han traído consecuencias. Puertas se me han cerrado con ministros e iglesias donde por alguna palabra mía inmadura y sin pensarla me ha causado que ya no regrese a ministrar allí. ¡Y reconozco que la culpa es mía! He tenido que pedir algunas veces perdón a ministros y pastores por mis palabras y actitudes que no estaban correctas. Y esto me ha hecho mucho bien. Y nos hemos tornado amigos y he regresado nuevamente a ministrar en sus iglesias. Porque pastores MADUROS perdonarán y olvidarán, pero los INMADUROS no le darán una oportunidad de arrepentirse y pedir perdón, porque sus corazones están llenos de orgullo, prepotencia y soberbia.

Otras veces porque he predicado la Palabra como debe ser, y tal vez el mensaje ha sido duro, directo y desafiante, las puertas se me han cerrado; pero no por mi culpa, sino que a algunos pastores no les gustan oír la verdad, ni a ellos ni a sus iglesias, puesto que algunos de ellos mismos están en error, en pecado y en desobediencia. Por lo tanto, algunas puertas se han cerrado por este motivo, pero me alegro que por lo menos no fuera yo, sino que no soportaron oír la Palabra del Señor. ¡Para mi está bien, no hay problema! Otras veces puertas se han cerrado por la envidia y celo de aquellos que me invitaron, al ver cómo nuestro ministerio ha crecido y ya no he regresado allí. Pero esto tampoco me importa. Lo que si es importante para mí, es que he madurado al pasar los años, que se puede decir la misma cosa usando otras palabras con sabiduría, tacto y discernimiento. He aceptado la corrección de parte del Señor, de mi esposa y de colegas que me han enseñado y he crecido y madurado en las relaciones ministeriales donde he aprendido que crecer espiritualmente lleva tiempo y madurar en la vida y ministerio es aun más complicado y difícil. Y la manera de crecer espiritualmente y madurar es por medio de la **HUMILDAD**, de reconocer que hemos fallado, tanto al Señor como a los demás, y pedir perdón y seguir adelante, siempre aprendiendo, aprendiendo y aprendiendo...

Por otro lado, también he hecho decisiones sabias y maduras, en el centro de la voluntad de Dios, al consultar al Señor, y he predicado alrededor del mundo, en más de 71 países en todos los continentes, en el lugar correcto, de la manera correcta, con el mensaje correcto, en la iglesia correcta, a los pastores correctos y al pueblo correcto, y puedo decir que todo ha salido CIERTÍSIMAMENTE BIEN. Todo esto lleva tiempo para obtener, para adquirir experiencia, madurez y crecimiento espiritual. Y la llave de todo esto es la **HUMILDAD** y aceptar corrección de parte de tu esposa, hijos, ministros, amigos, consejeros, y del Señor, por supuesto. Algunos escritores y ministros cristianos solamente escriben lo mucho y lo grande que han hecho en sus ministerios, sin mencionar sus problemas o equivocaciones, pero yo prefiero caminar en **HUMILDAD,** integridad y ser abierto y transparente, porque cuando estoy y me siento débil, reconociendo mis errores, allí es que realmente estoy fuerte, porque no daré cabida al orgullo que ha plagado a los ministros y sus ministerios hoy en día. Todos tenemos debilidades y áreas que arreglar, esta ha sido la mía, y he madurado y crecido espiritualmente cuando he oído consejos y amonestaciones y los he puesto en práctica.

El gran apóstol Pablo también reconocía sus limitaciones, fracasos, temor, debilidad y áreas de su vida que necesitaban crecer y madurar. Basta leer 1 Corintios 2.1-3 y otros pasajes en la Escritura y nos daremos cuenta. Pablo también peleó con Bernabé en el caso de Juan Marcos, causando la separación entre ellos dos en el ministerio, Hechos 15.36-41. Pero al final de su ministerio, Pablo reconoció su error y pidió a Timoteo que le trajera a Marcos, porque «le era útil al ministerio», 2 Timoteo 4.11. Y si el gran apóstol también se equivocó en sus palabras peleando con Bernabé y después admitió que deseaba ver a Marcos y reconciliarse con él, entonces, ¿quién es Josué Yrion para no reconocer, admitir y pedir perdón por sus errores? ¡No soy nada ni nadie! Esta es la tarjeta de presentación, la marca, y lo que poseen los verdaderos hombres y mujeres de Dios, la **HUMILDAD.**

Dice una historia que un sultán soñó durante la noche que había perdido todos sus dientes. Después de despertarse muy preocupado, ordenó llamar a un sabio para que interpretase el sueño. «¡Qué desgracia, mi Señor!» exclamó el sabio orgullosamente, «cada diente caído representa la muerte de un pariente suyo vuestra Majestad». «¡Qué insolencia!» gritó el sultán enfurecido, «¿Cómo te atreves a decirme semejante cosa? ¡Fuera de aquí!» Y llamando a uno de sus guardias le encargó que le dieran cien latigazos al orgulloso sabio. Más tarde el sultán mandó llamar a otro sabio y también le contó lo que había soñado. Este, después de escuchar al sultán con atención y humildad, le dijo: «¡Excelso Señor! Gran felicidad os ha sido reservada. El sueño significa que sobrevivirás a todos vuestros parientes». Se iluminó el semblante del sultán con una gran sonrisa y ordenó que le dieran cien monedas de oro. Cuando el sabio salía del palacio, uno de los cortesanos le dijo admirado: «¡No es posible! la interpretación que habéis hecho del sueño es la misma que hizo el primer sabio. No entiendo porqué al primero, el sultán le pagó con cien latigazos y a usted con cien monedas de oro». A lo que el humilde sabio le respondió: «Recuerde bien amigo mío, que todo depende de la forma de expresar y decir las cosas. Yo dije exactamente lo mismo, pero solamente de una forma diferente…». Aquí, amados lectores, aprendemos dos cosas importantes. Primero: Que el primer sabio estaba orgulloso de haber sido llamado a la presencia del gran sultán y no tuvo la sabiduría suficiente de expresar con palabras adecuadas la revelación del sueño. Segundo: El último sabio llegó con una actitud **HUMILDE**, oyó con atención, y tuvo la sabiduría suficiente de decir la misma cosa, solamente con palabras escogidas sabiamente y con gran discernimiento que agradó al soberano sultán. Entonces aquí he aprendido personalmente dos cosas muy, pero muy importantes para mi vida como ministro y predicador: Mantener siempre la **HUMILDAD** en todas las situaciones, y **hablar y predicar** lo que Dios ha puesto en mi corazón de una forma inteligente, sabia y eficaz, sin tener la necesidad de usar palabras fuertes que podrán ser interpretadas como ofensivas por muchos, porque realmente no fue, y no es, y no será nunca, mi intención de herir a nadie. Solamente que este es mi carácter y mi personalidad, pues yo no comprometo mis convicciones y la Palabra con nadie. Pero yo puedo decir la misma cosa usando otras palabras sabiamente y me ganaré la audiencia y las llevaré a Cristo. Que la verdad debe ser dicha en cualquier situación, de esto no cabe duda, pero la diferencia está en la forma con que debe ser comunicada esta verdad. Es allí donde se provoca en algunos casos grandes problemas. La verdad de nuestra predicación puede ser comparada con una bella piedra preciosa. Si la lanzamos contra el rostro de alguien, puede herir a tal persona, pero si la envolvemos en un delicado papel y en un embalaje hermoso y la ofrecemos con ternura y cariño, ciertamente será aceptada con agrado por cualquier persona. Y esto es lo que he aprendido, a presentar la Palabra con cariño y misericordia, como decía el gran evangelista D.L. Moody: «Las moscas se atrapan con el azúcar y la miel, y no con la sal y la hiel». Por lo tanto, con **HUMILDAD y sabiduría** creceremos espiritualmente y maduraremos en nuestra vida espiritual.

Por medio de Cristo creceremos y maduraremos

Efesios 4.12 dice lo siguiente en cuanto a la madurez: «*A fin de perfeccionar a los santos para la obra del ministerio, para la edificación del cuerpo de Cristo*». La palabra «**perfeccionar**» aquí en el griego es «**katartismos**» que significa «adecuar» o «adecuado», «preparar», «entrenar», «perfeccionar», «equipar», «MADURAR» y «calificar» plenamente para el ministerio y servicio público. En el lenguaje clásico, la palabra se aplica a la colocación de un hueso durante una cirugía. Por lo tanto el Gran Médico, Jesucristo, está haciendo ahora todos los ajustes necesarios a fin de que la iglesia no se quede «descoyuntada», sino MADURA y preparada. Por lo tanto nosotros como iglesia y pueblo de Dios, estamos madurando «adecuadamente», despacio, siendo «preparados» diariamente, «entrenados» en cada situación, «perfeccionados» en Cristo, «equipados» por el Espíritu Santo, «madurando espiritualmente» y siendo «calificados» en todo para servir en el ministerio que el Señor nos ha encomendado.

La palabra griega traducida «**perfeccionar**» sugiere: **1-Recuperación de la integridad de algo como un todo,** como cuando una rama quebrada se vuelve a unir, o como los huesos del cuerpo humano se vuelven a vendar y unir después de una quebradura. **2-El descubrimiento de una función**, como cuando un miembro físico está funcionando adecuadamente. **3-La obra del ministerio,** que es la tarea de cada miembro del cuerpo de Cristo y no solo de un grupo selecto de líderes. **4-Habla de conjunto,** un equipo, pues Efesios 4.11 y 12 revelan que la tarea de los más dotados y MADUROS espiritualmente es ayudar y edificar los ministerios individuales y también colectivos de aquellos que son llamados. Por lo tanto, el progreso de la MADUREZ es, versículo 13, la «estabilidad», el versículo 14, la «integridad como un todo», el versículo 15, de la «experiencia individual» de cada miembro de la iglesia, haciendo que todo esto dé lugar al crecimiento, a la MADUREZ, a la expansión cuantitativa y a la edificación del fortalecimiento interno de todo el cuerpo, o sea, de la iglesia.

Efesios 4.13 nos explica: «*Hasta que todos lleguemos a la unidad de la fe y del conocimiento del Hijo de Dios, a un varón perfecto, a la medida de la estatura de la plenitud de Cristo*». Pablo estaba diciendo: Alcanzar esta MADUREZ y unidad es solamente posible por medio del crecimiento espiritual, del conocimiento diario y de la aplicación de la Palabra a nuestras vidas, para llegar a la medida, o sea, la MADUREZ de la estatura de la plenitud de Cristo. Esto solamente es posible al crecer y madurar espiritualmente. Y sigue Pablo en Efesios 4.14 y afirma la razón por la cual necesitamos de MADUREZ: «*Para que ya no seamos niños fluctuantes, llevados por doquiera de todo viento de doctrina, por estratagema de hombres que para engañar emplean con astucia las artimañas del error*». Si poseemos la tan importante MADUREZ en Cristo, no seremos niños espirituales, de un nivel bajo y precario en cuanto a la vida cristiana, sino de un carácter elevado, sabio y poseedor de una autoridad espiritual para deshacer las obras del diablo que los hombres emplean para desacreditar la Palabra de Dios. En Efesios 4.15 el apóstol nos dice cómo debemos caminar entonces para adquirir esta MADUREZ: «*Sino que siguiendo la verdad en amor, crezcamos en todo en aquel que es la cabeza, esto es, Cristo*». En otras palabras: Exponiendo y predicando la Palabra con amor, tal como lo dijimos antes, con sabiduría, con cariño, con amabilidad, esto nos hará crecer, esto es, MADURAR espiritualmente en Cristo. Y por último Efesios 4.16 habla a nosotros, la iglesia, de la razón y del porqué de la necesidad de esta MADUREZ y de su beneficio para nosotros: «*De quien todo el cuerpo, bien concertado y unido entre sí por todas las coyunturas que se ayudan mutuamente, según la actividad propia de cada miembro, recibe su crecimiento para ir edificándose en amor*». O sea: El «cuerpo» somos nosotros la iglesia, «concertado y unido», son como los huesos de nuestro cuerpo, recibiendo la ayuda de otros miembros de la iglesia, según la «actividad», o el ministerio, el llamado de cada creyente, recibiremos el «crecimiento», o sea, LA MADUREZ para crecer, para MADURAR y para ser «edificados» en amor los unos por los otros por el Espíritu Santo. Y todo este crecimiento espiritual y de la MADUREZ se logra por medio de Cristo, que es el cabeza de la iglesia. Y allí entonces está involucrada la fe de aquellos que trabajan en el ministerio y del crecimiento de la iglesia, y de igual manera exponen las buenas obras de estos mismos obreros y ministros por medio del esfuerzo de ellos para alcanzar los resultados que el Señor espera de ellos, o sea, de nosotros. Por lo tanto la fe y las obras trabajan juntas para el crecimiento del reino de Dios. Por esto somos llamados obreros, o sea, el que obra, el que trabaja, el que se esfuerza en su llamado ministerial.

1 Pedro 2.5 cita: «*Vosotros también, como piedras vivas, sed edificados como casa espiritual y sacerdocio santo, para ofrecer sacrificios espirituales aceptables a Dios por medio de Jesucristo*». Pedro decía que tenemos que ser edificados, o sea, **MADURADOS** espiritualmente, como casa, o sea, como «un cuerpo», o sea, como «la iglesia» de Cristo, **CRECIENDO** y **MADURANDO** por medio de «Jesucristo». Entonces la **MADUREZ** viene por medio de Cristo, y él hace **CRECER** nuestra vida espiritual, como una semilla que va creciendo en la tierra día a día. En Marcos 4.26-29 el Señor mismo nos enseña: «*Así es el reino de Dios, como cuando un hombre echa semilla en la tierra; y duerme y se levanta, de noche y de día, y la semilla brota y crece sin que él sepa cómo. Porque de suyo lleva fruto la tierra, primero hierba, luego espiga, después grano lleno en la espiga; y cuando el fruto está maduro, en seguida se mete la hoz, porque la siega ha llegado*». La «**SEMILLA**» es la Palabra de Dios, la «**TIERRA**» es nuestro corazón. Entonces todos nosotros hemos recibido y atesorado la Palabra de Dios, tanto por la predicación como al leerla y estudiarla. Pero no en nuestra mente solamente, sino en nuestro corazón. Y Cristo dijo que el «**HOMBRE**», usted y yo, el creyente, somos como la semilla,

que crece de día y de noche, o sea, al oír la Palabra, al orar, al ayunar, al evangelizar, al vivir la vida cristiana diariamente. Crecemos «sin saber cómo», o sea, es algo **ESPIRITUAL**, hecho por Dios, por medio de Cristo. Porque llevamos el fruto, «la Palabra» en la tierra de nuestro corazón, y al oírla hemos sido salvos, vino la conversión, esto es «**LA HIERBA**», luego, el primer amor y el hablar de Cristo a los demás, esto es «**LA ESPIGA**», después el llamado al ministerio, esto es «**EL GRANO LLENO EN LA ESPIGA**», y sigue el crecimiento espiritual durante toda nuestra vida cristiana, hasta la edad adulta y madura de los años, esto es «**CUANDO EL FRUTO ESTÁ MADURO**», y después al final de nuestras vidas, el final de nuestra labor y ministerio, al final, viene la muerte del creyente, esto es «**SE METE LA HOZ, PORQUE LA SIEGA HA LLEGADO**».

También en Marcos 4.30-32, Cristo nos habla del impacto y del crecimiento de su reino por medio de nosotros que recibimos su Palabra, tanto en el sentido colectivo como iglesia, como en el sentido individual: «*¿A qué haremos semejante el reino de Dios, o con qué parábola lo compararemos? Es como el grano de mostaza, que cuando se siembra en tierra, es la más pequeña de todas las semillas que hay en la tierra; pero después de sembrado, crece, y se hace la mayor de todas las hortalizas, y echa grandes ramas, de tal manera que las aves del cielo pueden morar bajo su sombra*». En la instancia colectiva, como iglesia, el Señor se refiere aquí en esta parábola a la futura grandeza de su reino, comparada ahora con su limitada importancia actual; y examina al pequeño grupo de seguidores originales durante su vida y ministerio, con el posterior dominio universal que poseerá Cristo con su iglesia en el final de los tiempos. En la instancia individual, como creyentes, el Señor nos dice que al recibir su Palabra, nosotros somos como un «pequeño grano de mostaza», que ha sido «sembrado» en la «tierra» de nuestros **CORAZONES**. Dice que al principio somos «pequeñas semillas», apenas hemos nacido de nuevo, sido salvos, pero que después de ser sembrada esta semilla, **CRECEMOS, MADURAMOS**, esto es, somos llamados al ministerio, y nuestro trabajo **CRECE**, y se hace **MAYOR**, más grande; por medio del poder de Dios y «echamos grandes ramas», esto es, **MINISTERIOS QUE SALEN DE NOSOTROS**, somos usados por Dios para edificar y ministrar a otros ministros y ministerios. «Ramas», esto es, se tornan otros concilios, otras denominaciones, esto es, la extensión del reino de Dios en la tierra, y ellos se tornan «**GRANDES**» ramas, de gran impacto, de influencia, de poder, de liderazgo, de tal manera que como ministerios que somos y que hemos servido a otros ministros, de nosotros echaron ramas, entonces, «de tal manera que las aves del cielo pueden morar bajo su sombra», esto es, seremos de «**APOYO Y AYUDA**» a otros ministerios «a las aves del cielo», a otros predicadores, ministros y misioneros, como en nuestro caso, la organización Josué Yrion Evangelismo y Misiones Mundiales, Inc., que hasta ahora sostiene a 27 misioneros financieramente en todos los continentes del mundo y que también fundamos y sostenemos financieramente el Instituto Teológico J.Y. en la India. Todos estos misioneros y ministerios «moran bajo la sombra» de nosotros, esto es, reciben el sostenimiento financiero que corresponde a nosotros hacer. Y todo este **CRECIMIENTO** colectivo como iglesia e individualmente como creyentes que somos, lo debemos a Cristo, que es la fuente de todo **CRECIMIENTO Y MADUREZ** espiritual en nuestras vidas.

Y para terminar, las Escrituras dicen que cada uno de nosotros, como edificadores de la iglesia en diferentes ministerios o individualmente, poseemos distintos niveles espirituales de entendimiento, de crecimiento y de madurez. Vea lo que dice Marcos 4.33 *«Con muchas parábolas como estas les hablaba la palabra, conforme a lo que podían oír»*. Entonces el Señor Jesucristo daba sus enseñanzas a todos, pero él entendía que sus oyentes poseían diferentes niveles de interpretación, de entendimiento, de madurez, de nivel espiritual, y que no todos eran lo mismo en cuanto a sus llamados, talentos, dones y servicio. En Juan 16.12 Cristo confirma esto y dice: *«Aún tengo muchas cosas que deciros, pero ahora no las podéis sobrellevar»*. En otras palabras: «No tenéis la madurez, el nivel, o el crecimiento espiritual necesario para oír y llevar a cabo algunas cosas todavía». Por esto, mis amados lectores, necesitamos **CRECER Y MADURAR ESPIRITUALMENTE**, por esto Proverbios 4.18 nos anima a continuar a crecer en nuestra vida cristiana: *«Mas la senda de los justos es como la luz de la aurora, que va en aumento hasta que el día es perfecto»*. ¿Y cómo creceremos y extenderemos el reino de Dios en la tierra? Por medio de la fe en el sentido espiritual, y a través de nuestro trabajo para el Señor en el sentido físico y natural, por medio de nuestras obras en el ministerio que él nos ha llamado. Recuerde lo que hablamos arriba en relación a Efesios 4.12-16 en cuanto a la obra del ministerio y de los dones en el reino de Dios. Todo esto se mueve por la fe en nuestros corazones y por las obras que son una demostración exterior de la fe que está dentro de nosotros, donde muchos estamos: Ministrando de todas las formas posibles que sepamos hacer, escribiendo, enseñando, trabajando de diferentes maneras, predicando, aconsejando, cantando, viajando, pastoreando, levantando nuevas obras, ayudando a los pobres y necesitados, orando por los enfermos, sosteniendo otros ministerios, etc. Y yo diría que «La fe y las obras son una pareja inseparable, por lo tanto, que nada ni nadie lo separe, ni aun la iglesia».

Dos hombres cristianos estaban cruzando un río en una pequeña barca y empezaron a discutir sobre la fe y las obras. El hombre que estaba remando y conducía la barca por ellos también era un creyente muy dedicado y preparado. Al oír el debate entre los dos, el remador se volvió hacía a los dos hombres y les dijo: «Yo creo que puedo ayudar con respecto a lo que ustedes están hablando. Yo estoy sosteniendo dos remos en mis dos manos. Uno de ellos vamos a llamarlo FE y el otro vamos a llamarlo OBRAS. Ahora, si yo intento remar solamente con el remo llamado FE, ustedes pueden observar que andamos en círculos y no podemos seguir adelante. Ahora, si yo intento remar solamente con el remo llamado OBRAS, nuevamente andaremos dando vueltas en círculos y no podremos avanzar. Si usamos solamente un remo o el otro andaremos alrededor del mismo lugar. Pero si yo uso los dos remos con mis dos manos, tanto el de la FE como también el de las OBRAS, podremos seguir firmes y adelante. En mi opinión, la FE sin obras está muerta, y las OBRAS sin fe nos es suficiente, por lo tanto necesitamos de los dos, de la fe y de las obras». Y al terminar el creyente remador instruyó a los dos hombres que leyeran Santiago 2.14-22 y que lo aplicaran a sus vidas.

Veintitrés victorias del que tiene crecimiento espiritual y madurez

1-Tendremos sabiduría y la gracia de Dios

Lucas 2.40, 52: «Y el niño crecía y se fortalecía, y se llenaba de sabiduría; y la gracia de Dios era sobre el. Y Jesús crecía en sabiduría y en estatura, y en gracia para con Dios y los hombres».

2-Tendremos la aprobación de Dios y de los hombres

1 Samuel 2.26: «Y el joven Samuel iba creciendo, y era acepto delante de Dios y delante de los hombres».

3-El Señor estará con nosotros

1 Crónicas 11.9: «Y David iba adelantando y creciendo, y Jehová de los ejércitos estaba con él».

4-Seremos fortalecidos

2 Samuel 3.1: «Hubo larga guerra entre la casa de Saúl y la casa de David; pero David se iba fortaleciendo [creciendo], y la casa de Saúl se iba debilitando».

5-Cuando crecemos espiritualmente, también creceremos en números

Hechos 6.1a, 7: *«En aquellos días, como creciera el número de los discípulos…Y crecía la palabra del Señor, y el número de los discípulos se multiplicaba grandemente en Jerusalén; también muchos de los sacerdotes obedecían a la fe».*

Hechos 12.24: *«Pero la palabra del Señor crecía y se multiplicaba».*

6-Prevaleceremos juntamente con la Palabra

Hechos 19.20: *«Así crecía y prevalecía poderosamente la palabra del Señor».*

7-La obra del Señor crecerá por medio de nosotros

1 Corintios 15.58: *«Así que, hermanos míos amados, estad firmes y constantes, creciendo en la obra del Señor siempre, sabiendo que vuestro trabajo en el Señor no es en vano».*

8-Seremos bendecidos por aquellos a los cuales hemos predicado

2 Corintios 10.15b: *«…sino que esperamos que conforme crezca vuestra fe seremos muy engrandecidos entre vosotros…».*

9-Creceremos en fe

2 Tesalonicenses 1.3: *«Debemos siempre dar gracias a Dios por vosotros, hermanos, como es digno, por cuanto vuestra fe va creciendo, y el amor de todos y cada uno de vosotros abunda para con los demás».*

10-Creceremos en amor

1 Tesalonicenses 3.12: *«Y el Señor os haga crecer y abundar en amor unos para con otros y para con todos, como también lo hacemos nosotros para con vosotros».*

11-Creceremos en la Palabra

1 Pedro 2.2: «*Desead, como niños recién nacidos, la leche espiritual no adulterada, para que por ella crezcáis para salvación*».

12-Creceremos como iglesia e individualmente en todas las áreas

Col. 2.19: «*...en virtud de quien todo el cuerpo, nutriéndose y uniéndose por las coyunturas y ligamentos, crece con el crecimiento que da Dios*».

13-Creceremos en gracia y en conocimiento

2 Pedro 3.18a: «*Antes bien, creced en la gracia y el conocimiento de nuestro Señor y Salvador Jesucristo*».

14-Dios es quien nos hace crecer espiritualmente

1 Corintios 3.6, 7: «*Yo planté, Apolos regó, pero el crecimiento lo ha dado Dios. Así que ni el que planta es algo, ni el que riega, sino Dios, que da el crecimiento*».

15-Tendremos madurez y sabiduría

1 Corintios 2.6a: «*Sin embargo, hablamos sabiduría entre los que han alcanzado madurez...*».

16-Tendremos discernimiento en saber la diferencia entre lo malo y lo bueno

Hebreos 5.14: «*Pero el alimento sólido es para los que han alcanzado madurez, para los que por el uso tienen los sentidos ejercitados en el discernimiento del bien y del mal*».

17-Dejaremos las cosas de la niñez espiritual

1 Corintios 13.11: «*Cuando yo era niño, hablaba como niño, pensaba como niño, juzgaba como niño; mas cuando ya fui hombre, dejé lo que era de niño*».

18-Poseeremos una mentalidad madura
1 Corintios 14.20: *«Hermanos, no seáis niños en el modo de pensar, sino sed niños en la malicia, pero maduros en el modo de pensar».*

19-No seremos engañados por falsas doctrinas
Efesios 4.14: *«Para que ya no seamos niños fluctuantes, llevados por doquiera de todo viento de doctrina, por estratagema de hombres que para engañar emplean con astucia las artimañas del error».*

20-Tendremos la humildad de reconocer que aun necesitamos madurar
Hebreos 5.12, 13: *«Porque debiendo ser ya maestros, después de tanto tiempo, tenéis necesidad de que os vuelva a enseñar cuáles son los primeros rudimentos de las palabras de Dios; y habéis llegado a ser tales que tenéis necesidad de leche, y no de alimento sólido. Y todo aquel que participa de la leche es inexperto en la palabra de justicia, porque es niño».*

21-Tendremos la humildad de reconocer que aún hay áreas carnales en nosotros
1 Corintios 3.1-3: *«De manera que yo, hermanos, no pude hablaros como a espirituales, sino como a carnales, como a niños en Cristo. Os di a beber leche, y no vianda; porque aún no erais capaces, ni sois capaces todavía. Porque aún sois carnales; pues habiendo entre vosotros celos, contiendas y disensiones, ¿no sois carnales, y andáis como hombres?».*

22-Seremos fieles, íntegros y maduros
2 Timoteo 2.2: *«Lo que has oído de mí ante muchos testigos, esto encarga a hombres fieles que sean idóneos para enseñar también a otros».*

23-Poseeremos el propósito y la meta de alcanzar la madurez final
Hebreos 6.1a: «*Por tanto, dejando ya los rudimentos de la doctrina de Cristo, vamos adelante a la perfección…*».
(Lea también Filipenses 3.12-14)

Un día, Federico, el gran rey de Prusia por 46 años, encontró uno de sus antiguos generales en una determinada ciudad por donde él estaba pasando. Había entre ellos un malentendido y algo de enemistad que ya duraba algún tiempo. Cuando el general miró al rey, lo saludó con elegancia y respeto, pero Federico le volvió la espalda. El general serenamente le dijo: «Estoy muy feliz que su Majestad no esté más enojado conmigo». A lo que Federico le preguntó: «¿Cómo es esto, cómo sabes que no estoy más enojado contigo?» Nuevamente el general con gran madurez le contestó: «¡Porque su Majestad jamás volvió la espalda durante toda su vida a su enemigo!» Esta fue una declaración con mucha osadía y madurez, pero que provocó una reconciliación entre ambos. Esto es lo que necesitamos hoy en día en el ministerio, madurez suficiente para buscar una reconciliación con aquellos ministros que quizás tienen algo en contra de nosotros. De igual manera y desafortunadamente en nuestras iglesias, hay muchísimos ministros con problemas de malentendido, o de alguna palabra hiriente que fue dicha, etc.

Alrededor del mundo en mis viajes he oído comentarios de ministros contra otros ministros, o sea, pastores contra otros pastores, de evangelistas contra otros evangelistas, de cantantes contra otros cantantes, de denominaciones contra otras denominaciones, de concilios contra otros concilios, de iglesias, contra otras iglesias, etc. Muchos viven en gran enemistad unos contra otros, por varias razones, sean doctrinales, teológicas o sencillamente tienen sus corazones llenos de rencor, resentimiento, raíz de amargura, y falta de perdón, etc., por algo que ha sucedido. Es necesaria la **MADUREZ**, así como de este general con el rey Federico, de intentar y buscar una reconciliación de enemistades que ya han durado mucho tiempo y quebrar todo espíritu de división en el cuerpo de Cristo. **La humildad** nos hará reconocer nuestros errores y pedir perdón a otros ministros, pero la arrogancia nos hará apartarnos aún más de estos ministros y de vivir juntos en armonía. El mayor problema que he visto, en todos los continentes del mundo donde he predicado, es la dificultad de juntar a los pastores para realizar una cruzada. La razón es que hay enemistades unos contra otros y esto es un arma del diablo que les impide trabajar juntos para el avance del reino de Dios. Esto es un espíritu diabólico y una herramienta que usa el diablo con mucha efectividad para detener la evangelización. Mi experiencia ha sido que donde he predicado y no ha habido el apoyo de los pastores por problemas de malentendido o enemistad, la campaña no ha tenido el éxito y el impacto esperado. La razón ha sido la **INMADUREZ** de estos pastores al vivir ellos de esta manera. Pero en lugares y naciones donde he ido en los cuales los pastores se han unido, han sido grandes cruzadas y magnos eventos con miles de miles de personas que han resultado en la salvación de multitudes para Cristo. La razón ha sido la **MADUREZ** de estos pastores que viven y trabajan unidos unos con otros con una mentalidad de reino y de expansión, y no de una mentalidad pequeña, limitada, de iglesia local, sino con una mentalidad global, del cuerpo de Cristo, a nivel mundial, **MADURA** y eficiente.

Tiempos atrás yo pensaba que si no habíamos tenido el apoyo de los pastores, es que tenían algo contra mí, o el ministerio, o lo que predico, etc. En algunos casos esto era verdad. Pero descubrí que en la mayoría de las veces, no era algo contra mi persona de parte de estos ministros, sino que el pastor que me invitó no gozaba de comunión con los demás pastores en su ciudad, y por esta razón nadie fue y apoyó el evento. Esto nada tuvo que ver conmigo, sino con el problema entre ellos mismos. Y esto he encontrado en todas, absolutamente en todas las ciudades donde he predicado en los Estados Unidos. En las naciones de Europa he encontrado el mismo problema. Pero para cada regla hay su excepción. En muy pocas ciudades en Estados Unidos y Europa los ministros están unidos entre si. Aunque hay algo de unidad en ellas. Pero definitivamente los pastores y ministros en las naciones del tercer mundo, en Asia, África y América Latina, son mucho más **MADUROS** en esta área que los ministros que viven aquí. No hay comparación. Aquí en Estados Unidos es difícil realizar un gran evento con el apoyo de los pastores, debido la **INMADUREZ** de ellos, por problemas que ya mencionamos anteriormente, pero nosotros hemos tenido grandísimas cruzadas en Asia, África y en toda América Latina por la **MADUREZ** y unidad de estos ministros. Esto no quiere decir que en estos países no hay problema de ministros contra ministros; claro que hay, esto existe en todo el mundo, pero en el momento de realizar algo grande para Cristo, estos dejan el nombre de sus iglesias y denominaciones a un lado, dejan sus problemas, dejan sus enemistades y dejan sus diferencias teológicas y doctrinales a un lado y buscan el engrandecimiento del reino de Dios y de su propagación por medio de la predicación de la Palabra. Esto se llama **MADUREZ**. Esto es tener una mentalidad de reino, de unidad, comunión y madurez. Una de las victorias más grandes que usted y yo, como ministros que somos, podemos obtener, es buscar la amistad y reconciliación cuando sabemos que algún ministro tiene algo contra nosotros. Yo lo he hecho, y he tenido grandes bendiciones y disfruto de grandes amistades y del respeto de ellos. Busquemos, pues, como hombres y mujeres de Dios, la reconciliación los unos con los otros, olvidando el orgullo, el celo, la soberbia, la envidia y la arrogancia que tanto han dividido el ministerio en todo el mundo, y busquemos con humildad, sinceridad y sencillez, vivir en paz y comunión los unos con los otros, pues de esta manera cumpliremos las palabras de Cristo en Juan 17.21 que dijo sobre la unidad: «*Para que todos sean uno; como tú, oh Padre, en mí, y yo en ti, que también ellos sean uno en nosotros; para que el mundo crea que tu me enviaste*».

Capítulo

4

La victoria sobre el pecado y la tentación

1 Corintios 15.55-57
«¿Dónde está, oh muerte, tu aguijón? ¿Dónde, oh sepulcro, tu victoria? ya que el aguijón de la muerte es el pecado, y el poder del pecado, la ley. Mas gracias sean dadas a Dios, que nos da la victoria por medio de nuestro Señor Jesucristo».

El Salmo 130.3 cita: *«JAH, si mirares a los **pecados**, ¿quién, oh Señor, podrá mantenerse?»* La palabra **«pecado»** aquí en hebreo es **«avon»**, que significa maldad, falta, iniquidad, culpa y culpabilidad. También se refiere a una enfermedad moral, y a la perversión. **«Avon»** proviene de **«avah»**, que significa **«doblar»** o **«distorsionar»**. Por lo tanto el pecado constituye una **«inclinación malvada»**, o una **«distorsión»** en la vida de los seres humanos. **«Avon»** aparece más de 220 veces en el Antiguo Testamento. Su primera mención está en Génesis 4.13 donde Caín finalmente comprende la magnitud de su acción y declara: «Grande es mi castigo [pecado] para ser soportado». El conocimiento de este pecado es algo demasiado pesado de sobrellevar para la humanidad caída. Por esto Dios prometió que el Siervo Sufriente, el Señor Jesucristo, llevaría las iniquidades de su pueblo (Isaías 53.11, 12). Cristo al morir en la cruz del Calvario nos redimió de nuestros pecados y cumplió esta Escritura de Isaías venciendo al diablo y sus demonios mediante su victoria en la Cruz. Y por lo tanto, Él alcanzó la victoria final y definitiva por medio de su resurrección de los muertos, (Col. 2.12-15).

Por la desobediencia de Adán vino el pecado, por el pecado vino la enfermedad, y por la enfermedad vino la muerte. Desde entonces la humanidad está bajo el poder, el control y la maldición del pecado, de la enfermedad y de la muerte. Cuando Cristo vino, Él destrozó por medio de su muerte en la cruz del Calvario y por la resurrección de los muertos, el pecado, la enfermedad y la muerte. Usted y yo ya no necesitamos más estar bajo el dominio y el control de estos «tres gigantes», pues el Señor Jesucristo ya los venció con su sangre y poder. Para el resto de la humanidad, aquellos que no conocen a Cristo como su Salvador y Señor, los no cristianos, o no creyentes, ellos todavía están bajo el poder, el dominio y el control de estos «tres monstruos» que son invencibles, excepto por el sacrificio de Cristo en la cruz. Fuera de Cristo no hay escape, ni salvación ni victoria de las garras de estos tres «titanes poderosos» de la «destrucción», **el pecado, la enfermedad y la muerte.** Nada ni nadie pudo, puede ni podrá vencerlos, solamente el Señor Jesucristo lo hizo una sola vez y para siempre (Hebreos 9.12-15).

El corazón del hombre está lleno de maldad desde su nacimiento hasta su muerte dice la Palabra de Dios, pues al no conocer al Creador y estar en «falta» delante de Dios, por no buscarle, acarrea para si juicio, por medio de la «iniquidad» que comete a diario. La «culpa» de su corazón no puede ser aliviada con meros esfuerzos humanos al intentar llenar este vacío con el trabajo, o el sexo, o la bebida, o el dinero, o la música, o la diversión, o la droga, o viajes, etc., o cualquier otra cosa, pues su problema es interno, es de su espíritu, es de su alma, es de su corazón. Por esto el hombre vive en una «enfermedad moral» en cuanto a la ética en su vida familiar, profesional, personal, pública o privada, que lo ha llevado a la «perversión» de sus sentidos espirituales perdiendo así toda la sensibilidad por las cosas de Dios, pues sus caminos están «doblados» y su vida «torcida», porque sus «inclinaciones» proceden de su corazón que está negro, alejado de Dios y perdido. Cristo mismo dijo que es del corazón del hombre que procede todo tipo de maldad. Por lo tanto, el hombre vive engañado por el diablo, que es el «maestro» de la mentira, el que tiene la habilidad de hacer y de presentar una mentira como si fuera una verdad y de presentar una verdad como si fuera una mentira. Esto fue lo que él hizo al engañar a Adán y Eva en el principio. Él emplea las artimañas del error con eficacia y destreza, capaz de llevar a millones de millones de personas a la perdición final por el mero hecho de usar las armas del engaño y de la mentira con tal efectividad que aquellos que están bajo el pecado, ni aún se dan cuenta que están camino a la destrucción. El diablo siempre le mostrará lo bello, lo hermoso y lo placentero del pecado, pero él nunca le enseñará lo que está escondido detrás de la cortina; el horror y el dolor de la enfermedad que viene después y nunca le mostrará la muerte tanto física como espiritual como consecuencia final de la rebelión en contra de lo establecido por Dios en su Palabra.

En una bella noche en París, un jovencito y un anciano creyente escocés caminaban juntos por las calles de esta ciudad. De momento los dos se vieron delante de un lugar moralmente no muy recomendable. Era uno de los famosos «cabaret franceses». La fragancia de los perfumes árabes fluctuaba en el aire y el sonido de la música y del baile que provenían de este lugar sonaban hermosos a los oídos de ellos. El dibujo y el resplandor del cuento del reino de hadas se podían ver pintados en la puerta y en la pared del establecimiento. El joven preguntó: «¿Qué es esto?» El viejo escocés que alababa al Dios Todopoderoso se volvió al muchacho y le dijo sosteniendo bien fuerte sus brazos y mirando profundamente a sus ojos estas palabras que él jamás pudo olvidar: «¡Esto es el infierno!» «¿Qué?» dijo el chico, «¿el infierno, con una entrada así? Con todos los colores del arco iris, con flores en frente, perfumes, con esta belleza de edificio, con esta hermosa música y con todas estas bellas mujeres que están entrando y saliendo de allí, ¿esto es el infierno? ¿Yo pensé que el infierno era un lugar feo y horrible?» A lo que el viejo y sabio creyente escocés le dijo finalmente: «Lo que tú ves es apenas la entrada, es el engaño del diablo, la mentira de la apariencia para atraerte, pero la realidad es otra, porque después que tú estés allá adentro todo es diferente, es totalmente triste y sombrío y tu fin será tu muerte y tu destrucción…».

¿Qué dicen las Escrituras sobre el pecado?

1-Que nuestras iniquidades vendrán sobre nosotros

Números 32.23: *«Mas si así no lo hacéis, he aquí habréis pecado ante Jehová; y sabed que vuestro pecado os alcanzará».*

2-Que cada uno es responsable de sus pecados

Deuteronomio 24.16: *«Los padres no morirán por los hijos, ni los hijos por sus padres; cada uno morirá por su pecado».*

3-Que cada uno es responsable de su justicia o injusticia

Ezequiel 18.20b: *«…la justicia del justo será sobre él, y la impiedad del impío será sobre él».*

4-Que cada uno dará cuenta de su propio pecado

2 Reyes 14.6b: *«No matarán a los padres por los hijos, ni a los hijos por los padres, sino que cada uno morirá por su propio pecado».*

5-Que cada alma que se pierde espiritualmente lo hace por su propia voluntad

Ezequiel 18.4: *«He aquí que todas las almas son mías; como el alma del padre, así el alma del hijo es mía; el alma que pecare, esa morirá».*

6-Que es necesario el arrepentimiento del pecado

2 Crónicas 7.14: *«Si se humillare mi pueblo, sobre el cual mi nombre es invocado, y oraren, y buscaren mi rostro, y se convirtieren de sus malos caminos; entonces yo oiré desde los cielos, y perdonaré sus pecados, y sanaré su tierra».*

7-Que somos envueltos y presos por nuestros propios pecados

Proverbios 5.22: *«Prenderán al impío sus propias iniquidades, y retenido será con las cuerdas de su pecado».*

8-Que Dios puede olvidarse de nuestros pecados de la mocedad

Salmo 25.7: «*De los pecados de mi juventud, y de mis rebeliones, no te acuerdes; conforme a tu misericordia acuérdate de mí, por tu bondad, oh Jehová*».

9-Que Dios sabe que nos hemos rebelado contra Él desde nuestra juventud

Jeremías 3.25: «*Yacemos en nuestra confusión, y nuestra afrenta nos cubre; porque pecamos contra Jehová nuestro Dios, nosotros y nuestros padres, desde nuestra juventud y hasta este día, y no hemos escuchado la voz de Jehová nuestro Dios*».

10-Que Dios por medio de Jesucristo perdona nuestras iniquidades

Isaías 1.18: «*Venid luego, dice Jehová, y estemos a cuenta: si vuestros pecados fueren como la grana, como la nieve serán emblanquecidos; si fueren rojos como el carmesí, vendrán a ser como blanca lana*».

11-Que Dios quita nuestros pecados

Romanos 11.27: «*Y este será mi pacto con ellos, cuando yo quite sus pecados*».

12-Que Dios nos limpia de nuestros pecados

Isaías 6.7: «*Y tocando con él sobre mi boca, dijo: he aquí que esto tocó tus labios, y es quitada tu culpa, y limpio tu pecado*».

13- Que Dios en su tiempo nos perdona de nuestros pecados

Isaías 40.2: «*Hablad al corazón de Jerusalén; decidle a voces que su tiempo es ya cumplido, que su pecado es perdonado; que doble ha recibido de la mano de Jehová por todos sus pecados*».

14-Que Dios se olvidará de todos nuestros pecados

Isaías 38.17: *«He aquí, amargura grande me sobrevino en la paz, mas a ti agradó librar mi alma del hoyo de corrupción; porque echaste tras tus espaldas todos mis pecados».*

15-Que Dios borrará definitivamente nuestros pecados

Isaías 43.25: *«Yo, yo soy el que borro tus rebeliones por amor de mí mismo, y no me acordaré de tus pecados».*

16-Que Dios no se acordará más de nuestros pecados

Jeremías 31.34c: *«...porque perdonaré la maldad de ellos, y no me acordaré más de su pecado».*

17-Que Dios por su misericordia nos perdona

Miqueas 7.18: *«¿Qué Dios como tú, que perdona la maldad, y olvida el pecado del remanente de su heredad? No retuvo para siempre su enojo, porque se deleita en misericordia».*

18-Que Dios echará lejos de nosotros nuestros pecados

Miqueas 7.19: *«Él volverá a tener misericordia de nosotros; sepultará nuestras iniquidades, y echará en lo profundo del mar todos nuestros pecados».*

19-Que Dios no hará aparecer ni encontrará nuestros pecados

Jeremías 50.20: *«En aquellos días y en aquel tiempo, dice Jehová, la maldad de Israel será buscada, y no aparecerá; y los pecados de Judá, y no se hallarán; porque perdonaré a los que yo hubiere dejado».*

20-Que Dios nos purifica de todo pecado y de inmundicia

Zacarías 13.1: *«En aquel tiempo habrá un manantial abierto para la casa de David y para los habitantes de Jerusalén, para la purificación del pecado y de la inmundicia».*

21-Que Dios nos limpia y perdona para siempre nuestros pecados

Jeremías 33.8: *«Y los limpiaré de toda su maldad con que pecaron contra mí; y perdonaré todos sus pecados con que contra mí pecaron, y con que contra mí se rebelaron».*

22-Que debemos como cristianos estar muertos al pecado

Romanos 6.11: *«Así también vosotros consideraos muertos al pecado, pero vivos para Dios en Cristo Jesús, Señor nuestro».*

23-Que el pecado no debe dominarnos

Romanos 6.14: *«Porque el pecado no se enseñoreará de vosotros; pues no estáis bajo la ley, sino bajo la gracia».*

24-Que el pecado tiene su precio

Romanos 6.23: *«Porque la paga del pecado es muerte, mas la dádiva de Dios es vida eterna en Cristo Jesús Señor nuestro».*

25-Que todos hemos pecado

Romanos 5.12: *«Por tanto, como el pecado entró en el mundo por un hombre, y por el pecado la muerte, así la muerte pasó a todos los hombres, por cuanto todos pecaron».*

26-Que por el pecado vino la muerte

Romanos 5.21: *«para que así como el pecado reinó para muerte, así también la gracia reine por la justicia para vida eterna mediante Jesucristo, Señor nuestro».*

27-Que ya fuimos libertados del pecado

Romanos 6.18: *«Y libertados del pecado, vinisteis a ser siervos de la justicia».*

28-Que somos libres y victoriosos sobre el pecado por Cristo
Romanos 8.2: *«Porque la ley del Espíritu de vida en Cristo Jesús me ha librado de la ley del pecado y de la muerte».*

29-Que el que practica el pecado es siervo del pecado
Juan 8.34: *«Jesús les respondió: De cierto, de cierto os digo, que todo aquel que hace pecado, esclavo es del pecado».*

30-Que el pecado nos llevará a la muerte espiritual
Romanos 6.16: *«¿No sabéis que si os sometéis a alguien como esclavos para obedecerle, sois esclavos de aquel a quien obedecéis, sea del pecado para la muerte, o sea de la obediencia para la justicia?»*

31-Que nuestros pecados han sido redimidos por la sangre de Cristo
Efesios 1.7: *«En quien tenemos redención por su sangre, el perdón de pecados según las riquezas de su gracia».*

32-Que es necesario purificarnos de los pecados pasados
2 Pedro 1.9: *«Pero el que no tiene estas cosas tiene la vista muy corta; es ciego, habiendo olvidado la purificación de sus antiguos pecados».*

33-Que debemos despojarnos de todo pecado
Hebreos 12.1: *«Por tanto, nosotros también, teniendo en derredor nuestro tan grande nube de testigos, despojémonos de todo peso y del pecado que nos asedia, y corramos con paciencia la carrera que tenemos por delante».*

Cierta vez un grupo de alumnos de la Universidad Harvard intentó engañar al famoso profesor de zoología, Agassiz. Ellos juntaron partes de varios insectos diferentes y con gran habilidad los pusieron juntos creando, según ellos, un nuevo insecto que confundiría y engañaría al profesor. En un determinado día, ellos trajeron el insecto que habían «creado» y preguntaron al profesor si el podía identificar qué insecto era este. Mientras el gran maestro de zoología examinaba el insecto con mucho cuidado y detalle, los alumnos aguardaban y creían con certidumbre conseguirían engañarle. Después de un tiempo, finalmente el profesor Agassiz se acercó al grupo, y con gran tranquilidad les dijo: «¡Ya lo identifiqué!» Con mucha dificultad para disfrazar las ganas de reírse, los alumnos entonces preguntaron cuál era el nombre del insecto. A lo que Agazziz contestó: «¡Se llama engañador e impostor!» Apreciados lectores: De la misma forma el diablo inventa todo tipo de disfraces e ideas para atrapar a la humanidad y apartarlas de la verdad llevándoles al pecado. Pero realmente todas las atracciones y todo lo vislumbrante que él «ha creado» y que el mundo pueden ofrecer es ENGAÑO y MENTIRA, pues el enemigo de nuestras almas es un IMPOSTOR que por medio de artimañas y falsedades lleva a aquellos que todavía no conocen a Cristo a la perdición y a la destrucción de sus vidas, de sus familias y de sus almas. El pecado es un ENGAÑO, pues el diablo nunca muestra las consecuencias del mismo, solamente los placeres momentáneos que éste puede traer. Pero la realidad es otra, es triste, amarga y dolorosa, y aquellos que sucumben al pecado al no obedecer al evangelio de Cristo, tienen un trágico final, sea con enfermedades incurables o con muertes horribles e inesperadas. Por esto la Palabra de Dios nos dice en Efesios 4.22 que: *«En cuanto a la pasada manera de vivir, despojaos del viejo hombre, que está viciado conforme a los deseos engañosos».* Usted ve, el pecado y los placeres de la carne son un ENGAÑO. Pero hay grandes noticias, en Cristo podemos vencer el pecado, o sea, por su poder, su sacrificio en la cruz, su resurrección, su sangre y por su nombre podemos obtener victoria en contra de lo que llamé anteriormente, los «tres monstruos» de la destrucción; el pecado, la enfermedad y la muerte. El Señor Jesucristo ya venció estos «tres aliados de la destrucción» y nosotros podemos vencerlos por medio de Él.

¿Y cómo podemos vencer al pecado?

1-Vencer al recibir la gracia de Dios que es igual a un favor no merecido
Efesios 2.5: *«Aun estando nosotros muertos en pecados, nos dio vida juntamente con Cristo (por gracia sois salvos)».*

2-Vencer al poseer la vida de Cristo en nosotros
Colosenses 2.13: *«Y a vosotros, estando muertos en pecados y en la incircuncisión de vuestra carne, os dio vida juntamente con él, perdonándoos todos los pecados».*

3-Vencer al combatir esforzadamente contra el pecado
Hebreos 12.4: *«Porque aún no habéis resistido hasta la sangre, combatiendo contra el pecado».*

4-Vencer al morir al pecado
1 Pedro 2.24: *«Quien llevó el mismo nuestros pecados en su cuerpo sobre el madero, para que nosotros, estando muertos a los pecados, vivamos a la justicia; y por cuya herida fuisteis sanados».*

5-Vencer al someternos a Dios
Santiago 4.7: *«Someteos, pues, a Dios; resistid al diablo, y huirá de vosotros».*

6-Vencer al resistir al diablo
1 Pedro 5.8, 9: *«Sed sobrios, y velad; porque vuestro adversario el diablo, como león rugiente, anda alrededor buscando a quien devorar; al cual resistid firmes en la fe, sabiendo que los mismos padecimientos se van cumpliendo en vuestros hermanos en todo el mundo».*

7-Vencer al dejar voluntariamente de vivir en pecado
Romanos 6.1, 2: «¿*Qué, pues, diremos? ¿Perseveraremos en el pecado para que la gracia abunde? En ninguna manera. Porque los que hemos muerto al pecado, ¿cómo viviremos aún en él?*»

8-Vencer al estar esperando por Cristo
Hebreos 9.28: «*Así también Cristo fue ofrecido una sola vez para llevar los pecados de muchos; y aparecerá por segunda vez, sin relación con el pecado, para salvar a los que le esperan*».

9-Vencer al arrancar y destruir el pecado en nosotros
Romanos 6.6: «*Sabiendo esto, que nuestro viejo hombre fue crucificado juntamente con él, para que el cuerpo del pecado sea destruido, a fin de que no sirvamos más al pecado*».

10-Vencer al servir a Dios
Romanos 6.22: «*Mas ahora que habéis sido libertados del pecado y hechos siervos de Dios, tenéis por vuestro fruto la santificación, y como fin, la vida eterna*».

11-Vencer al confesar el pecado
Levítico 5.5: «*Cuando pecare en alguna de estas cosas, confesará aquello en que pecó*».

12-Vencer al apartarse del pecado
Proverbios 28.13: «*El que encubre sus pecados no prosperará; mas el que los confiesa y se aparta alcanzará misericordia*».

13-Vencer al no encubrir el pecado
Salmo 32.5: «*Mi pecado te declaré, y no encubrí mi iniquidad. Dije: Confesaré mis transgresiones a Jehová; y tú perdonaste la maldad de mi pecado*».

14-Vencer al temer a Dios
Salmo 4.4: «*Temblad, y no pequéis; meditad en vuestro corazón estando en vuestra cama, y callad*».

15-Vencer al perdonar siempre
Efesios 4.26: «*Airaos, pero no pequéis; no se ponga el sol sobre vuestro enojo*».

16-Vencer al nosotros ser sanados interiormente
Salmo 41.4: «*Yo dije: Jehová ten misericordia de mí; sana mi alma, porque contra ti he pecado*».

17-Vencer al nosotros admitir que hemos pecado contra Dios
Salmo 51.4a: «*Contra ti, contra ti solo he pecado, y he hecho lo malo delante de tus ojos…*».

18-Vencer al nosotros reconocer que hemos pecado contra nuestros familiares
Lucas 15.21: «*Y el hijo le dijo: Padre, he pecado contra el cielo y contra ti, y ya no soy digno de ser llamado tu hijo*».

19-Vencer al tener conciencia que el pecado traerá destrucción
Proverbios 8.36: «*Mas el que peca contra mí, defrauda su alma; todos los que me aborrecen aman la muerte*».

20-Vencer al estar consciente que se peca contra sí mismo
Proverbios 20.2: «*Como rugido de cachorro de león es el terror del rey; el que lo enfurece peca contra sí mismo*».

21-Vencer al no repetir los mismos pecados
Juan 5.14: «*Después le halló Jesús en el templo, y le dijo: Mira, has sido sanado; no peques más, para que no te venga alguna cosa peor*».

22-Vencer al saber que pecar es una elección

Juan 8.11: *«Ella dijo: Ninguno, Señor. Entonces Jesús le dijo: Ni yo te condeno; vete, y no peques más».*

23-Vencer al estar alerta y velando

1 Corintios 15.34: *«Velad debidamente, y no pequéis; porque algunos no conocen a Dios; para vergüenza vuestra lo digo».*

24-Vencer al esforzarnos a no pecar

1 Juan 2.1: *«Hijitos míos, estas cosas os escribo para que no pequéis; y si alguno hubiera pecado, abogado tenemos para con el Padre, a Jesucristo el justo».*

25-Vencer al saber que el precio de nuestro perdón fue la sangre de Cristo

1 Juan 1.7: *«Pero si andamos en luz, como él está en luz, tenemos comunión unos con otros, y la sangre de Jesucristo su Hijo nos limpia de todo pecado».*

26-Vencer al reconocer que fue la sangre del Señor que nos lavó nuestros pecados

Apocalipsis 1.5b: *«Al que nos amó, y nos lavó de nuestros pecados con su sangre».*

27-Vencer al admitir que Cristo se entregó a si mismo por nosotros

Hebreos 9.14: *«¿Cuánto más la sangre de Cristo, el cual mediante el Espíritu eterno se ofreció a sí mismo sin mancha a Dios, limpiará vuestras conciencias de obras muertas para que sirváis al Dios vivo?»*

28-Vencer al darnos cuenta que Cristo sufrió para perdonarnos

1 Pedro 3.18: «*Porque también Cristo padeció una sola vez por los pecados, el justo por los injustos, para llevarnos a Dios, siendo a la verdad muerto en la carne, pero vivificado en espíritu*».

29-Vencer al morir a nuestros deseos carnales

1 Pedro 4.1: «*Puesto que Cristo ha padecido por nosotros en la carne, vosotros también armaos del mismo pensamiento; pues quien ha padecido en la carne terminó con el pecado*».

30-Vencer al humillarnos confesando nuestras iniquidades

1 Juan 1.9: «*Si confesamos nuestros pecados, él es fiel y justo para perdonar nuestros pecados, y limpiarnos de toda maldad*».

31-Vencer al saber que sin la misericordia de Dios no sobreviviríamos como pecadores que somos

Lamentaciones 3.22, 23: «*Por la misericordia de Jehová no hemos sido consumidos, porque nunca decayeron sus misericordias. Nuevas son cada mañana; grande es tu fidelidad*».

Después de algún tiempo de la conversión de Agustín, él se vio cara a cara con la mujer que le había arrastrado por el camino de la perdición durante muchos años. Con esta mujer, Agustín se fue hundiendo más y más en su vida de pecados, hasta que un día fue alcanzado por el poder regenerador de la cruz de Cristo. Al cruzarse con ella en la calle, él solamente hizo un pequeño gesto con la cabeza y siguió su camino. Ella lo paró y le preguntó: «Agustín, ¿no me reconoces? Soy yo...». Y él le contestó: «¡Pero no soy más yo!» Él ahora estaba dirigido por el Espíritu de Dios y consciente que ella no podía influenciarlo más hacia una vida de pecado. Agustín había cambiado, se había arrepentido de su pecado y transgresión hacia Dios, había venido a los pies de la cruz de Cristo, estaba muerto al pecado y había crucificado su carne a la obediencia del evangelio. Por esto él pudo decir: ¡Pero no soy más yo! Ya era un Agustín diferente, cambiado por el poder de Cristo, nacido de nuevo, convertido en una nueva criatura, transformada, regenerada, limpiada y justificada por el poder de JESUCRISTO, donde ya el pecado no reinaba más en él. Si está leyendo este libro y no es cristiano todavía, usted puede ser salvo al aceptar a Cristo como su Señor y Salvador ahora mismo y entregar su corazón a Él y ser cambiado de la misma manera que fue Agustín. Si ya es cristiano, y hay áreas en su vida espiritual que le hacen pecar, usted puede, con la ayuda del Espíritu Santo, vencer el pecado por medio del poder de la sangre del Señor y vivir una vida espiritual victoriosa.

¿Qué dicen las Escrituras sobre la tentación?

El Salmo 78.41 cita: *«Y volvían, y tentaban a Dios, y provocaban al Santo de Israel»*. La palabra **«tentación»** aquí en hebreo es **«nasah»**, que significa probar; intentar, tratar, tentar. Este verbo aparece menos de 40 veces en el Antiguo Testamento. Encierra la idea de poner a prueba a alguien para ver cómo responderá, tal cual aparece en 1 Reyes 10.1. Abraham fue «probado» por Dios hasta lo último, (Génesis 22.1) pero no «tentado» por Dios, porque Dios no tienta a nadie (Santiago 1.13). David clamó para que Dios probara su mente y su corazón, confiado que pasaría la prueba (Salmo 26.2, 3). Es privilegio divino probar al ser humano, pero éste no tiene derecho a probar a Dios. En esta referencia del Salmo 78.41, la generación del desierto insultó e hirió a Dios al tentarle y ponerle límites a su acción, como para probar su paciencia o su poder. La tentación realmente empieza dentro del corazón del pecador. Es en vano que la persona culpe a su Creador. El pecado no es parte de la constitución original de nosotros como seres humanos. El pecado vino por la desobediencia de Adán. La persona peca después de ser tentada al ceder a esta tentación debido a su propia lascivia y con-cupiscencia. Lo que nos lleva a ser tentados y a pecar es la naturaleza corrupta y caída que está dentro de nosotros. Es un poder que seduce hacia el mal y hace que la persona cometa acciones que no quisiera hacer. La lascivia incluye los apetitos carnales del cuerpo, además de la disposición de la mente que lleva a la decisión de hacerlo. Es allí donde entra la voluntad humana, lo que llamamos el libre albedrío, donde usted y yo tenemos el poder de decidir pecar o no. Es una elección. Cada persona es responsable de su propio pecado al ceder a la tentación. La lascivia es personificada en la alegoría de la prostituta de Proverbios 9.13-18 donde el hombre se traga la «carnada» de su propio deseo que está en su corazón. Primero ella llama a los necios, *«a los que pasan por el camino»*, y se desvían en busca del placer, y los enreda con las palabras, *«las aguas hurtadas son dulces»*, y es allí que el pecado toma su curso cuando tiene el permiso de la voluntad del que está siendo tentado. Y de la unión de la lascivia y la voluntad, nace el pecado que lo lleva al engaño que *«el pan comido en oculto es sabroso»*, tratándose de una relación ilícita de un hombre con una mujer fuera de los lazos sagrados del matrimonio, sea como soltero por la fornicación o como casado por el adulterio, según la Palabra de Dios en Santiago 1.15 que dice: *«Entonces la concupiscencia, después que ha concebido, da a luz el pecado; y el pecado, siendo consumado, da a luz a la muerte»*. Este es tanto el resultado original y físico del pecado y de la tentación al nivel del alma: La muerte física de toda la humanidad y también la muerte espiritual y eterna de aquellos que sin Cristo pecan.

Pero un aspecto importante al lidiar con la tentación es que siempre hay una salida y siempre se puede obtener la victoria sobre ella, pues la Escritura en 1 Corintios 10.13 lo dice claro: *«No os ha sobrevenido ninguna tentación que no sea humana; pero fiel es Dios, que no os dejará ser tentados más de lo que podéis resistir, sino que dará también juntamente con la tentación la salida, para que podáis soportar»*. Dios jamás permitirá algo a usted o a mí que sea más de lo que podamos soportar. Eso iría en contra de su naturaleza fiel. Para cada tentación, Dios nos ha dado poder espiritual para resistirla y vencerla. Para cada prueba hay una victoria, para cada situación hay un arreglo y para cada tentación hay una salida. Hay algo que nos puede hacer entender mejor este versículo. Por ejemplo: Todos los barcos de carga tienen una línea que está marcada al lado de cada uno de ellos. Mientras el barco está siendo cargado y empieza a bajar su nivel en el agua por el peso, el barco empieza a hundirse y acercarse a la «línea límite», indicando que la nave no puede pasar del límite establecido por esta línea marcada que lo nivela paralelo al nivel del agua. Cuando la línea desaparece un poco debajo del agua, está indicando que el barco ya fue lleno más allá de su capacidad de soportar el peso de la carga y que está sobrecargado, pues la línea se bajó demasiado, y los marinos saben que el barco está demasiado pesado y que hay que retirar alguna carga que está de más en él. Nosotros, de acuerdo a las Escrituras, jamás seremos tentados más allá de «nuestra línea espiritual límite de resistir el peso» de la tentación. Jamás Dios permitirá esto. Tenemos la victoria prometida para nosotros. A las siete iglesias del libro de Apocalipsis, en los capítulos 2 y 3, el Señor termina diciendo lo mismo: «¡Al que venciere!» Aquí la palabra **«venciere»** en griego es **«nikao»,** que quiere decir **«conquistar» o «subyugar».** Viene de la raíz de la palabra griega **«Niké»,** que quiere decir **«victoria».** Entonces podemos «vencer», «conquistar», «subyugar» y tener «victoria» en contra de la tentación. Algunos sinónimos de la palabra «conquistar» también son «prevalecer en contra de algo» y «someter algo y vencerlo». En resumen es «vivir en victoria» la vida espiritual en todas las áreas de nuestra vida.

Un joven cuenta la experiencia positiva que tuvo con su perro. Dijo él: «Una vez aprendí una gran lección de un perro que nosotros teníamos en la familia. Mi padre tenía la costumbre de poner en el piso un pedazo de carne cerca del perro, y decía: "¡No! ¡No! ¡No lo toques!" El perro entonces ya sabía que no podía tocar la carne. Al principio el perro la miraba, pero volvía a mirar a mi padre. Después dejaba del todo de mirar a la carne y solamente miraba a mi padre. El perro parecía sentir que si hiciera esto, dejando de mirar a la carne, la tentación sería menos. Entonces definitivamente él miraba con los ojos fijos solamente en mi padre y no a la carne». Hermanos: Esto es exactamente lo que debemos hacer para vencer al pecado y la tentación, dejar de mirar a las cosas de la carne, de nuestra naturaleza con sus deseos pecaminosos y mirar al Padre, al Dios Todopoderoso para vencer. Hay cuatro áreas específicas que tenemos que guardar si es que queremos tener victoria sobre el pecado y la tentación. **1-Los ojos:** Lo que usted ve es importantísimo y tiene un poder destructivo más allá de lo que podemos imaginar. **2-Los oídos:** Lo que oímos tiene mucho que ver con la formación de nuestro carácter e integridad. **3-La mente:** Aquí está el campo de batalla, pues lo que usted vio y escuchó, influirá en sus pensamientos y en las decisiones que tome. Y **4-El corazón:** Lo que usted vio, escuchó y pensó, esto irá directamente a su corazón, y de allí fluirán nuestras actitudes y acciones que tomaremos. Por lo tanto para vencer es necesario guardar estas cuatro áreas de nuestras vidas, pues nuestro **cuerpo** será el recipiente de todo lo que vemos, oímos, pensamos y hacemos. Recuerde que el perro oía a su dueño decir ¡no! Recuerde que el perro fijaba sus ojos en su dueño. Recuerde que el perro asumió la postura correcta al no mirar la carne, para obedecer y mirar a su dueño. Para vencer las tentaciones es necesario hacer lo mismo, por lo tanto, ¿qué dicen entonces las Escrituras sobre la tentación?

1-Que debemos alejarnos de ella
Mateo 6.13a: *«Y no nos metas en tentación, mas líbranos del mal...»*.

2-Que la avaricia por el dinero nos llevará a la destrucción
1 Timoteo 6.9: *«Porque los que quieren enriquecerse caen en tentación y lazo, y en muchas codicias necias y dañosas, que hunden a los hombres en destrucción y perdición»*.

3-Que el diablo usará la gente sin Cristo para tentarnos

Marcos 8.11: *«Vinieron entonces los fariseos y comenzaron a discutir con él, pidiéndole señal del cielo, para tentarle».*

4-Que el enemigo usará la gente para hacernos preguntas capciosas

Marcos 10.2: *«Y se acercaron los fariseos y le preguntaron, para tentarle, si era lícito al marido repudiar a su mujer».*

5-Que el diablo pedirá permiso a Dios para tentarnos

Lucas 22.31, 32: *«Dijo también el Señor: Simón, Simón, he aquí Satanás os ha pedido para zarandearos como a trigo, pero yo he rogado por ti, que tu fe no falte; y tú una vez vuelto, confirma a tus hermanos».*

6-Que nosotros debemos ayudar a restaurarse a aquellos que han caído

Gálatas 6.1: *«Hermanos, si alguno fuera sorprendido en alguna falta, vosotros que sois espirituales, restauradle con espíritu de mansedumbre, considerándote a ti mismo, no sea que tú también seas tentado».*

7-Que tenemos que permanecer firmes en la fe

1 Tesalonicenses 3.5: *«Por lo cual también yo, no pudiendo soportar más, envié para informarme de vuestra fe, no sea que os hubiese tentado el tentador, y que nuestro trabajo resultase en vano».*

8-Que el Espíritu usará la tentación para moldear nuestro carácter

Mateo 4.1: *«Entonces Jesús fue llevado por el Espíritu al desierto, para ser tentado por el diablo».*

9-Que hipócritas intentarán hacernos daño
Mateo 22.18: «*Pero Jesús, conociendo la malicia de ellos, les dijo: ¿Por qué me tentáis, hipócritas?*»

10-Que aún algunos líderes espirituales son usados por el maligno
Mateo 22.35: «*Y uno de ellos, interprete de la ley, preguntó por tentarle…*».

11-Que muchos cristianos no cumplen con sus responsabilidades financieras
Marcos 12.15: «*Mas él, percibiendo la hipocresía de ellos, les dijo: ¿Por qué me tentáis? Traedme la moneda para que la vea. Ellos se la trajeron; y les dijo: ¿De quién es esta imagen y la inscripción? Ellos le dijeron: De César. Respondiendo Jesús les dijo: Dad a César lo que es de César, y a Dios lo que es de Dios. Y se maravillaron de él*».

12-Que algunos usarán la astucia contra nosotros
Lucas 20.23: «*Mas él, comprendiendo la astucia de ellos, les dijo: ¿Por qué me tentáis?*»

13-Que podemos ser tentados, pero sin pecar
Hebreos 4.15: «*Porque no tenemos un sumo sacerdote que no pueda compadecerse de nuestras debilidades, sino uno que fue tentado en todo según nuestra semejanza, pero sin pecado*».

14-Que Dios no puede tentar a nadie
Santiago 1.13: «*Cuando alguno es tentado, no diga que es tentado de parte de Dios; porque Dios no puede ser tentado por el mal, ni tienta a nadie*».

15-Que somos tentados por nuestras propias debilidades

Santiago 1.14: *«Sino que cada uno es tentado, cuando de su propia concupiscencia es atraído y seducido».*

Cierta vez un hombre cristiano dijo que tenía un área en su vida que le estaba obstruyendo su comunión con Dios y perjudicando su testimonio cristiano. Dice que oraba a Dios para que éste le perdonara su adicción, pero que no dejaba de ceder a la tentación y de pecar. Esto nos recuerda la historia del hombre que a menudo pasaba al frente de su iglesia y se arrodillaba a orar: «Señor, quita las telarañas de mi vida». Meses y meses se pasaron y el hombre cristiano se paraba de rodillas al frente del templo del cual era miembro y oraba lo mismo: «Señor, quita las telarañas de mi vida». Un domingo en la mañana, su pastor, ya cansado de oír la misma oración una y otra vez, se arrodilló junto al hombre y clamó: «Señor, ¡mata la araña!» Sí, a veces se necesita una medida radical para romper con un hábito pecaminoso. Tenemos que hacer algo más de que pedir a Dios que nos limpie cada vez que sucumbimos a la tentación. Tenemos que dar los pasos necesarios para quitar las telarañas de nuestra vida y de una vez por todas; en realidad, es preciso matar la araña que causa las telarañas. Hay que ir a la raíz del problema y arrancarlo de nuestras vidas de una vez por todas. Debemos confesar nuestro pecado y decidir acabar con él y alimentarnos de la Palabra de Dios diariamente que nos hará que podamos matar a la araña y entonces ya no habrá telarañas. No sirve seguir atacando el problema, hay que atacar y destruir la raíz del problema. Y entonces, de una vez por todas, terminará el problema. Punto final.

¿Y cómo podemos vencer la tentación?

El gran apóstol Pablo nos dice de varias maneras cómo podemos vencerla. En 1 Timoteo 1.18 dijo: *«milites por ellas la buena milicia»*, en 1 Timoteo 4.14 *«no descuides el don que está en ti»*, en 2 Timoteo 2.3 *«tú pues sufre penalidades como buen soldado de Jesucristo»*, en 2 Timoteo 1.6 *«avives el fuego del don de Dios que está en ti»*, en 1 Timoteo 5.22 *«ni participes en pecados ajenos»*, en 1 Timoteo 6.12 *«pelea la buena batalla de la fe, echa mano de la vida eterna, a la cual asimismo fuiste llamado»*, en 1 Corintios 9.25,*«todo aquel que lucha, de todo se abstiene»*, en 2 Corintios 10.4 *«las armas de nuestra milicia no son carnales, sino poderosas en Dios para la destrucción de fortalezas»*, en Efesios 6.12 *«Porque no tenemos lucha contra sangre y carne, sino contra principados, contra potestades, contra los gobernadores de las tinieblas»* y en 2 Timoteo 2.4 finalmente nos dice cuál es nuestro propósito y llamado, que al hacerlo venceríamos siempre: *«Ninguno que milita se enreda en los negocios de la vida, a fin de agradar aquel que lo tomó por soldado»*. La ilustración más adecuada de lo que se refiere batallar para vencer las debilidades, tentaciones y pecados de nuestra vida, se encuentra en el libro de Jueces. De acuerdo a las Escrituras, Dios realmente dejó que las naciones perversas de Canaán permanecieran allí. La razón está en Jueces 3.1, 2 que dice: *«Estas, pues, son las naciones que dejó Jehová para probar con ellas a Israel, a todos aquellos que no habían conocido todas las guerras de Canaán; solamente para que el linaje de los hijos de Israel conociese la guerra, para que la enseñasen a los que antes no la habían conocido»* (ver también Jueces 2.19-23). La tierra antigua de Canaán estaba llena de cultos idólatras. Los israelitas fueron forzados a pelear contra estos pueblos que les ofrecían a ellos todos los placeres desconocidos que jamás Israel se lo había imaginado. A través de toda la historia de Israel el pueblo vacilaba entre adorar al Señor o adorar a los ídolos de estas naciones. Dios pudo sencillamente haber hecho llover fuego y azufre del cielo sobre todas estas naciones idólatras, pero Jehová decidió que Israel debería pelear y echarlos fuera. Esto ilustra realmente nuestra vida cristiana en la batalla moral e espiritual que estamos peleando desde el inicio del cristianismo en el Nuevo Testamento. Por lo tanto para vencer estas «naciones», o sea, «estos deseos carnales» en nosotros, es necesario luchar hasta vencer.

Tal vez hayas oído el hecho de que un esquimal de Alaska caminaba con sus dos perros huskies por la calle. Un hombre le preguntó cuál de los dos era el más fuerte. El esquimal contestó: «¡Aquel al cual yo alimente más!» Por lo tanto, nuestros conflictos internos consisten de la existencia de dos perros, que en nuestro interior pelean continuamente. Uno es malo y cruel, el otro es bueno y amable. El perro que irá a vencer es aquel al cual alimentamos más. Si alimentamos nuestra carne y sus deseos al ceder a la tentación, iremos a concebir el pecado y la muerte. Si alimentamos con la Palabra de Dios nuestra vida, en oración, ayuno y viviendo una vida recta e íntegra, venceremos la tentación y el pecado que tanto nos asecha. Al mencionar particularmente a los varones y sus tentaciones, el gran escritor A.W. Tozer dijo: «Los hombres piensan del mundo, no como un campo de batalla, sino como un lugar de diversión. Dicen que no estamos aquí para pelear, sino para bailar. No estamos en tierra desconocida, sino que estamos en casa. No estamos preparándonos para vivir, ya estamos viviendo. Y lo mejor que podemos hacer es terminar con nuestras prohibiciones y frustraciones y vivir la vida lo máximo que podemos». Pero usted y yo, mi amado lector, no pensamos de esta manera, ¿verdad? Como hombres cristianos que somos, sabemos las consecuencias de ceder a la tentación y el caro precio del pecado y de la desobediencia. Tanto hombres como mujeres cristianas deben saber el dolor y la tristeza de fallar a Dios al traer vergüenza a su causa y la destrucción de nuestras familias, reputación, ministerio e integridad. Pero podemos, de acuerdo a las Escrituras, batallar y ganar. Entonces, ¿cómo podemos vencer la tentación?

1-Vencer al no volver a enredarnos nuevamente en el pecado

2 Pedro 2.20: «*Ciertamente, si habiéndose ellos escapado de las contaminaciones del mundo, por el conocimiento del Señor y Salvador Jesucristo, enredándose otra vez en ellas son vencidos, su postrer estado viene a ser peor que el primero*».

2-Vencer al abstenernos de la carne

1 Pedro 2.11: *«Amados, yo os ruego como a extranjeros y peregrinos, que os abstengáis de los deseos carnales que batallan contra el alma».*

3-Vencer al negarnos a nosotros mismos

Romanos 12.1: *«Así que, hermanos, os ruego por las misericordias de Dios, que presentéis vuestros cuerpos en sacrificio vivo, santo, agradable a Dios, que es vuestro culto racional».*

4-Vencer al caminar en el Espíritu

Gálatas 5.16: *«Digo, pues: Andad en el Espíritu, y no satisfagáis los deseos de la carne».*

5-Vencer al escapar de la tentación

Génesis 39.12: *«Y ella lo asió por su ropa, diciendo: Duerme conmigo. Entonces él [José] dejó su ropa en las manos de ella, y huyó y salió».*

6-Vencer al saber que Cristo nos librará de ella

2 Pedro 2.9: *«Sabe el Señor librar de tentación a los piadosos, y reservar a los injustos para ser castigados en el día del juicio».*

7-Vencer al nosotros ser ejemplo a los demás

1 Timoteo 3.7: *«También es necesario que tenga buen testimonio de los de afuera, para que no caiga en descrédito [tentación] y en lazo del diablo».*

8-Vencer al estar velando y orando

Mateo 26.41: *«Velad y orad, para que no entréis en tentación; el espíritu a la verdad está dispuesto, pero la carne es débil».*

9-Vencer al permanecer en oración

Lucas 22.40: *«Cuando llegó a aquel lugar, les dijo: Orad que no entréis en tentación».*

10-Vencer al saber que tendremos una salida

1 Corintios 10.13: «*No os ha sobrevenido ninguna tentación que no sea humana; pero fiel es Dios, que no os dejará ser tentados más de lo que podéis resistir, sino que dará también juntamente con la tentación la salida, para que podáis soportar*».

11-Vencer al no endurecer nuestros corazones al Señor

Hebreos 3.8: «*No endurezcáis vuestros corazones, como en la provocación, en el día de la tentación en el desierto*».

12-Vencer al no ser rebelde a la voz del Señor

Números 14.22: «*Todos los que vieron mi gloria y mis señales que he hecho en Egipto y en el desierto, y me han tentado ya diez veces, y no han oído mi voz*».

13-Vencer al no provocar al Señor

Deuteronomio 6.16: «*No tentaréis a Jehová vuestro Dios, como lo tentasteis en Masah*» (Ver Mateo 4.7).

14-Vencer al huir de las tentaciones

2 Timoteo 2.22: «*Huye también de las pasiones juveniles, y sigue la justicia, la fe, el amor y la paz, con los que de corazón limpio invocan al Señor*».

Veinticuatro victorias del que triunfa sobre el pecado y la tentación

Cuando el ferrocarril de la Union Pacific de los Estados Unidos estaba siendo construido, un muy buen puente de madera fue hecho para que pudiera pasar. Queriendo probar si el puente soportaría el peso o no de los vagones, el ingeniero y constructor llevó un tren de carga con el doble de peso para hacer la prueba. El vagón fue conducido hasta la mitad del puente donde permaneció un día entero. Uno de los trabajadores preguntó al constructor: «¿Usted está intentando quebrar el puente?» «¡No!», contestó el ingeniero, «yo estoy intentando probar que el puente no se quebrará». Algunos teólogos dicen que: **«Las tentaciones que Cristo enfrentó no tenían la intención de ver si Él pecaría o no, sino de probar que Él no podía pecar».** Éstos expresan que por la deidad, la divinidad de Cristo, Él no podía pecar como Dios que era. Que si lo haría, sería de su parte humana. Pero esto es lógico, porque Dios no puede pecar, pero el hombre sí. Pero la diferencia es que Cristo no nació pecador, de una relación sexual normal entre un hombre y una mujer, su nacimiento fue virginal, fue el gran y único milagro que existió sobre esto y que existirá por siempre. Él nació santo y puro, no con la herencia del pecado de Adán. Otros teólogos dicen que: **«Las tentaciones que Cristo enfrentó no tenían la intención de ver si Él no podía pecar, sino de probar si Él pecaría o no»,** porque las Escrituras dicen que «*Él fue tentado en todo, pero sin pecado*», (Hebreos 4.15). Entonces hubo la posibilidad de que Él podía pecar dicen estos teólogos. Lo mismo es de nosotros cuando somos tentados, hay la posibilidad de ceder y pecar. Las diferencias teológicas de estas dos corrientes de pensamiento podrán ser válidas para algunos, o debatidas entre ellas para otros, pero la realidad entre usted y yo, es que sí, existe la posibilidad de pecar, porque somos humanos, pero que por otro lado, podemos resistir la tentación y no pecar. Así como el puente resistió el peso del tren, nosotros podemos resistir de igual manera el peso de la tentación y del pecado que nos asecha y vivir una vida espiritual victoriosa, pues las Escrituras dicen que «*Dios es fiel y que nos daría la salida de la tentación*», (1 Co 10.13).

La realidad es que todos nosotros tenemos áreas de debilidades, y que si somos transparentes reconoceremos que también estamos tratando de «resistir» a la tentación, como todos los demás. El que dice que es perfecto y que no tiene áreas de su vida con las que está batallando para madurar, no está actuando honestamente y la verdad no está en esta persona. Muchos cristianos sinceros cuando son tentados, pecan, caen, después se levantan, y recaen nuevamente, vuelven a levantarse, retroceden, resbalan por algún descuido, pero otra vez vuelven al Señor, se arrepienten, confiesan su error, sienten tristeza por lo que han hecho, un sentimiento de angustia, de dolor, de vergüenza, de bochorno, se sienten mal, avergonzados, humillados, derrotados, decepcionados e inferiores a los demás, sienten que han fallado a Dios, a sus familias, sus ministerios, a la iglesia y a ellos mismos. Éstos son cristianos honestos, sinceros, verdaderos, que aman al Señor, pero que tienen áreas de debilidades en sus vidas, que están batallando de veras para vencer, pero que encuentran gran dificultad de «resistir» la tentación, sea el área que sea, pero que están haciendo lo que pueden. ¿Qué diríamos a ellos? Que sigan «resistiendo» al diablo por la fe, en la oración, en el ayuno y en la lectura diaria de la Palabra de Dios, porque sea hoy o mañana, ellos, y también nosotros, y todos los cristianos, venceremos de una vez por todas, porque todo tiene un fin. Hasta que lleguemos a la victoria y a la madurez de estas áreas, hay que continuar y batallar, como dice Pablo en Efesios 4.13 al decir: *«Hasta que todos lleguemos a la unidad de la fe y del conocimiento del Hijo de Dios, a un varón perfecto, a la medida de la estatura de la plenitud de Cristo».* ¡Aleluya! ¡Alabado sea el Señor! Entonces, ¿qué victorias hay para aquel que triunfa sobre el pecado y la tentación?

1-Victoria al que es sobrio, que vela y que resiste

1 Pedro 5.8, 9: *«Sed sobrios, y velad; porque vuestro adversario el diablo, como león rugiente, anda alrededor buscando a quien devorar, al cual resistid firmes en la fe, sabiendo que los mismos padecimientos se van cumpliendo en vuestros hermanos en todo el mundo».*

2-Victoria al saber que si resistimos el diablo huirá

Santiago 4.7: «*Someteos, pues, a Dios; resistid al diablo, y huirá de vosotros*».

3-Victoria al soportar y resistir

Santiago 1.12: «*Bienaventurado el varón que soporta la tentación; porque cuando haya resistido la prueba, recibirá la corona de vida, que Dios ha prometido a los que le aman*».

4-Victoria al soportar la disciplina

Hebreos 12.7: «*Si soportáis la disciplina, Dios os trata como a hijos; porque ¿qué hijo es aquel a quien el padre no disciplina?*»

5-Victoria al aceptar la disciplina

Proverbios 3.12: «*Porque Jehová al que ama castiga, como el padre al hijo a quien quiere*».

6-Victoria al saber que el pecado y la tentación no triunfarán

Salmo 129.1, 2: «*Mucho me han angustiado desde mi juventud, puede decir ahora Israel; mucho me han angustiado desde mi juventud; mas no prevalecieron contra mí*».

7-Victoria al saber que Dios nos quitará el miedo de fallarle

Salmo 88.15: «*Yo estoy afligido y menesteroso; desde la juventud he llevado tus terrores, he estado medroso*».

8-Victoria al saber que Cristo nos socorrerá

Hebreos 2.18: «*Pues en cuanto él mismo padeció siendo tentado, es poderoso para socorrer a los que son tentados*».

9-Victoria al saber que Cristo se compadecerá de nuestras debilidades

Hebreos 4.15: *«Porque no tenemos un sumo sacerdote que no pueda compadecerse de nuestras debilidades, sino uno que fue tentado en todo según nuestra semejanza, pero sin pecado».*

10-Victoria al saber que en la debilidad tendremos la gracia de Dios

2 Corintios 12.8, 9: *«Respecto a lo cual tres veces he rogado al Señor, que lo quite de mí. Y me ha dicho: Bástate mi gracia; porque mi poder se perfecciona en la debilidad. Por tanto, de buena gana me gloriaré más bien en mis debilidades, para que repose sobre mí el poder de Cristo».*

11-Victoria al que continúa sirviendo a Dios aun en las debilidades

1 Corintios 2.3: *«Y estuve entre vosotros con debilidad, y mucho temor y temblor».*

12-Victoria al que alaba a Dios aun en su debilidad

2 Corintios 11.30: *«Si es necesario gloriarse, me gloriaré en lo que es de mi debilidad».*

13-Victoria sabiendo que Cristo nos fortalecerá

Filipenses 4.13: *«Todo lo puedo en Cristo que me fortalece».*

14-Victoria al que conoce su llamado y ministerio

2 Pedro 1.10: *«Por lo cual, hermanos, tanto más procurad hacer firme vuestra vocación y elección; porque haciendo estas cosas, no caeréis jamás».*

15-Victoria al saber que al vencer tendremos la vida eterna

2 Pedro 1.11: *«Porque de esta manera os será otorgada amplia y generosa entrada en el reino eterno de nuestro Señor y Salvador Jesucristo».*

16-Victoria aunque por un momento seremos tentados
1 Pedro 1.6: «*En lo cual vosotros os alegráis, aunque ahora por un poco de tiempo, si es necesario, tengáis que ser afligidos en diversas pruebas*».

17-Victoria al derrotar el pecado y la tentación
1 Pedro 1.7: «*Para que sometida a prueba vuestra fe, mucho más preciosa que el oro, el cual aunque perecedero se prueba con fuego, sea hallada en alabanza, gloria y honra cuando sea manifestado Jesucristo*».

18-Victoria al recibir la salvación después de haber vencido
1 Pedro 1.9: «*Obteniendo el fin de vuestra fe, que es la salvación de vuestras almas*».

19-Victoria al saber que por medio de las pruebas maduraremos
1 Pedro 5.10: «*Mas el Dios de toda gracia, que nos llamó a su gloria eterna en Jesucristo, después que hayáis padecido un poco de tiempo, él mismo os perfeccione, afirme, fortalezca y establezca*».

20-Victoria y gozo al nosotros pasar por pruebas y tentaciones
Santiago 1.2: «*Hermanos míos, tened por sumo gozo cuando os halléis en diversas pruebas*».

21-Victoria al saber que es Dios mismo que nos prueba
Salmo 66.10: «*Porque tú nos probaste, oh Dios; nos ensayaste como se afina la plata*».

22-Victoria porque al ser tentado no permitiremos nada de pecado en nosotros
Salmo 17.3a: «*Tú has probado mi corazón, me has visitado de noche; me has puesto a prueba, y nada inicuo hallaste…*».

23-Victoria al saber que algún día toda tentación y prueba terminará

Lucas 4.13: *«Y cuando el diablo hubo acabado toda tentación, se apartó de él por un tiempo».*

24-Victoria final al nosotros recibir la corona de la vida

Apocalipsis 2.10: *«No temas en nada lo que vas a padecer. He aquí, el diablo echará a algunos de vosotros en la cárcel, para que seáis probados, y tendréis tribulación por diez días. Sé fiel hasta la muerte, y yo te daré la corona de la vida».*

Se cuenta que un gallo y un perro eran muy buenos amigos y decidieron viajar juntos. Cuando llegó la noche en la floresta, buscaron un lugar donde dormir y descansar. El gallo voló hacia un alto gajo de un árbol y el perro encontró un hueco en el tronco del mismo árbol y allí se quedó. Cuando el día empezó a clarear, el gallo, como de costumbre, comenzó a cantar alegremente por un buen tiempo. Una zorra, al pasar bien cerca y al ver al gallo cantar, creyó que él sería un buen desayuno para ella. Entonces se acercó y se puso bien abajo del gajo donde estaba el gallo. Y mirando hacía arriba la zorra le dijo: «Estoy muy encantada con su bella voz y sería para mí un gran placer y honor poder acercarme a usted para felicitarle en persona…». El gallo, desconfiado por la "cortesía" de la zorra, le contestó: «Señora, de igual manera me encantaría conocerla personalmente, y me gustaría entonces que usted me hiciera el favor de dar la vuelta alrededor del árbol hasta la entrada de mi casa. El portero le abrirá la puerta para que usted pueda entrar…». Cuando la zorra llegó al hueco del tronco, el perro, que ya la esperaba, dio un salto sobre ella y la hizo pedazos…». Mis amados lectores: La próxima vez que usted sea tentado, la próxima vez que el pecado le aseche, la próxima vez que el diablo le intente derrumbar al hacerle caer de la gracia, la próxima vez que el maligno le toque al tratar de abrir la puerta de su mente; la puerta de sus ojos; la puerta de sus oídos; y la puerta de su corazón; todo lo que usted tiene que hacer, cuando el diablo le tiente, es dejar que CRISTO LE CONTESTE Y LE ABRA LA PUERTA… y el diablo se dará la gran sorpresa al darse de cara con Aquel que le venció en la cruz del Calvario y lo derrotó al resucitar de la muerte. ¡Aleluya! ¿Y cómo Cristo podrá contestar la puerta? Muy sencillo. Es solamente que usted tenga a Cristo en cada área y puerta de su vida y dejar que Él tome el control en el momento de la tentación. Él le representará contra el enemigo y usted saldrá vencedor en todas aquellas áreas que Cristo tenga el Señorío. Usted y yo podemos vencer al pecado y la tentación, pues las Escrituras lo dicen, como hemos visto, que esto es posible, por medio de Cristo, de la oración, del ayuno y de la Palabra de Dios. ¡A vencer se ha dicho!

Capítulo
5

La victoria sobre las aflicciones

Apocalipsis 15.2
*«Vi también como un mar de vidrio mezclado con fuego; y
a los que habían alcanzado la victoria sobre la bestia y su
imagen, y su marca y el número de su nombre, en pie sobre
el mar de vidrio, con las arpas de Dios».*

En Juan 16.33 Jesucristo dijo: *«Estas cosas os he hablado para que en mí
tengáis paz. En el mundo tendréis* **aflicción***; pero confiad, yo he vencido
al mundo».* La palabra **«aflicción»** aquí en griego es **«thlipsis»** que
significa presión, opresión, tensión, angustia, tribulación, adversidad,
aflicción y pena. Imagínese poner su mano sobre un gran número de
cosas sueltas y comprimirlas manualmente. Eso es **«thlipsis»**, ejercer
una gran presión sobre algo que está suelto, sin sujetar. **«Thlipsis»** equi-
vale a una prensa espiritual. La palabra describe el proceso de exprimir
las uvas o el fruto del olivo en un lagar. Todos realmente estamos bajo
«presión» de una manera o de otra, y la «tensión» se puede sufrir en el
trabajo, en las ocupaciones del ministerio, en las responsabilidades de la
familia, en los estudios, etc. Un verdadero cristiano no puede estar bajo
«opresión» del enemigo, a menos que haya un área espiritual de su vida
que esté en pecado. Pero podemos tener tensión espiritual debido a una
prueba o tribulación que Dios permita. La angustia por las pruebas
son reales y las tribulaciones todos las enfrentamos y cada uno vivirá
un tiempo de adversidad, de aflicción y sufriremos pena mientras estemos en esta dimensión física aquí en la tierra. Nadie puede escapar. El
mundo ejerce una gran «presión» sobre nosotros basado en la resistencia que éste tiene en contra de los principios de la Palabra de Dios que

lo condena. Nosotros como cristianos estamos en el mundo, pero no somos del mundo. Y es allí donde se centraliza toda «aflicción» en nuestras vidas, porque son dos dimensiones distintas, la esfera del «Espíritu» y la esfera de la «carne». Y entre estas dos dimensiones hay una lucha y batalla constante en nuestras vidas al generar esta tan gran «aflicción» en nuestro cuerpo, alma y espíritu. A veces Dios usa la «prensa espiritual» para enseñarnos por medio de las aflicciones que forjarán nuestro carácter y moldearán la madurez espiritual en nosotros. Hay aflicciones que Dios las permite para enseñarnos en algún área de nuestra vida, pero hay aflicciones que el diablo causa para angustiarnos, oprimirnos y destruirnos. Haciendo una referencia de Apocalipsis 15.2, que Dios nos dé victoria sobre toda aflicción diabólica que la bestia maligna de Satanás nos pueda traer y que el Señor lo reprenda y que podamos ser victoriosos en nuestro caminar con Cristo, aun en medio de pruebas, aflicciones, luchas y tribulaciones.

¿Cómo reacciona usted en medio de las aflicciones?

Tal vez usted esté enfrentando ahora mismo aflicciones que lo están agobiando, trayéndole tristeza, dolor y angustia, pero sepa que Dios está con usted en estos momentos y Él le dará la victoria que necesita. Tal vez esté enfrentando problemas en su familia, con sus hijos, en su matrimonio, en su trabajo, en su ministerio, tal vez alguna enfermedad dolorosa que está pasando, quizás problemas financieros o pruebas espirituales. En todo esto, sepa que Dios está a su lado, aunque por el momento no pueda ver la respuesta, siga adelante, por fe y verá que el Señor le ayudará. Pero cómo usted reacciona es muy importante para llegar a esta victoria. Si realmente usted está en medio de la prueba y pasando por situaciones muy difíciles es estos momentos, recuerde los siguientes versículos y aplíquelos a su situación:

1-Dios sabe mejor que usted hasta dónde puede usted soportar

1 Corintios 10.13: «*No os ha sobrevenido ninguna tentación [prueba, aflicción, tribulación] que no sea humana; pero fiel es Dios, que no os dejará ser tentados [probados, afligidos, atribulados] más de lo que podéis resistir, sino que os dará también juntamente con la tentación LA SALIDA, para que podáis soportar*».

2-El hecho de que usted esté atravesando por una aflicción y prueba, un período oscuro en su vida, no significa ni por un momento que Dios le ha abandonado

Salmo 138.7a: «*Si anduviere yo en medio de la angustia, tú me vivificarás...*».

3-Él no solamente le llevó hasta este punto, sino que caminará a su lado por medio del valle de sombras

Salmo 23.4: «*Aunque ande en valle de sombra de muerte, no temeré mal alguno, porque tú estarás conmigo; tu vara y tu cayado me infundirán aliento*».

4-Diga a sus dudas y temores que se vayan

Santiago 1.6: «*Pida con fe, no dudando nada; porque el que duda es semejante a la onda del mar, que es arrastrada por el viento y echada de una parte a otra*».

Lucas 12.32: «*No temáis, manada pequeña, porque a vuestro Padre le ha placido daros el reino*».

5-Rehúsese a creer en las mentiras del diablo

Juan 8.44: «*Vosotros sois de vuestro padre el diablo, y los deseos de vuestro padre queréis hacer. Él ha sido homicida desde el principio, y no ha permanecido en la verdad, porque no hay verdad en él. Cuando habla mentira, de suyo habla; porque es mentiroso, y padre de mentira*».

6-Aunque sus pensamientos le estén engañando, sepa que Dios es verdadero

1 Reyes 18.21: «*Y acercándose Elías a todo el pueblo, dijo: ¿Hasta cuándo claudicaréis vosotros entre dos pensamientos? Si Jehová es Dios, seguidle; y si es Baal, id en pos de él. Y el pueblo no respondió palabra*».

7-Medite en las Escrituras y descanse en las promesas de Dios

2 Corintios 1.20: «*Porque todas las promesas de Dios son en él Sí, y en él Amén, por medio de nosotros, para la gloria de Dios*».

2 Pedro 1.4a: «*Por medio de las cuales nos ha dado preciosas y grandísimas promesas...*».

8-Sepa que Dios siempre honrará su Palabra y cumplirá su propósito en su vida

Salmo 138.2c, 8a: «*Porque has engrandecido tu nombre, y tu palabra sobre todas las cosas. Jehová cumplirá su propósito en mí*».

9-Luche con todas sus fuerzas en contra de la impaciencia y espere

Santiago 1.2-4: «*Hermanos míos, tened por sumo gozo cuando os halléis en diversas pruebas, sabiendo que la prueba de vuestra fe produce paciencia. Mas tenga la paciencia su obra completa, para que seáis perfectos y cabales, sin que falte cosa alguna*».

10-Crea que Dios le librará y le dará la victoria en su tiempo

Daniel 6.22: «*Mi Dios envió su ángel, el cual cerró la boca de los leones, para que no me hiciesen daño, porque ante él fui hallado inocente; y aun delante de ti, oh rey, yo no he hecho nada malo*».

11-Aprenda de las aflicciones que los héroes bíblicos tuvieron y aliéntese

Santiago 5.10: «*Hermanos míos, tomad como ejemplo de aflicción y de paciencia a los profetas que hablaron en nombre del Señor*».

12-No abandone nunca su confianza en el Dios que le puede ayudar

1 Pedro 5.7: «*Echando toda vuestra ansiedad sobre él, porque él tiene cuidado de vosotros*».

13-Entregue al Señor todas sus aflicciones y Él le sustentará

Salmo 55.22: «*Echa sobre Jehová tu carga, y él te sustentará; no dejará para siempre caído al justo*».

14-Confíe en Él y verá que sus días no serán tan largos y sus valles tan oscuros en medio de la aflicción

Salmo 143.11: «*Por tu nombre, oh Jehová, me vivificarás; por tu justicia sacarás mi alma de angustia*».

15-Y aunque llegue a sufrir mucho como Job, siga confiando en Dios

Santiago 5.11: «*He aquí, tenemos por bienaventurados a los que sufren. Habéis oído de la paciencia de Job, y habéis visto el fin del Señor, que el Señor es muy misericordioso y compasivo*».

Recuerde, estimado lector, que es su REACCIÓN lo que determinará su nivel de fe y de confianza y su capacidad de recibir la victoria en medio de sus aflicciones. Pero pare un momento y olvidando por un rato sus propios problemas y angustias, piense en los cristianos alrededor del mundo que ahora mismo están sufriendo por la causa de Cristo en muchos países, pasando por severas aflicciones. Por ejemplo: Hemos oído recientemente en las noticias sobre la aflicción de muchos cristianos en Irak. El monseñor Luis Sako, arzobispo de Kirkuk, dijo hace apenas algunos días en entrevistas a periodistas, que hay una persecución contra la comunidad cristiana en Kirkuk, en el norte de Irak, «pero que ésta esta FORTALECIENDO la fe de aquellos que están siendo perseguidos en vez de debilitarla». Otras organizaciones cristianas y líderes creyentes que trabajan en Irak han denunciado lo mismo. Se trata de una persecución de parte de los fundamentalistas musulmanes, que solamente para mencionar un caso, el otro día secuestraron a tres jóvenes cristianos en Kirkuk. Pero éstos respondieron a sus captores diciéndoles: «Estamos dispuestos a morir por Cristo y por nuestra fe». Más tarde, se supo, que la situación no tuvo un final triste. Los secuestradores decidieron dejar libre a los tres muchachos luego de haberles amenazado. Secuestros semejantes a este acontecieron en la capital Bagdad cuando los fundamentalistas musulmanes secuestraron a más de 40 personas, entre ellas muchos cristianos. A estos tres jóvenes en particular, los sometieron a violentos interrogatorios y se les exigió renunciar a su fe bajo amenaza de ser torturados y asesinados. Los muchachos, sin embargo, REACCIONARON con la heroica respuesta, que, aparentemente conmovió a los captores, quienes decidieron dejarlos en libertad. Un líder cristiano dijo después de lo sucedido: «Lo que aconteció con éstos jóvenes significa que a pesar de tantas dificultades y AFLICCIONES, nuestros fieles no pierden la fe y la esperanza; por el contrario, la refuerzan». Gracias a Dios, que aquí en los Estados Unidos no somos perseguidos físicamente de esta manera a razón de nuestra fe. Pero sí tenemos otras persecuciones de parte del enemigo de nuestras almas, en relación a pruebas, luchas y tribulaciones, causándonos aflicciones en nuestro espíritu. Pero seremos victoriosos si tan solo recibimos FORTALEZA en medio de las aflicciones y REACCIONAMOS de la manera correcta con una actitud de fe, confianza y madurez. Al actuar de esta manera, estamos reconociendo que hay aflicciones que Dios realmente ha permitido para que podamos vencer en determinadas áreas de nuestras vidas.

Hay aflicciones que son permitidas por Dios

1-Necesitamos reconocer que es de parte de Dios

Deuteronomio 8.2, 3a: «*Y te acordarás de todo el camino por donde te ha traído Jehová tu Dios estos cuarenta años en el desierto, para AFLIGIRTE, para probarte, para saber lo que había en tu corazón, si habías de guardar o no sus mandamientos. Y te AFLIGIÓ; y te hizo tener hambre, y te sustentó con maná...*».

2-Reconocer que Dios nos castiga para enseñarnos

Deuteronomio 8.5: «*Reconoce asimismo en tu corazón, que como castiga el hombre a su hijo, así Jehová tu Dios te castiga*».

3-Saber que Dios nos traerá corrección

Job 5.17: «*He aquí, bienaventurado es el hombre a quien Dios castiga; por tanto, no menosprecies la corrección del Todopoderoso*».

4-Saber que seremos instruidos por Dios

Salmo 94.12: «*Bienaventurado el hombre a quien tú, JAH, corriges, y en tu ley lo instruyes*».

5-Cuando somos probados

Job 23.10: «*Mas él conoce mi camino; me probará y saldré como oro*».

6-Cuando andamos descarriados

Salmo 119.67: «*Antes que fuera yo humillado [probado], descarriado andaba; mas ahora guardo tu palabra*».

7-Cuando pasamos por tribulaciones

2 Corintios 4.17: «*Porque esta leve tribulación momentánea produce en nosotros un cada vez más excelente y eterno peso de gloria*».

8-Cuando necesitamos de disciplina

Hebreos 12.5, 6, 11: *«Y habéis ya olvidado la exhortación que como a hijos se os dirige, diciendo: Hijo mío, no menosprecies la disciplina del Señor, ni desmayes cuando eres reprendido por él. Porque el Señor al que ama, disciplina, y azota a todo el que recibe por hijo. Es verdad que ninguna disciplina al presente parece ser causa de gozo, sino de tristeza; pero después da fruto apacible de justicia a los que en ella han sido ejercitados».*

Recuerde: En medio de las aflicciones que Dios le está permitiendo a usted, por la razón que sea, sepa que es para su propio bien. Tal vez hay algún área espiritual que Dios necesita remover de su vida para que usted confíe en Él de todo su corazón. Cierta vez Napoleón estaba revisando sus tropas antes de la batalla que se acercaba. El jefe estaba inspeccionando a sus hombres. Delante de él se hallaban muchos hombres INDISCIPLINADOS con quienes nunca tuvo experiencia en ninguna batalla. Napoleón habló a sus generales y dijo: «No siento ninguna confianza en estos hombres». Volviéndose hacia otro grupo de hombres con quienes había compartido un corto período de tiempo, en el cual conocieron algo de marcha, campamento y guerra, dijo: «En estos hombres, creo que tal vez puedo confiar». Finalmente Napoleón se paró enfrente de una división de tropas que habían sido fieles a él por muchísimo tiempo y estuvieron en todas las batallas a su lado. Eran hombres veteranos, los que tenían más experiencia en su ejército. Éstos habían sido bautizados en la sangre, agua y fuego, durante muchas guerras feroces y mortales, y habían sufrido muchas aflicciones y pruebas. Y allí estaban ellos, delante de su comandante, con sus bocas cerradas y de duro semblante, listos para la orden para la siguiente batalla. El gran Napoleón les dejó con sus corazones latiendo de orgullo y de confianza, cuando dijo en voz bien alta a sus oficiales: «En estos hombres yo tengo la plena certeza de que sí puedo confiar». Si aceptamos la corrección y la disciplina del Señor que Él nos impone por medio de las aflicciones, y estamos dispuestos a confiar en Él de todo nuestro corazón, Dios entonces nos usará en medio de la lucha y de la guerra espiritual en contra del enemigo de una manera especial. Pero tenemos que mostrarle integridad, fidelidad y consagración, aun más de lo que estos hombres demostraron a Napoleón. Nuestro carácter es forjado y nuestra personalidad ajustada a través de las aflicciones que Dios permite. Son los hombres y mujeres veteranos, aquellos de nosotros que llevamos años y años sirviendo al Señor alrededor del mundo, que hemos vencido innumerables batallas, que hemos triunfado delante de adversidades, pecados, tentaciones, conflictos y situaciones que quizás usted ni se imagine. Hemos permanecido fieles a nuestro Comandante en Jefe, el Señor Jesucristo. Jamás le hemos dado la espalda en los momentos difíciles de nuestra vida y ministerio. Hemos pasado hambre, frío, necesidades, desvelos, hemos sido azotados y puestos en la cárcel por Él, ya fuimos injuriados, perseguidos, maltratados, robados, fatigados, nos han maldecido, difamado, mentido, atribulado, angustiado, amenazado, nos han acusado falsamente, hemos sufrido enormes e injustas criticas, ya estuvimos en grandes apuros, a riesgo y peligro de muerte, solos y tristes en países lejanos, sin lugar donde dormir, o comer, hemos sufrido perjurio, agravio... pero en todo esto, hemos PERMANECIDO FIELES A NUESTRO GRAN GENERAL DE GENERALES, EL SEÑOR JESUCRISTO. No estamos aquí para recibir aplausos del hombre, como los demás en un concierto musical, o en una gran cruzada, no, ni para recibir placas de reconocimiento, no estamos para ser famosos e importantes, somos verdaderos soldados de Cristo, nuestra causa no es de aquí abajo, pues somos ciudadanos del cielo. Nuestro nivel espiritual y las insignias y grado y escalón en este ejército, Dios los conoce y están grabados en nuestros corazones y todos pueden ver por las experiencias, integridad, rectitud y el testimonio intachable que hemos vivido. Hemos sido VICTORIOSOS hasta ahora en medio de las aflicciones, y seguiremos, en su nombre, VENCIENDO hasta el fin. Somos guerreros, disciplinados, fieles y listos para la orden de la siguiente batalla que Jesucristo determine.

Cuando Él diga, en el lugar que Él diga y de la manera que Él diga. ¡Estamos listos! Por esta razón mi segundo libro se titula *Heme aquí, Señor, envíame a mí.*

Existen aflicciones que después traerán bendiciones

1-Hay que soportarlas para recibirlas
Rut 1.20: *«Y ella les respondía: No me llaméis Noemí, sino llamadme Mara; porque en grande amargura me ha puesto el Todopoderoso».*

2-Hay que mantenerse firme y ellas vendrán
Job 6.4: *«Porque las saetas del Todopoderoso están en mí... y terrores de Dios me combaten».*

3-Hay que reconocer que es Dios quien lo permite para nuestro bien
Salmo 38.2: *«Porque tus saetas cayeron sobre mí, y sobre mí ha descendido tu mano».*

4-Hay que saber que Dios tiene un propósito en lo que está usted pasando
Isaías 38.17: *«He aquí, amargura grande me sobrevino en la paz, mas a ti agradó librar mi vida del hoyo de corrupción; porque echaste tras tus espaldas todos mis pecados».*

5-Hay que llevarlas como carga para después ser prosperados
Salmo 66.11, 12: *«Nos metiste en la red; pusiste sobre nuestros lomos pesada carga. Hiciste cabalgar hombres sobre nuestra cabeza; pasamos por el fuego y por el agua, y nos sacaste a abundancia».*

6-Hay que saber que Dios está con nosotros en medio de la aflicción
Isaías 43.2: *«Cuando pases por las aguas, yo estaré contigo; y si por los ríos, no te anegarán. Cuando pases por el fuego, no te quemarás, ni la llama arderá en ti».*

7-Hay que tener conocimiento que Dios irá con nosotros hasta donde sea
Deuteronomio 31.6, 8: *«Esforzaos y cobrad ánimo; no temáis, ni tengáis miedo de ellos, porque Jehová tu Dios es el que va contigo; no te dejará, ni te desamparará. Y Jehová va delante de ti; él estará contigo, no te dejará, ni te desamparará; no temas ni te intimides».*

8-Hay que tener plena certeza que el Señor estará con nosotros en medio del fuego de la aflicción
Daniel 3.23-25: *«Y estos tres varones, Sadrac, Mesac y Abed-nego, cayeron atados dentro del horno de fuego ardiendo. Entonces el rey Nabucodonosor se espantó, y se levantó apresuradamente y dijo a los de su consejo: ¿No echaron a tres varones atados dentro del fuego? Ellos respondieron al rey: Es verdad, oh rey. Y él dijo: He aquí yo veo cuatro varones sueltos, que se pasean en medio del fuego sin sufrir ningún daño; y el aspecto del cuarto es semejante a hijo de los dioses».*

9-Hay que humillarnos para después ser exaltados
1 Pedro 5.6: *«Humillaos, pues, bajo la poderosa mano de Dios, para que él os exalte cuando fuere tiempo».*

10-Hay que aceptar la represión para después recibir la bendición
Apocalipsis 3.19: *«Yo reprendo y castigo a todos los que amo, sé, pues, celoso, y arrepiéntete».*

11-Hay que confesar y arrepentirse para ser restaurado y perdonado

Salmo 32.3-5: «*Mientras callé, se envejecieron mis huesos en mi gemir todo el día. Porque de día y de noche se agravó sobre mí tu mano; se volvió mi verdor en sequedades de verano. Mi pecado te declaré, y no encubrí mi iniquidad. Dije: Confesaré mis transgresiones a Jehová; y tú perdonaste la maldad de mi pecado*».

Se cuenta que durante un tiempo de búsqueda para conocer más de Dios, el botánico americano George W. Carver (1864-1943) oró a Dios para que éste se le revelara a él. Carver quería conocer la grandeza de Dios y en oración dijo al Señor: «Oh, Dios, yo sé que eres grande, enséñame el universo para que yo vea tu grandeza y tu poder». Según él, Dios le contestó: «George, el universo es demasiado grande para que lo comprendas, es mejor que tú dejes que yo lo cuide, porque está más allá de tu entendimiento». Humillado, Carver preguntó:«¿Y qué me dices del cacahuate?» Dios le habló: «Ahora sí, pediste entender algo de tu tamaño. Ve a trabajar en él y yo te ayudaré». Cuando el Dr. George Carver empezó a estudiar el cacahuate, descubrió más de 300 productos que podían ser hechos con esta tan pequeña partícula en un mundo tan grande que Dios creó. Lo mismo sucede con nosotros, hermanos, solamente que, en medio de la aflicción, debemos buscar a Dios y pedir que Él se revele a nosotros de la manera que Él desee. Su poder es tan grande e incalculable que la prueba que estamos pasando ahora resultará en bendiciones. Carver no tenía idea de lo que contenía el pequeño cacahuate, sin embargo Dios le dio la sabiduría de descubrir grandes beneficios por medio de este pequeño grano. De la misma forma nosotros recibiremos grandes bendiciones al saber que las aflicciones traerán el propósito por el cual Dios las ha permitido. Recuerde: <u>Si las pruebas que está pasando vienen de Dios, entonces «Todo acontece en el tiempo que Él determine, todo sucederá de la manera que Él desee y tenga que suceder, y todo será hecho cuando Él</u>

quiera que sea hecho. No hay otra manera de orar, soportar y esperar. Y no se olvide de esto: *«Si Dios trajo esta prueba a usted, Él traerá algo bueno por medio de la aflicción. En sus momentos felices, alabe a Dios; en sus momentos difíciles, busque a Dios; en sus momentos de silencio, adore a Dios; en sus momentos de dolor, confíe en Dios; y en cada momento de su vida, agradezca a Dios».* Y sepa que los creyentes maduros y fieles no titubean ante las pruebas.

Los verdaderos creyentes no desmayan frente a las aflicciones

1-Ante las responsabilidades ministeriales
2 Corintios 4.1: *«Por lo cual, teniendo nosotros este ministerio según la misericordia que hemos recibido, no desmayamos».*

2-Ante el envejecimiento
2 Corintios 4.16: *«Por tanto, no desmayamos; antes aunque este nuestro hombre exterior se va desgastando, el interior no obstante se renueva de día en día».*

3-Ante la necesidad de la madurez espiritual
Colosenses 3.10: *«Y revestido del nuevo, el cual conforme a la imagen del que lo creó se va renovando hasta el conocimiento pleno».*

4-Ante la necesidad de renovarnos mentalmente
Efesios 4.23: *«Y renovaos en el espíritu de vuestra mente».*

5-Ante el hacer el bien a todos
Gálatas 6.9: *«No nos cansemos, pues, de hacer bien; porque a su tiempo segaremos, si no desmayamos».*

6-Ante el hacer la obra del Señor

1 Corintios 15.58: «*Así que, hermanos míos amados, estad firmes y constantes, creciendo en la obra del Señor siempre, sabiendo que vuestro trabajo en el Señor no es en vano*».

7-Ante lo difícil de mantenernos firmes

Hebreos 3.6b: «*...si retenemos firme hasta el fin la confianza y el gloriarnos en la esperanza*».

8-Ante la espera de vivir eternamente en los cielos

Romanos 5.2: «*Por quien también tenemos entrada por la fe a esta gracia en la cual estamos firmes, y nos gloriamos en la esperanza de la gloria de Dios*».

9-Ante lo difícil de mantenernos firmes en la fe

Colosenses 1.23a: «*Si en verdad permanecéis fundados y firmes en la fe, y sin moveros de la esperanza del evangelio que habéis oído...*».

10-Ante la necesidad de perseverar

1 Corintios 15.1: «*Además os declaro, hermanos, el evangelio que os he predicado, el cual también recibisteis, en el cual también perseveráis*».

11-Ante el sufrimiento y la dura labor en el Señor

Apocalipsis 2.3: «*Y has sufrido, y has tenido paciencia, y has trabajado arduamente por amor de mi nombre, y no has desmayado*».

12-Ante las tribulaciones

Efesios 3.13: «*Por lo cual pido que no desmayéis a causa de mis tribulaciones por vosotros, las cuales son vuestra gloria*».

13-Ante las contradicciones de los demás

Hebreos 12.3: *«Considerad a aquel que sufrió tal contradicción de pecadores contra sí mismo, para que vuestro ánimo no se canse hasta desmayar».*

A través de los tiempos la iglesia del Señor Jesucristo ha pasado por grandes pruebas, luchas y aflicciones. Millones de millones de cristianos de todo el mundo se han parado firmes delante de todo tipo de adversidades y han salido victoriosos. El Señor no dijo en su Palabra que nos libraría de las aflicciones, Él dijo que estaría con nosotros en medio de ellas. Nunca Él permitirá una aflicción más allá de lo que podemos soportar, y nos librará de aquellas aflicciones malignas que no las permite y que no tienen la capacidad de ayudarnos a crecer espiritualmente. Cristo mismo, en Juan 16.33 dijo: *«En el mundo tendréis aflicción...»*, por lo tanto, ya sabemos que ellas son parte del plan de Dios para bendecir nuestras vidas de una manera u otra, después que hayan pasado. Si está pasando ahora mismo por grandes tribulaciones y problemas, anímese, pues usted no está solo, sepa que ahora mismo en todos los rincones de la tierra todos los cristianos están enfrentando lo mismo, pues la Palabra de Dios dice en 1 Pedro 5.9 y lo afirma: *«Al cual resistid firmes en la fe, sabiendo que los mismos padecimientos se van cumpliendo en vuestros hermanos en todo el mundo».* Todos, absolutamente todos nosotros los creyentes en Cristo, enfrentamos aflicciones, de una manera u otra, pero en todas ellas, el Señor prometió estar con nosotros, no importa la situación.

Las aflicciones nos hacen crecer espiritualmente

1-Porque el Señor nos examina y nos prueba

Salmo 139.23, 24: *«Examíname, oh Dios, y conoce mi corazón; pruébame y conoce mis pensamientos; y ve si hay en mí camino de perversidad, y guíame en el camino eterno».*

2-Porque el Señor conoce nuestra integridad

Job 31.6: *«Péseme Dios en balanzas de justicia, y conocerá mi integridad»*.

3-Porque el Señor nos escudriña

Salmo 26.2: *«Escudríñame, oh Jehová, y pruébame; examina mis íntimos pensamientos y mi corazón»*.

4-Porque el Señor probará nuestros pensamientos y el corazón

Salmo 7.9b: *«Porque el Dios justo prueba la mente y el corazón»*.

5-Porque el Señor escudriña el corazón y la mente

1 Crónicas 28.9: *«Y tú, Salomón, hijo mío, reconoce al Dios de tu padre, y sírvale con corazón perfecto y con ánimo voluntario; porque Jehová escudriña los corazones de todos, y entiende todo intento de los pensamientos. Sí tú le buscares, lo hallarás; mas si lo dejares, él te desechará para siempre»*.

6-Porque el Señor mira solamente el corazón

1 Samuel 16.7: *«Y Jehová respondió a Samuel: No mires a su parecer, ni a lo grande de su estatura, porque yo lo desecho; porque Jehová no mira lo que mira el hombre; pues el hombre mira lo que está delante de sus ojos, pero Jehová mira el corazón»*.

7-Porque el Señor es el único que conoce el corazón

1 Reyes 8.39: *«Tú oirás en los cielos, en el lugar de tu morada, y perdonarás, y actuarás, y darás a cada uno conforme a sus caminos, cuyo corazón tú conoces (porque solo tú conoces el corazón de todos los hijos de los hombres)»*.

8-Porque el Señor conoce nuestra causa
Jeremías 11.20: *«Pero, oh Jehová de los ejércitos, que juzgas con justicia, que escudriñas la mente y el corazón, vea yo tu venganza de ellos; porque ante ti he expuesto mi causa».*

9-Porque el Señor conoce nuestros frutos
Jeremías 17.10: *«Yo Jehová, que escudriño la mente, que pruebo el corazón, para dar a cada uno según su camino, según el fruto de sus obras».*

10-Porque el Señor conoce nuestros caminos
Jeremías 32.19: *«Grande en consejo, y magnífico en hechos; porque tus ojos están abiertos sobre todos los caminos de los hijos de los hombres, para dar a cada uno según sus caminos, y según el fruto de sus obras».*

11-Porque el Señor conoce nuestras pruebas
Salmo 42.7: *«Un abismo llama a otro a la voz de tus cascadas; todas tus ondas y tus olas han pasado sobre mí».*

12-Porque el Señor conoce nuestras aflicciones
Salmo 88.7b: *«Y me has afligido con todas tus ondas».*

13-Porque el Señor conoce nuestras lágrimas
Salmo 80.5: *«Les diste a comer pan de lágrimas, y a beber lágrimas en gran abundancia».*

14-Porque el Señor mismo es quien permite las aflicciones para nuestro bien
Isaías 30.20a: *«Bien que os dará el Señor pan de congoja y agua de angustia…».*

Cierta vez una hija se quejaba a su padre acerca de su vida y cómo las cosas le resultaban difíciles. Ella no sabía cómo hacer para seguir adelante y creía que se daría por vencida. Estaba cansada de luchar. Parecía que cuando solucionaba un problema, aparecía otro. Su padre, un chef de cocina, la llevó a su lugar de trabajo y le dijo: «te enseñaré algo, presta atención...». Allí él llenó tres ollas con agua y las colocó sobre el fuerte fuego. Pronto el agua de las tres ollas estaba hirviendo. En una colocó zanahorias, en otra colocó huevos y en la última colocó granos de café. Las dejó hervir sin decir palabra alguna a su hija. Ella esperó impacientemente, preguntándose qué estaría haciendo su padre. A los veinte minutos él apagó el fuego. Sacó las zanahorias y las puso en una vasija. Sacó los huevos y los puso en otra vasija. Y puso el café en una tercera vasija. Mirando él a su hija, le preguntó: «Querida, ¿qué ves?» Zanahorias, huevos y café fue la respuesta inmediata. La hizo acercarse y le pidió que tocara las zanahorias. Ella lo hizo y notó que estaban blandas. Luego le pidió que tomara un huevo y lo rompiera. Después de sacarle la cáscara, observó que el huevo estaba duro. Luego le pidió que probara el café. Ella sonrió mientras disfrutaba de su rico aroma. Humildemente la hija entonces preguntó a su padre:«¿Qué significa esto?» Él le explicó que los tres elementos habían enfrentado la misma adversidad: El agua hirviendo, pero que los tres habían reaccionado de una forma diferente. Y le dijo: «**Primero,** las zanahorias llegaron fuertes y duras al agua. Pero después de pasar por el agua hirviendo se habían puesto blandas, débiles y fáciles de deshacerse. **Segundo,** el huevo había llegado frágil al agua. Su cáscara fina protegía su interior líquido. Pero después de estar en el agua hirviendo, su interior se había endurecido. Y **tercero,** los granos de café sin embargo eran únicos. Después de estar en agua hirviendo, habían cambiado al agua». Y preguntó él a su hija: «¿Cuál eres tú? Cuando la adversidad llama a tu puerta, ¿Cómo respondes? ¿Eres una zanahoria, un huevo o el grano de café? ¿Eres una zanahoria que parece fuerte, pero que cuando las aflicciones y el dolor te tocan, te vuelves débil, blanda y pierdes tu fortaleza y confianza? ¿O eres un huevo, que comienza con un corazón maleable? Poseías un espíritu alegre, pero después de un revés, una adversidad, la muerte de alguien, o un despido del trabajo, o una separación, ¿te vuelves dura y rígida? Por fuera te ves igual, pero ¿estás amargada y áspera, con un espíritu y corazón endurecido? ¿O eres como un grano de café? El café cambia al agua hirviendo, el elemento que le causa el dolor. Cuando el agua llega al punto de ebullición el café alcanza su mejor sabor. Por lo tanto si eres como el grano de café, cuando las cosas se ponen peor, tú reaccionas mejor y haces que las cosas a tu alrededor mejoren de igual manera». Y concluyó finalmente el padre: «¿Qué eres entonces, mi hija, una zanahoria, un huevo o un grano de café?» La respuesta era obvia. Con nosotros, mis queridos lectores, sucede lo mismo. ¿Qué somos en realidad cuando las aflicciones tocan nuestra puerta? ¿Una zanahoria, al deshacernos ante las pruebas? ¿o un huevo, al tornarnos duros, insensibles, murmuradores y amargados ante las adversidades? ¿o el grano de café, que transforma toda la situación adversa en un rico aroma de victoria y de madurez espiritual al haber crecido espiritualmente ante las luchas y las situaciones tristes que pasamos? Tenemos la opción de reaccionar y escoger ser uno de estos tres elementos, pero es recomendable que seamos como el café, que cuando nosotros llegamos al punto de mayor dolor, de sufrimiento, de calor, de ebullición por el fuego de la prueba, nos transformamos en un placentero olor, aroma rico de victoria por haber vencido las aflicciones y haber madurado y crecido espiritualmente por medio de ellas. El dulce cantante de Israel, el rey David, usó las aflicciones para crecer y madurar, pues él enfrentó grandes adversidades y pruebas durante su vida, y muchas batallas en las cuales venció con la ayuda del Señor. David dejó registrado por sus escritos, para nuestro beneficio, muchos salmos que expresaban su dolor y sufrimiento. Él aprendió durante su vida a ser como el café y Dios le bendijo grandemente. Recomiendo a ustedes, mis estimados lectores, que cuando dispongan de tiempo, lean estos salmos que hablan sobre la aflicción, para vuestra edificación: Salmos 5, 6, 7, 31, 35, 38, 41, 43, 44, 54, 55, 56, 57, 59, 60, 64, 69, 70, 71, 74, 79, 80, 83, 86, 88, 94, 102, 120, 122, 123, 137, 140, 141, 142 y 143.

Setenta y seis victorias del que triunfa sobre las aflicciones

1-Dios nos dará descanso

Salmo 94.13a: *«Para hacerle descansar en los días de aflicción».*

2-Dios nos quitará el temor

Salmo 49.5: *«¿Por qué he de temer en los días de adversidad, cuando la iniquidad de mis opresores me rodeare?»*

3-Dios nos probará como el oro para nuestro beneficio

Zacarías 13.9a: *«Y meteré en el fuego a la tercera parte, y los fundiré como se funde la plata, y los probaré como se prueba el oro».*

4-Dios nos dará alegría en medio de la prueba

1 Pedro 1.6: *«En lo cual vosotros os alegráis, aunque ahora por un poco de tiempo, si es necesario, tengáis que ser afligidos en diversas pruebas».*

5-Dios nos fortalecerá

Zacarías 10.6a: *«Porque yo fortaleceré la casa de Judá, y guardaré la casa de José...».*

6-Dios nos oirá

Éxodo 3.7: *«Dijo luego Jehová: Bien he visto la aflicción de mi pueblo que está en Egipto, y he oído su clamor a causa de sus exactores; pues he conocido sus angustias».*

7-Dios mirará nuestro dolor

Nehemías 9.9: *«Y miraste la aflicción de nuestros padres en Egipto, y oíste el clamor de ellos en el Mar Rojo».*

8-Dios peleará por nosotros

Éxodo 14.13, 14: *«Y Moisés dijo al pueblo: No temáis, estad firmes, y ved la salvación que Jehová hará hoy con vosotros; porque los egipcios que hoy habéis visto, nunca más para siempre lo veréis. Jehová peleará por vosotros, y vosotros estaréis tranquilos».*

9-Dios será nuestra salvación en medio de las aflicciones

Éxodo 15.2: *«Jehová es mi fortaleza y mi cántico, y ha sido mi salvación. Este es mi Dios, y lo alabaré; Dios de mi padre, y lo enalteceré».*

10-Dios será nuestro amparo

Salmo 59.16: *«Pero yo cantaré de tu poder, y alabaré de mañana tu misericordia; porque has sido mi amparo y refugio en el día de mi angustia».*

11-Dios será nuestro pronto socorro

Salmo 46.1: *«Dios es nuestro amparo y fortaleza, nuestro pronto auxilio en las tribulaciones».*

12-Dios nos guardará

1 Samuel 10.19a: *«Pero vosotros habéis desechado hoy a vuestro Dios, que os guarda de todas vuestras aflicciones y angustias…».*

13-Dios nos librará

1 Samuel 26.24: *«Y he aquí, como tu vida ha sido estimada preciosa hoy a mis ojos, así sea mi vida a los ojos de Jehová, y me libre de toda aflicción».*

Salmo 119.153a: *«Mira mi aflicción, y líbrame…».*

14-Dios derrotará a nuestros enemigos

Salmo 54.7: *«Porque él me ha librado de toda angustia, y mis ojos han visto la ruina de mis enemigos».*

15-Dios oirá nuestro clamor

Salmo 34.6: «*Este pobre clamó, y le oyó Jehová, y lo libró de todas sus angustias*».

16-Dios nos dará victoria sobre todas nuestras angustias

Salmo 34.17: «*Claman los justos, y Jehová oye, y los libra de todas sus angustias*».

17-Dios nos dará victoria sobre todas nuestras aflicciones

Salmo 34.19: «*Muchas son las aflicciones del justo, pero de todas ellas le librará Jehová*».

18-Dios nos dará el bien por todo lo que pasamos

2 Samuel 16.12: «*Quizá mirará Jehová mi aflicción, y me dará Jehová bien por sus maldiciones de hoy*».

19-Dios oirá nuestra oración

2 Reyes 13.4: «*Mas Joacaz oró en presencia de Jehová, y Jehová lo oyó; porque miró la aflicción de Israel, pues el rey de Siria los afligía*».

20-Dios mirará nuestra amargura

2 Reyes 14.26: «*Porque Jehová miró la muy amarga aflicción de Israel; que no había siervo ni libre, ni quien diese ayuda a Israel*».

21-Dios nos hará entender que hemos nacido para la aflicción

Job 5.7: «*Pero como las chispas se levantan para volar por el aire, así el hombre nace para la aflicción*».

22-Dios alejará de nosotros la aflicción

Job 22.23: «*Si te volvieres al Omnipotente, serás edificado; alejarás de tu tienda la aflicción*».

23-Dios nos prosperará el doble después de la aflicción

Job 42.10: *«Y quitó Jehová la aflicción de Job, cuando él hubo orado por sus amigos; y aumentó al doble todas las cosas que habían sido de Job».*

24-Dios será nuestro refugio

Salmo 9.9: *«Jehová será refugio del pobre, refugio para el tiempo de angustia».*

25-Dios no se olvidará de nosotros

Salmo 9.12: *«Porque el que demanda la sangre se acordó de ellos; no se olvidó del clamor de los afligidos».*

26-Dios tendrá misericordia de nosotros

Salmo 9.13a: *«Ten misericordia de mí, Jehová; mira mi aflicción que padezco a causa de los que me aborrecen...».*

27-Dios será nuestra salvación

Salmo 37.39: *«Pero la salvación de los justos es de Jehová, y él es su fortaleza en el tiempo de la angustia».*

28-Dios no nos despreciará

Salmo 22.24: *«Porque no menospreció ni abominó la aflicción del afligido, ni de él escondió su rostro; sino que cuando clamó a él, le oyó».*

29-Dios mirará nuestra soledad

Salmo 25.16: *«Mírame, y ten misericordia de mí, porque estoy solo y afligido».*

30-Dios mirará nuestro trabajo

Salmo 25.18: *«Mira mi aflicción y mi trabajo, y perdona todos mis pecados».*

31-Dios ve y conoce nuestras aflicciones

Salmo 31.7: «*Me gozaré y alegraré en tu misericordia, porque has visto mi aflicción; has conocido mi alma en las angustias*».

32-Dios volverá a alegrarnos debido a las aflicciones que hemos pasado

Salmo 90.15: «*Alégranos conforme a los días que nos afligiste, y los años en que vimos el mal*».

33-Dios pensará en nosotros

Salmo 40.17: «*Aunque afligido yo y necesitado, Jehová pensará en mí. Mi ayuda y mi libertador eres tú; Dios mío, no te tardes*».

34-Dios se apresurará en ayudarnos

Salmo 70.5a: «*Yo estoy afligido y menesteroso; apresúrate a mí, oh Dios*».

35-Dios conoce nuestras heridas

Salmo 109.22: «*Porque yo estoy afligido y necesitado, y mi corazón está herido dentro de mí*».

36-Dios por su Palabra será nuestro consuelo

Salmo 119.49, 50: «*Acuérdate de la palabra dada a tu siervo, en la cual me has hecho esperar. Ella es mi consuelo en mi aflicción, porque tu dicho me ha vivificado*».

37-Dios siempre estará con nosotros en las aflicciones

Salmo 124.1-5: «*A no haber estado Jehová por nosotros, diga ahora Israel; a no haber estado Jehová por nosotros, cuando se levantaron contra nosotros los hombres, vivos nos hubieran tragado entonces, cuando se encendió su furor contra nosotros. Entonces nos hubiera inundado las aguas; sobre nuestra alma hubiera pasado el torrente; hubieran entonces pasado sobre nuestra alma las aguas impetuosas*».

38-Dios se acordará de nosotros
Salmo 132.1: *«Acuérdate, oh, Jehová, de David, y de toda su aflicción».*

39-Dios mismo se encargará de nuestras aflicciones
Salmo 140.12: *«Yo sé que Jehová tomará a su cargo la causa del afligido, y el derecho de los necesitados».*

40-Dios nos librará de aquellos que se levantan contra nosotros
Salmo 35.10: *«Todos mis huesos dirán: Jehová, ¿quién como tú, que libras al afligido del más fuerte que él, y al pobre y menesteroso del que le despoja?»*

41-Dios es nuestra fortaleza y nuestra fuerza y nuestro refugio
Jeremías 16.19a: *«Oh Jehová, fortaleza mía y fuerza mía, y refugio mío en el tiempo de la aflicción…».*

42-Dios sabe de nuestra carga y dolor
Lamentaciones 3.19: *«Acuérdate de mi aflicción y de mi abatimiento, del ajenjo y de la hiel».*

43-Dios nos dará en Cristo su paz en medio de las aflicciones
Juan 16.33: *«Estas cosas os he hablado para que en mí tengáis paz. En el mundo tendréis aflicción; pero confiad, yo he vencido al mundo».*

44-Dios se manifestará a nosotros con su poder
Romanos 8.18: *«Pues tengo por cierto que las aflicciones del tiempo presente no son comparables con la gloria venidera que en nosotros ha de manifestarse».*

45-Dios en todas las aflicciones tiene un propósito para nosotros
Romanos 8.28: *«Y sabemos que a los que aman a Dios, todas las cosas les ayudan a bien, esto es, a los que conforme a su propósito son llamados».*

46-Dios nos hará más que vencedores en medio de las pruebas
Romanos 8.35, 37: *«¿Quién nos separará del amor de Cristo? ¿Tribulación, o angustia, o persecución, o hambre, o desnudez, o peligro, o espada? Antes, en todas estas cosas somos más que vencedores por medio de aquel que nos amó».*

47-Dios usará a nuestros hermanos en la fe para consolarnos
1 Tesalonicenses 3.7: *«Por ello, hermanos, en medio de toda nuestra necesidad y aflicción fuimos consolados de vosotros por medio de vuestra fe».*

48-Dios también nos consuela para que a cambio podamos consolar a otros
2 Corintios 1.4: *«El cual nos consuela en todas nuestras tribulaciones, para que podamos también nosotros consolar a los que están en cualquier tribulación, por medio de la consolación con que nosotros somos consolados por Dios».*

49-Dios nos dará poder para sufrir por su evangelio
2 Timoteo 1.8: *«Por tanto, no te avergüences de dar testimonio de nuestro Señor, ni de mí, preso suyo, sino participa de las aflicciones por el evangelio según el poder de Dios».*

50-Dios nos capacitará como a soldados para sufrir por Él
2 Timoteo 2.3: *«Tú, pues, sufre penalidades como buen soldado de Jesucristo».*

51-Dios hará que su Palabra jamás se detenga en medio de las pruebas
2 Timoteo 2.9: *«En el cual sufro penalidades, hasta prisiones a modo de malhechor, mas la Palabra de Dios no está presa».*

52-Dios nos dará fuerzas para padecer por Él

Hechos 9.16: *«Porque yo le mostraré cuánto le es necesario padecer por mi nombre».*

53-Dios bendecirá nuestro ministerio en medio de las aflicciones

2 Timoteo 4.5: *«Pero tú sé sobrio en todo, soporta las aflicciones, haz obra de evangelista, cumple tu ministerio».*

54-Dios verá y nos responderá

Génesis 16.11: *«Además le dijo el ángel de Jehová: He aquí que has concebido, y darás a luz un hijo, y llamarás su nombre Ismael, porque Jehová ha oído tu aflicción».*

55-Dios nos bendecirá cuando oramos y le alabamos

Santiago 5.13: *«¿Está alguno entre vosotros afligido? Haga oración. ¿Está alguno alegre? Cante alabanzas».*

56-Dios nos sacará de las aflicciones

Salmo 50.15: *«E invócame en el día de la angustia; te libraré, y tú me honrarás».*

57-Dios estará con nosotros por medio de la oración y nos contestará

Salmo 91.15: *«Me invocará, y yo le responderé; con él estaré yo en la angustia; lo libraré y le glorificaré».*

58-Dios estará con nosotros en la calamidad

Salmo 81.7a: *«En la calamidad clamaste, y yo te libré…».*

59-Dios concederá nuestra petición hecha en aflicción

1 Samuel 1.10, 11, 27: «*Ella con amargura de alma oró a Jehová, y lloró abundantemente. E hizo voto, diciendo: Jehová de los ejércitos, si te dignares mirar a la aflicción de tu sierva, y te acordares de mí, y no te olvidares de tu sierva, sino que dieres a tu sierva un hijo varón, yo lo dedicaré a Jehová todos los días de su vida... Por este niño oraba, y Jehová me dio lo que le pedí*».

Génesis 29.31, 32: «*Y vio Jehová que Lea era menospreciada, y le dio hijos; pero Raquel era estéril. Y concibió Lea, y dio a luz un hijo, y llamó su nombre Rubén, porque dijo: Ha mirado Jehová mi aflicción...*».

60-Dios no nos dejará con las manos vacías después de las aflicciones

Génesis 31.42: «*Si el Dios de mi padre, Dios de Abraham y temor de Isaac, no estuviera conmigo, de cierto me enviarías ahora con las manos vacías; pero Dios vio mi aflicción y el trabajo de mis manos, y te reprendió anoche*».

61-Dios usará la aflicción para humillarnos y después nos responderá

2 Crónicas 33.10-13: «*Y habló Jehová a Manasés y a su pueblo, mas ellos no escucharon; por lo cual Jehová trajo contra ellos los generales del ejército del rey de los asirios, los cuales aprisionaron con grillos a Manasés, y atado con cadenas lo llevaron a Babilonia. Mas luego que fue puesto en angustias, oró a Jehová su Dios, humillado grandemente en la presencia del Dios de sus padres. Y habiendo orado él, fue atendido; pues Dios oyó su oración y lo restauró a Jerusalén, a su reino. Entonces reconoció Manasés que Jehová era Dios*».

62-Dios romperá nuestras cadenas y los hierros de nuestra aflicción

Salmo 107.10, 13, 14: «*Algunos moraban en tinieblas y sombra de muerte, aprisionados en aflicción y en hierros. Luego que clamaron a Jehová en su angustia, los libró de sus aflicciones. Los sacó de las tinieblas y de la sombra de muerte, y rompió sus prisiones*».

63-Dios también usará las aflicciones para mantenernos en el camino de rectitud

Job 36.8, 9: «*Y si estuvieren prendidos en grillos, y aprisionados en las cuerdas de aflicción, él les dará a conocer la obra de ellos, y que prevalecieron sus rebeliones*».

64-Dios romperá nuestras prisiones de aflicción

Salmo 116.16: «*Oh Jehová, ciertamente yo soy tu siervo, siervo tuyo soy, hijo de tu sierva; tú has roto mis prisiones*».

65-Dios quitará nuestras cadenas de aflicción

Hechos 12.7: «*Y he aquí que se presentó un ángel del Señor, y una luz resplandeció en la cárcel; y tocando a Pedro en el costado, le despertó diciendo: Levántate pronto. Y las cadenas se le cayeron de las manos*».

66-Dios abrirá las puertas de la cárcel y nos sacará de la aflicción

Hechos 5.19a: «*Mas un ángel del Señor, abriendo de noche las puertas de la cárcel y sacándolos…*».

67-Dios enviará su poder y nos libertará de la cárcel de nuestra aflicción

Hechos 16.26: «*Entonces sobrevino de repente un gran terremoto, de tal manera que los cimientos de la cárcel se sacudían; y al instante se abrieron todas las puertas, y las cadenas de todos se soltaron*».

68-Dios siempre estará junto a nosotros en la aflicción

Salmo 22.11: *«No te alejes de mí, porque la angustia está cerca; porque no hay quien ayude».*

69-Dios nos socorrerá aunque nadie nos ayude

Salmo 72.12: *«Porque él librará al menesteroso que clamare, y al afligido que no tuviere quien le socorra».*

70-Dios estará con nosotros en las aflicciones más difíciles de nuestra vida

Lucas 22.41-44: *«Y él se apartó de ellos a distancia como de un tiro de piedra; y puesto de rodillas oró, diciendo: Padre, si quieres, pasa de mí esta copa; pero no se haga mi voluntad, sino la tuya. Y se le apareció un ángel del cielo para fortalecerle. Y estando en agonía, oraba más intensamente; y era su sudor como grandes gotas de sangre que caían hasta la tierra».*

71-Dios nos dice que no tengamos miedo de las pruebas

Juan 14.27: *«La paz os dejo, mi paz os doy; yo no os la doy como el mundo la da. No se turbe vuestro corazón, ni tenga miedo».*

72-Dios nos pone como ejemplo de aflicción a los antiguos héroes bíblicos de la fe

Hebreos 11.32-38: *«¿Y qué más digo? Porque el tiempo me faltaría contando de Gedeón, de Barac, de Sansón, de Jefté, de David, así como de Samuel y de los profetas; que por fe conquistaron reinos, hicieron justicia, alcanzaron promesas, taparon bocas de leones, apagaron fuegos impetuosos, evitaron filo de espada, sacaron fuerzas de debilidad, se hicieron fuertes en batallas, pusieron en fuga ejércitos extranjeros. Las mujeres recibieron sus muertos mediante resurrección; mas otros fueron atormentados, no aceptando el rescate, a fin de obtener mejor resurrección. Otros experimentaron vituperios y azotes, y a más de esto prisiones y cárceles. Fueron apedreados, aserrados, puestos a prueba, muertos a filo de espada; anduvieron de acá para allá cubiertos de pieles de ovejas y de cabras, pobres, angustiados, maltratados; de los cuales el mundo no era digno; errando por los desiertos, por los montes, por las cuevas y por las cavernas de la tierra».*

73-Dios nos dice que nos escogió en medio de la aflicción

Isaías 48.10: *«He aquí te he purificado, y no como a plata; te he escogido en horno de aflicción».*

74-Dios nos seguirá probando para nuestra madurez espiritual

Jeremías 9.7: *«Por tanto, así ha dicho Jehová de los ejércitos: He aquí que yo os refinaré y los probaré; porque ¿qué más he de hacer por la hija de mi pueblo?»*

75-Dios hará que pasemos por el fuego purificador de la prueba y le sirvamos

Malaquías 3.2b, 3: *«Porque él es como fuego purificador, y como jabón de lavadores. Y se sentará para afinar y limpiar la plata; porque limpiará a los hijos de Leví, los afinará como a oro y como a plata, y traerán a Jehová ofrenda en justicia».*

76-Dios nos purificará como el oro para ser su pueblo por medio de la aflicción

Zacarías 13.9b: *«…y los fundiré como se funde la plata, y los probaré como se prueba el oro. Él invocará mi nombre, y yo le oiré, y diré: Pueblo mío; y él dirá: Jehová es mi Dios».*

Un hombre cuenta sobre su escalada en el Rocky Mountains (sistema rocoso y montañoso en EE.UU.) y dijo: «Cuando llegué al tope, me di cuenta que las nubes de tempestades estaban debajo de mí y el sol brillaba allá arriba. Me quedé maravillado al ver un gran águila volando muy por encima de las nubes y aprovechando el viento de la tempestad para volar muy, pero muy alto…». ¿Sabía usted, estimado lector, que un águila sabe cuándo la tormenta se está acercando mucho antes de desatarse? El águila se dirigirá hacia el punto más alto, sea volando o estando sobre la cima de una montaña, y allí espera que vengan los vientos. Cuando la tormenta golpea, el águila fija sus alas de modo que el viento la tome y la levante sobre la tormenta. Mientras que la furia de la tormenta está abajo, el águila está muy, pero muy por encima de ella. El águila no escapa a la tormenta, simplemente la utiliza para levantarse aún más alto. Usa los mismos vientos de la tormenta y sube, y sube y sube… De la misma manera debemos reaccionar nosotros en medio de las tormentas, de las pruebas y aflicciones de nuestra vida. Debemos usarlas para levantarnos y crecer espiritualmente y subir un grado más alto de fe y de conocimiento en Cristo. Debemos fijar nuestra mente en el Señor, pues las tormentas no tienen por qué superarnos y derrumbarnos. El poder de Dios nos levantará sobre ellas. Dios nos permitirá vencer los impetuosos vientos tormentosos de aflicciones de nuestras vidas y nos hará volar victoriosamente. Cuando las nubes negras de todo tipo de aflicción lleguen a su vida, no se desanime, haga como el águila, aproveche estos vientos para volar alto en la presencia de Dios y suba y suba a nuevos grados más altos de fe y de madurez en su caminar con Cristo. Recuerde lo que dice en Isaías 40.31, «*Pero los que esperan a Jehová tendrán nuevas fuerzas; levantarán alas como las águilas; correrán, y no se cansarán, caminarán, y no se fatigarán*». Seamos, pues, águilas espirituales en medio de las aflicciones y saldremos victoriosos siempre.

Y que Dios, mis amados hermanos, nos dé siempre la victoria sobre toda aflicción, prueba, adversidad, angustia, calamidad, dolor, miseria, padecimiento, quebrantamiento, sufrimiento y tribulación… Y que Él nos ayude y haga resplandecer sobre nosotros su gran misericordia, amor y paciencia; de lo contrario, no sobreviviremos las pruebas y aflicciones, pues las Escrituras dicen claramente en Lamentaciones 3.22 y 23 que: «*Por la misericordia de Jehová no hemos sido consumidos, porque nunca decayeron sus misericordias. Nuevas son cada mañana; grande es tu fidelidad*». ¡Alabado sea su nombre!

Capítulo
6

La victoria de los ministros

Salmo 144.10
«Tú, el que da victoria a los reyes, el que rescata de maligna
espada a David su siervo».

En 1 Pedro 4.10 está escrito: *«Cada uno según el don que ha recibido, minístrelo a los otros, como buenos administradores de la multiforme gracia de Dios».* La palabra **«administradores»,** aquí en griego es **«oikonomos»,** que se compara con «economía». De **«oikos»** (casa), y **«nemo»** (arreglar). Originalmente, la palabra se refería al que estaba a cargo de una casa o propiedad, y después, en un sentido más amplio, un administrador o un mayordomo en general. En 1 Corintios 4.1 y Tito 1.7 se refiere a MINISTROS CRISTIANOS; pero aquí en 1 Pedro 4.10 se usa tanto para los MINISTROS como también a todos los cristianos en general, quienes usan los dones que les fueron confiados por el Señor para fortalecer y alentar a sus compañeros creyentes. Nosotros como MINISTROS, y de igual manera todos los cristianos, somos llamados a «administrar» todo lo que Dios nos ha entregado en nuestras manos, sea nuestro llamado, dones y ministerio, como nuestra familia, nuestro trabajo, nuestra vida pública y privada, nuestra vida espiritual, nuestra vida secular, y todo lo que hemos de emprender para Él. Necesitamos «sabiduría» divina para ser VICTORIOSOS en todas estas áreas de nuestras vidas, pues al aplicar en ellas la Palabra de Dios, la oración, el ayuno y una vida recta, santa e íntegra moralmente en todos los sentidos, y viviendo en fidelidad con nuestra obligaciones financieras tanto al gobierno en cuanto a los impuestos y a Dios en sus diezmos y ofrendas, de seguro que TRIUNFAREMOS como administradores.

En 1 Corintios 4.1, 2 dice: *«Así, pues, téngannos los hombres por servidores de Cristo, y administradores de los misterios de Dios. Ahora bien, se requiere de los administradores, que cada uno sea hallado fiel».* El apóstol Pablo nos habla que debemos ser fieles a lo que Dios nos ha entregado, como ministros que somos y esto es un gran desafío para los tiempos que estamos viviendo. Muchos ministros empezaron bien, en victoria y con mucho ánimo y entrega, pero al pasar los años se debilitaron, tropezaron ante las aflicciones, pecados y tentaciones, y cayeron, fallaron, sufrieron gran derrota espiritual, familiar y ministerial... La razón de esto: ¡Dejaron de ser fieles! ¿Y cómo alguien deja de ser fiel? Se descuida de su vida íntima con Dios, de la oración privada y de la comunión con el Espíritu Santo, la Palabra llega a ser solamente para hacer sermones, pero no para el corazón, ni para el alimento personal, sino para los demás. Yo he visto que es posible que el ministro alimente a la iglesia mientras él mismo esté muriendo de hambre interiormente.... Por lo tanto, ¿qué demanda Dios de nosotros como ministros y administradores que somos? La respuesta se encuentra en Tito 1.7a que nos deja claro: *«Porque es necesario que el obispo sea irreprensible, como administrador de Dios...»* Dice: «Irreprensible», esto es, santo, honesto, sincero, íntegro, fiel, intachable, ejemplar, moralmente recto, puro, que cumpla su palabra, etc. Desafortunadamente, ya casi no vemos más estas cualidades y características en tantos ministros, pastores, o «evangelistas» de hoy, sino solamente un remanente puro y fiel ha permanecido en estos últimos tiempos. Oh, si yo tuviera tiempo para contarles lo que yo he visto alrededor del mundo en tantos «ministros», usted seguro no lo creería. Cuando usted tenga tiempo, le recomiendo que adquiera nuestro quinto libro titulado *El secreto de la oración eficaz*, allí podrá leer en el capítulo 2 sobre «El secreto de la integridad» y verá cómo ha sido manchado el nombre de Cristo por tantos malos ejemplos que la iglesia ha tenido, tanto de ministros como de cristianos de igual manera. ¿Y cuál es entonces el secreto de la victoria para nosotros los ministros? ¡QUE SEAMOS IRREPRENSIBLES! En esta palabra se encierra todo lo que un verdadero ministro en realidad es y deberá ser. Como prediqué en la conferencia para pastores y líderes en Kumasi, Ghana, África Occidental, durante nuestra cruzada allá en el año 2001: *«Su mensaje debe coincidir con su vida, sus palabras deben resaltar su conducta, tanto pública como privada, y debe ser transparente y limpio su ejemplo a fin de traer convicción a aquellos que lo oyen y le conocen».*

Es muy conocido por los ministros un hecho ocurrido con William Carey, el gran misionero pionero en la India. Él trabajó un buen tiempo como zapatero, o como él prefería decir «yo solo remiendo zapatos». Carey tenía la costumbre de visitar aldea por aldea predicando la Palabra de Dios, y lo hacía con un alma llena del amor de Cristo. Un día, un amigo de él se acercó y le dijo: «Sr. Carey, yo necesito hablar seriamente con usted». «Muy bien, ¿y de qué se trata?» contestó Carey. Y su amigo expuso: «Por estar tanto tiempo orando, y predicando todo el tiempo en las aldeas, usted está siendo negligente con sus negocios. Si dedicara más tiempo a sus negocios y se dedicara a ellos exclusivamente y los administrara mejor, usted tendría mucho éxito y alcanzaría gran prosperidad financiera». A lo que Carey inmediatamente contestó: «¿Yo, siendo negligente en mis negocios?» Y mirando firmemente al hombre le dijo por último: «Mi negocio es extender el reino de Dios y lo administro irreprensiblemente sobre todo lo demás que hago. Yo solamente remiendo zapatos para pagar mis deudas, pero mi prioridad, negocio y administración es proclamar la Palabra de Dios aquí en India». De igual manera, mis estimados ministros y lectores, aunque usted tenga un trabajo secular que le ayude a pagar sus deudas mientras su ministerio crezca, su prioridad, negocio y su administración, debe ser su llamado, dones y ministerio. Esta es su causa, su propósito y el plan de Dios para usted.

El ministro debe buscar, recibir y mantener la unción de Dios en su vida

Una de las razones y causas por las que el ministro no vive una vida irreprensible y deja de administrar las cosas de Dios con temor y temblor, es que además de él perder la victoria en su vida personal y ministerial, pierde, junto con su infidelidad, la unción de Dios sobre su vida y el respaldo del Espíritu Santo. ¡Esto es fatal! Cuando él ya no busca, recibe y mantiene el poder de Dios sobre su vida, lentamente se torna seco, vacío y derrotado, y todo se vuelve una monotonía diaria sin la frescura de la unción divina. En 2 Corintios 3.5 Pablo cita: *«No que seamos competentes por nosotros mismos para pensar algo como de nosotros mismos, sino que nuestra competencia [capacidad] proviene de Dios».* Dijo el apóstol que nuestra capacidad, unción, poder y respaldo viene de Dios. El verdadero ministerio es ungido por Dios, capacitado por Dios y formado por Dios. El Espíritu de Dios está sobre el predicador y le unge con poder, pues el fruto del Espíritu está en su corazón. Es el Espíritu que vitaliza al predicador, y la palabra de su predicación le da vida a lo que él dice. El ministro que ministra vida es un hombre de Dios cuyo corazón tiene siempre sed de Dios, cuya alma está siempre buscando recibir algo nuevo, poderoso, fresco, cuyos ojos están solamente puestos en Dios porque él sabe que de Dios viene su poder, unción y respaldo y por lo tanto, mantiene esto en una íntima relación personal con Dios llena de comunión y gozo. Pero no confundas, mi estimado lector, emoción con unción. No confundas gritos de un predicador, con el verdadero poder de su mensaje. El poder no está en los gritos, pero sí en la Palabra trazada con la unción y el respaldo del Espíritu.

Siguiendo esta misma línea de pensamiento, Pablo en el versículo 6 de 2 Corintios 3 vuelve a decir: *«El cual asimismo nos hizo ministros competentes de un nuevo pacto, no de la letra, sino del espíritu; porque la letra mata, mas el espíritu vivifica».* Todos los ministros sabemos que es necesaria la preparación teológica para predicar la Palabra. No se puede hablar de lo que no se sabe. Es imposible calcular el perjuicio causado por obreros sin preparación y sin instrucción que han salido a predicar la Palabra de Dios sin conocer el Dios de la Palabra. Es muy importante estudiar, prepararse en una escuela teológica, un seminario, un colegio bíblico, una escuela de misiones, una universidad teológica, etc. Nosotros mismos tenemos en India, el Instituto Teológico Josué Yrion que está preparando a muchos para el ministerio, y muy en breve será una universidad teológica donde seguiremos preparando a ministros para la India. Pero la preparación no es excusa para remplazar el poder de Dios. Tenemos que tener los dos, la unción y el conocimiento. Pero desafortunadamente hoy tenemos muchos ministros intelectuales que se tornaron soberbios, orgullosos y prepotentes con sus maestrías y doctorados, pero están secos, vacíos, sin vida, sin poder, sin unción de Dios. Tienen el reconocimiento y la aprobación del hombre, pero desafortunadamente NO tienen la aprobación divina ni el respaldo del Espíritu en sus sermones que «matan» a los oyentes y los reducen a parlerías teológicas muertas llenas de retóricas intelectuales. Están sin vida, sin gracia, sin poder, sin gozo, y sus palabras y oratorias no transforman a nadie, pues sus oyentes vienen enfermos y salen muertos de sus iglesias, concilios y denominaciones. Cristo dijo bien claro en Juan 6.63: «*El espíritu es el que da vida; la carne* [la letra sin la unción] *para nada aprovecha; las palabras que yo os he hablado son espíritu y son vida*». Por esto muchos predicadores están predicando en la carne, en pecado, en infidelidades, en inmoralidad, y se nota, se ve, se palpa, cuando él quiere por la fuerza de sus gritos, demostrar algo que no está en él, que no habita en su persona, que es la unción y el poder de Dios.

La predicación que mata al oyente no es una predicación espiritual. No proviene de Dios, sino de la carne del predicador que no está en sintonía ni bien con Dios. La manifestación divina no está en él ni en su mensaje. Podrá parecerse a la unción, pero no lo es, es algo falsificado, es solamente una sombra, algo no verdadero, hecho con palabras escogidas para agradar a sus oyentes, pero no están basadas en el poder del Espíritu. Puede parecer que tiene vida, pero no es la vida de Dios, es una imitación barata, adulterada y de engaño para aquellos que la oyen. La predicación que mata es aquella que solamente tiene letra y no unción, porque si tuviera la letra, o sea, el conocimiento, pero junto con la unción, entonces sería la gloria de Dios. Pero no es así. La predicación de la letra solamente puede tener una forma bella y un orden temático envidiable, una introducción, cuerpo y conclusión de su sermón impecable, pero es solamente letra y nada más que letra vacía y la letra mata, sepulta a sus oyentes. Pero la predicación con unción trae vida, restaura, levanta, sana y convierte al pecador. El predicador que no posee esto está en derrota, camino a la destrucción, ha abandonado sus convicciones y predica solamente por profesión y salario, pero no de alma y corazón. Podrá tener las credenciales de su organización, pero no tiene el respaldo ni la aprobación de Dios. ¡Qué lástima! Damaris, mi querida esposa, me dijo estas palabras después de oírme predicar en la cruzada en Bogotá, Colombia, junto con nuestros hijos Kathryn y Joshua, donde hubo más de 200 mil personas: «*Todo lo que Dios te ha dado, Josué, tus experiencias alrededor del mundo, tu conocimiento y tus estudios, tus DVD, CD y los libros que has escrito hasta ahora, todo esto está muy bien, pero lo más grande que tú tienes después de oírte hoy, es el poder de la unción de Dios sobre ti. No la pierdas nunca, esto es lo más importante que tú tienes como predicador…*». Y mi querida Damaris tiene toda la razón. Perder la unción es perder la vida del Espíritu, es quitar la vacuna y dejar la enfermedad, es quitar la luz y dejar las tinieblas, es quitar la visión y dejar la ceguera, es quitar la audición y dejar la sordera, en fin, es quitar la sangre del cuerpo y dejar la muerte… ¡Que Dios nos libre! ¿Y de dónde viene este poder? Viene del ayuno, la oración y de una vida de íntima comunión con Dios…

Hace muchos años atrás, la evangelista negra Amanda Smith, viajó alrededor del mundo, y alcanzó gran éxito al ser conocida mundialmente, cosa que muy pocos ministros eruditos y elocuentes de su época pudieron obtener. El poder de su mensaje residía en que ella caminó por el camino de la consagración que le trajo el resultado de vivir bajo una unción extraordinaria en su vida personal y en su ministerio. Ella misma habló de su gran experiencia con Dios: «Necesitamos, como ministros que somos, consagrar nuestras vidas completamente y para siempre. Esta relación con Dios no puede ser temporal, debe ser diario y eterno. Yo di todo a Dios y Él me dio su unción. Todo lo que tengo de mí es que mi piel es negra, pero mi corazón no lo es. Deseo su poder y unción más que cualquier cosa. Entregué todo a Él y santifiqué mi vida al consagrarme a Él». Esta mujer fue grandemente usada por Dios, porque ella entendió que la unción era la llave de la victoria de su vida en todas las áreas.

La consagración y unción del ministro es su sello de aprobación y victoria

El Rdo. Robert Ard, presidente del Consejo del Liderazgo Afro-americano, explicó a los ministros en cierta ocasión, la diferencia entre la participación y el compromiso de la consagración: *«Cuando usted mira un plato de jamón, tocino y huevos, usted luego se da cuenta que la gallina participó en algo, pero que el puerco hizo una consagración completa y un compromiso total…».* ¡Esto es verdad! No se puede sustituir la consagración, la santidad que ella produce, y el poder que esto trae por medio de la unción espiritual, con nada, absolutamente nada. El sello del poder de Dios en la vida del ministro es la aprobación divina en su vida, y esto le traerá grandes victorias en su vida y ministerio. La unción no se puede imitar o copiar de alguien, esto es inútil. Para aquellos de nosotros que hemos experimentado la unción, es algo maravilloso y difícil de explicar. Un viejo predicador escocés dijo así: *«La unción en la predicación no se puede describir con lápiz ni con palabras, lo que es y de dónde viene, es algo suave que penetra en el corazón y en los sentimientos del alma y del espíritu del predicador, y esto viene directamente del Señor, y si el mensajero desea mantenerla, todo lo que tiene que hacer es desearla cada día más por medio de la consagración personal de su vida».* Todos los ministros conocen esta palabra, la llamamos unción. Es lo que torna la Palabra de Dios *«viva y eficaz, más penetrante que una espada de dos filos»,* y es ella la que hace que las palabras del predicador penetren en el corazón de sus oyentes con poder, trayendo impacto y convicción al llevarles al arrepentimiento y la conversión. La predicación sin unción es la antesala a la muerte espiritual, tanto del que predica, como del que oye y es fría como las tumbas de los muertos. Cuando el predicador está impregnado de esta unción, es el mismo soplo de Dios en su vida lo que él recibe y entonces hablará las Palabras de Dios y no las suyas. Esta unción divina es la característica que separa y distingue la verdadera predicación del evangelio de todos los demás «métodos» de presentar la verdad y hace la distinción espiritual entre el predicador que la tiene y el que NO la tiene. Unción es sencillamente poner a Dios y su Palabra de regreso en el predicador y de que éste a su vez la ponga en sus mensajes.

Por medio de la consagración personal y de la santidad, esta unción fluirá potentemente en el predicador de una manera personal, que irá a inspirarle, esclarecer su intelecto, le dará sabiduría, poder y habilidades de expresar con facilidad sus pensamientos, porque el Espíritu Santo le habrá tomado su cuerpo, alma y espíritu y él será un arma poderosa en las manos de Dios. No se debe confundir la unción y el ardor espiritual con la emoción expresada en saltos y gritos del predicador. La unción es aquel mensaje que hace llorar al oyente, que usa al predicador y que trae la gloria de Dios como resultado. Es allí donde es necesario el discernimiento espiritual para saber y ver la diferencia entre los predicadores de hoy. Podrá haber un ardor humano y sincero de parte del predicador, pero es diferente a algo ardiente, espiritual y penetrante como la unción. El que NO tiene la unción, se dispone a hacer las cosas con muy buena voluntad, podrá perseverar, insistirá con ardor en sus propios esfuerzos. Pero todo esto es sencillamente fuerzas humanas. El «yo» y el «hombre» está en él, la voluntad de su corazón, de su cerebro, de sus impulsos, de su trabajo, en fin de toda su «carne» está en él. Quizás preparó su mensaje con muy buena intención, quizás hay Dios en él, quizás hay unción en él, quizás hay alguna unción en él, o quizás no hay NADA DE DIOS en él. Él podrá, por medio de su palestra, presentar todos los argumentos en defensa sincera del propósito que tiene, pero todo es en vano, porque él está seco, vacío y muerto espiritualmente. Tal vez brille algún respaldo de Dios en él, por su preparación y capacidad intelectual, en su oratoria, en la formación de su sermón, del esqueleto de su presentación, sea una homilética y hermenéutica impresionantes, una introducción impecable, un cuerpo muy bien presentado en el transcurso de su mensaje, y una conclusión admirable, pero si él NO tiene la unción, todo es esfuerzo humano, de la carne, de sí mismo y NO de Dios, del Espíritu, del poder ni de la unción. La razón podría ser porque quizás el predicador no vive consagrado a su Señor, no vive en santidad y en el púlpito se ve la derrota en su vida y ministerio.

Esta unción solo viene de la oración, del lugar secreto, del ayuno, de la consagración, no viene del gabinete, del escritorio ejecutivo, de una posición espiritual elevada en un concilio, o denominación, u organización o iglesia. La posición no trae la unción, por el contrario, muchos que la tienen se alejan de ella, debido al orgullo y la soberbia. Otros han tenido el privilegio de obtener en sus respectivas denominaciones, grandes posiciones que han ayudado a muchos, y ellos mismos mantuvieron la unción, porque caminaron con humildad y reconocimiento de que sus posiciones de liderazgos fueron otorgadas por Dios para la edificación de muchos. Y Dios mismo necesita estos hombres y mujeres en posiciones de influencia y de autoridad en su iglesia. Siempre los tuvo y los tendrá. Pero siempre habrá dos grupos, los que están llenos de la unción y aquellos que no la tienen. Es allí donde residió la diferencia entre Saúl y David. Saúl estaba interesado en la POSICIÓN, pero David en la PRESENCIA de Dios, en la unción, y usted ya sabe lo que sucedió a los dos tipos distintos de reinados y gobiernos que tuvieron en Israel. Esta unción viene de Dios al predicador, quien da vida y refresca a sus oyentes confirmando la Palabra de Dios con señales y prodigios. Esta unción es el sello divino concedido por Dios a sus mensajeros. Es la dignidad más elevada del guerrero de Dios y la seguridad de su victoria ante las huestes satánicas de resistencia en el mundo espiritual. La unción es el reconocimiento palpable de Dios a sus escogidos y valientes, los cuales la procuran mediante muchas horas de oración y lágrimas delante del trono de Dios.

Henry Martyn, el primer misionero moderno al mundo musulmán nació en Truno, Inglaterra en 1781. Él fue exitoso en la arena intelectual de la Universidad de Cambridge, pero sintió en su corazón por el Espíritu ir a ministrar a los pobres. En 1805 él empezó un viaje de ocho meses desde Inglaterra a la India, para ministrar allá bajo el apoyo de la East India Company (Compañía Oriental de India). Sus viajes lo llevaron a Persia (Irán) y finalmente a Turquía, donde murió en 1816. Sus traducciones del Nuevo Testamento, los Salmos y del Libro de Oración del Hombre Común al lenguaje Hindustani y al árabe, pusieron las bases del trabajo misionero del siglo XIX en estos países. Henry Martyn durante toda su vida fue un hombre consagrado y lleno de la unción divina. Su gran amor por las almas y las misiones hicieron de él un hombre lleno de compasión y humildad. Antes de morir, él dijo estas profundas palabras sobre la unción y la consagración: «*Yo estoy listo para darme a mí mismo en consagración a Dios, de cuerpo, alma y espíritu y estoy seguro que esto será mi gran servicio a Él. Cómo será cuando las pruebas vengan, no lo sé, pero así mismo confiaré en Él y no tendré miedo. Para que yo haga esto necesito de la unción en mi vida, y por medio de ella amaré las almas de los hombres y estoy dispuesto a sufrir y consagrar mi vida, pues lo que necesito en realidad es humildad*». Esta, mis estimados lectores y ministros, es la unción y la fuerza de la consagración por medio de la presencia de Dios. Es la prueba continua de consagración que es hecha por medio de la búsqueda del Espíritu.

Es esta divina unción en el predicador o misionero que le asegura la victoria por medio de la consagración a Dios y a su obra. Otras fuerzas o motivos pueden llamarlo a la obra, pero solo la consagración lo hará hacer todo para Dios y para Él solamente. La separación para el trabajo de Dios por el poder del Espíritu Santo es la única consagración reconocida por Dios como legítima y real.

La unción del ministro vendrá por medio de la oración

Por medio de la oración, el ministro vivirá en victoria y obtendrá la unción necesaria para llevar a cabo todas sus responsabilidades, tanto en su vida personal, familiar y ministerial, sea en la iglesia o un ministerio itinerante evangelístico o misionero. La oración es este rocío espiritual que baja del cielo y que reviste de autoridad y poder al ministro. Es la más dulce expresión del Espíritu. La oración hará que la unción impregne, infunda, suavice, filtre y use la vida del que ora. Hace que la Palabra sea una dinamita, la usará como sal, azúcar, hará que penetre la Palabra en el corazón y tornará al oyente, sea un santo o un pecador, lo hará llorar como niño y vivir como un gigante y hará del rebelde un obediente de la Palabra predicada. Así como la primavera abre las flores, la unción abre el corazón del penitente. Esta unción no se encuentra en las escuelas y ninguna elocuencia la puede pretender, esta unción por medio de la oración es de Dios solamente y de Él proviene, de nadie más. El esfuerzo del ministro sin la oración es en vano. Podrá tener mérito en el ambiente puramente humano, así como el temperamento del predicador lo puede ayudar, pero esto no es unción. El pensamiento brilla e inspira, pero necesita del revestimiento divino y de una energía más poderosa que el esfuerzo o el temperamento, se necesita del poder de la unción de Dios que quiebra las cadenas del pecado, que gana los corazones descarriados y depravados y los convierte para la gloria de Dios. Es necesario este poder para restaurar a la iglesia a su antiguo camino de pureza y poder, y llevarnos de regreso a los avivamientos del pasado del cual tanto necesitamos. Solamente la unción mediante la oración podrá hacer esto.

En el ambiente cristiano y ministerial, esta unción es el derramamiento del poder del Espíritu Santo descrito en el libro de los Hechos de los apóstoles, capítulo dos. ¿Y qué estaban haciendo los 120 discípulos en el aposento alto? ¡Estaban orando! Todos nosotros los ministros necesitamos de un aposento alto, un lugar secreto de oración donde podemos derramar nuestra alma en su presencia. Esta presencia y unción es la que nos capacita divinamente para el trabajo de Dios. Sin esta unción no hay resultados espirituales permanentes en el ministerio. Solo el Espíritu genera los frutos y los hace crecer, pues es Dios quien da el crecimiento (ver 1 Corintios 3.4-8). El duro corazón humano no puede ser cambiado con meras palabras humanas, tiene que realizarse con la predicación de la Palabra de Dios hecha con poder y autoridad. Esta divina unción es lo que los púlpitos de hoy necesitan. He visto esta necesidad alrededor del mundo. Es este aceite celestial que usa el ministro y su mensaje para cambiar, lubricar y suavizar el corazón duro del pecador. La Palabra está inflamada en el corazón del predicador como una saeta clavada bien profunda por el Espíritu y destroza el poder del enemigo al ser predicada con poder. Esta unción fue la marca de los hombres y mujeres del pasado que cambiaron el mundo para Cristo. Esto necesita regresar a los ministros y púlpitos de hoy. Todo el intelectualismo de hoy con sus títulos, aplausos y reconocimientos humanos, han llevado a la iglesia al borde de sucumbir ante la mortandad espiritual tan grande, palpable y real en nuestras iglesias y congregaciones en todo el mundo. ¡Qué lástima! Sin esta unción mediante la oración en la vida del ministro, todo será seco, vano, débil, vacío y sin vida, como la frialdad del cementerio. Sin la unción todo lo demás no tiene importancia, es solamente algo hueco, fallido, imitado, falso y muerto. Solo aquellos que oran podrán escapar de esta situación precaria, miserable y lamentable de la iglesia y del ministerio de muchos hoy en día. En China los creyentes dicen: «*Mucha oración, mucha unción, sin oración, no hay unción, poca oración poca unción, más oración, más unción...»*. ¡Y ellos tienen razón! La unción del ministro le llevará a la victoria desde que él la obtenga en oración y la mantenga por el poder de Dios a través del Espíritu Santo. Yo escribí más sobre esto en mi quinto libro titulado *El secreto de la oración eficaz*, donde hablé ampliamente sobre la victoria por medio de la oración a todo cristiano y también a todo ministro en cuanto al SECRETO de la humildad; de la integridad; de la santidad; de la sabiduría; del poder de Dios; de la voluntad de Dios; del conocimiento de Dios, de la intimidad con Dios; del oír la voz de Dios, y el secreto de recibir la contestación de Dios. Estoy seguro que también este quinto libro le ayudará grandemente a vivir una vida de victoria en todas las áreas de su vida.

El ministro para ser victorioso debe depender de la oración

Todos nosotros los ministros sabemos que la victoria para todo en la vida cristiana, familiar y ministerial está en las rodillas. Todo ministro con experiencia sabe de esto. La razón de tantos escándalos morales y financieros de tantos ministros se debe a que ellos abandonaron el lugar de oración y por consiguiente dieron lugar al diablo. Nuestra ayuda diaria está en la oración. Las grandes victorias de los grandes hombres y mujeres de Dios de ayer y de hoy, han sido y son por medio de la oración, ella es insustituible. Y no hay nada más gratificante que estar en la presencia de Dios y disfrutar de un tiempo hermoso de oración donde Él nos recarga, alienta, inspira, renueva, levanta, habla, guía, llena, y nos lleva a vivir una vida ministerial de victoria y de éxito. Por lo tanto:

1-¿Y a quién debe pedir el ministro?
Juan 15.16: «*No me elegisteis vosotros a mí, sino que yo os elegí a vosotros, y os he puesto para que vayáis y llevéis fruto, y vuestro fruto permanezca; para que todo lo que pidiereis al Padre en mi nombre, él os lo dé*».
¡Debe pedir al Padre!

2-¿Y cómo debe pedir el ministro?
Juan 14.13: «*Y todo lo que pidiereis al Padre en mi nombre, lo haré, para que el Padre sea glorificado en el Hijo*».
¡Debe pedir en el nombre de Cristo!

3-¿Y quién le ayuda al ministro?
Romanos 8.26: «*Y de igual manera el Espíritu nos ayuda en nuestra debilidad; pues qué hemos de pedir como conviene, no lo sabemos, pero el Espíritu mismo intercede por nosotros con gemidos indecibles*».
¡Debe pedir ayuda al Espíritu!

4-¿Y cuál debe ser la actitud del ministro?
Mateo 21.22: «*Y todo lo que pidiereis en oración, creyendo, lo recibiréis*».
¡Debe creer cuando ora!

5-¿Y qué debe pedir el ministro?
2 Crónicas 20.3, 4: «*Entonces él tuvo temor; y Josafat humilló su rostro para consultar a Jehová, e hizo pregonar ayuno a todo Judá. Y se reunieron los de Judá para pedir socorro a Jehová; y también de todas las ciudades de Judá vinieron a pedir ayuda a Jehová*».
¡Debe pedir socorro y ayuda al Señor!

A-¡Debe pedir el poder del Espíritu Santo!
Lucas 11.13b: «*¿Cuánto más vuestro Padre celestial dará el Espíritu Santo a los que se lo pidan?*»

B-¡Debe pedir dirección divina en su llamado y ministerio!
Hechos 13.2, 3: «*Ministrando éstos al Señor, y ayunando, dijo el Espíritu Santo: Apartadme a Bernabé y a Saulo [Pablo] para la obra a que los he llamado. Entonces, habiendo ayunado y orado, les impusieron las manos y los despidieron*».

C-¡Debe pedir cualquier cosa que le haga falta!
Juan 14.14: «*Si algo pidiereis en mi nombre, yo lo haré*».

D-¡Debe pedir todo lo que su corazón desea!
Juan 15.7: «*Si permanecéis en mí, y mis palabras permanecen en vosotros, pedid todo lo que queréis, y os será hecho*».

E-¡Debe estar lleno de gozo y alegría al recibir la contestación!
Juan 16.24b: «*…pedid y recibiréis, para que vuestro gozo sea cumplido*».

6-¿Y cuál es la certeza del ministro al orar?
Salmo 4.3b: «*…Jehová oirá cuando yo a él clamare*».
¡Debe tener la convicción que Dios lo oyó en oración!

Cierta vez dos esposas de pastores estaban sentadas una al lado de la otra remendando los pantalones de sus esposos. Una de ellas habló a su amiga: «*Pobre Juan, él está muy desanimado con el trabajo de la iglesia. Hace algunos días aun habló hasta de renunciar y entregar su cargo. Parece que nada le va bien y todo le sale mal*». La otra contestó: «*Lamento mucho por ustedes. Mi marido ha dicho exactamente lo contrario. Él ha tenido cada día más intimidad y comunión con Dios como nunca antes lo había experimentado. Todo le está saliendo bien y todo marcha de maravillas en su ministerio en la iglesia*». Un pesado silencio se sintió en aquel lugar mientras ambas estaban remendando los pantalones de sus maridos. La primera que habló esta remendando la parte trasera del pantalón, mientras que la segunda estaba remendando la parte de las rodillas. Mis queridos hermanos y ministros, creo que la aplicación es obvia, ¿verdad? No se puede negar que cuanto más el ministro se relaciona con Dios íntimamente por medio de la oración, más bendiciones él tendrá, tanto en su vida ministerial como también personal, familiar y matrimonial. Si doblamos nuestras rodillas más a menudo experimentaremos grandes beneficios en todas estas áreas y viviremos con gran júbilo, gozo y alegría en su presencia. Pero cuando el ministro abandona el lugar privado y secreto de la oración y se ocupa de intereses personales, ignorando la voluntad de Dios para su vida y ministerio, entonces las cosas empezarán a salirle mal y no tendrá el respaldo de Dios en lo que está haciendo. Con la oración vendrá la victoria, pero sin la oración vendrá la derrota. ¿Cuál de las dos opciones desea usted como ministro?

El ministro tendrá victoria en las tormentas mediante la oración

Todos como ministros hemos enfrentado, enfrentamos y enfrentaremos diversas «tormentas», sean pruebas de ámbito espiritual o físico, sean enfermedades o tentaciones, sean problemas familiares internos o externos, sean personales o ajenos, sean privados o públicos, en fin, todos seremos «sacudidos» por las «tormentas» de la vida en algún determinado momento, sea de una manera o de otra. Pero en todo esto tenemos la certeza que el Señor estuvo con nosotros, está y estará; y que podemos vencer por medio de la oración. En Lucas 8.24 está escrito: «*Y vinieron a él y le despertaron, diciendo: ¡Maestro, Maestro, que perecemos! Despertando él, reprendió al viento y a las olas; y cesaron, y se hizo bonanza*». ¿Qué enseñanza, como ministros, aprendemos de este versículo?

Primero: ¿Cómo reaccionaron los discípulos?

1-«*Y vinieron a él...*»
Los discípulos buscaron a Cristo...

2-«*Y le despertaron...*»
Los discípulos hicieron con urgencia y con gran necesidad...

3-«*Diciendo: ¡Maestro, Maestro...*»
Los discípulos reconocieron fervientemente su señorío, poder y autoridad...

4-«*Que perecemos...*»
Los discípulos actuaron con humildad al admitir el peligro y la incapacidad de salvarse por sí mismos...

Segundo: ¿Y cómo reaccionó Cristo?

1-«*Despertando él...*»
Cristo está siempre atento a nuestras necesidades...

2-«*Reprendió al viento y a las olas...*»
Cristo siempre reprenderá al enemigo y toda situación adversa que tengamos...

3-«*Y cesaron...*»
Cristo siempre nos dará la victoria sobre cualquier problema en su nombre...

4-«*Y se hizo bonanza*»
Cristo siempre nos dará su paz al contestar nuestras peticiones...

En cierta ocasión un maestro bíblico hizo a sus alumnos la siguiente pregunta: *«Cuando ustedes tienen problemas, ¿qué es lo que más hacen primero?»* Y les dio tres respuestas para escoger: 1.Arreglar el problema ustedes solos. 2. Llamar a alguien y hablar del asunto. 3. Pedir ayuda al Señor en oración. Cuando la respuesta llegó al maestro, él se quedó muy impresionado de que en una clase de 35 personas, solamente dos indicaron que oraban primero. La mayoría escogió la opción 1 y varios escogieron la 2. ¡Qué lástima! Supongo que tal vez los discípulos intentaron solucionar el problema por sí mismos, ya que tenían experiencia en el mar, pues eran pescadores. Quizás intentaron vencer la tormenta solos, pues es posible que no quisieran despertar y así molestar al gran maestro que descansaba. Quizás hicieron el esfuerzo entre ellos mismos de sacar el agua del bote, afirmar las cuerdas, girar y cambiar el rumbo del barco en contra del viento, etc. Pero la Escritura no parece indicar esto, porque según el texto ellos se dieron cuenta inmediatamente del gran peligro y despertaron al Señor. Pero muchos cristianos primero buscan salir de las tormentas por sus propias habilidades o recursos económicos. Otros por medio de la influencia de amigos y terceros intentan usar esto para salir de la presente situación. Cuando todo esto no funciona, entonces recurren a Dios en oración, buscándole como si fuera la última opción disponible. No hacen una pausa para meditar que Dios estuvo siempre ahí, esperando que para ellos Él fuera la primera opción. En el caso ministerial, quizás sea una cuestión de humildad, en la cual el ministro debe reconocer su entera dependencia de Dios en todas las áreas de su vida antes de recurrir a la opción una o la dos. Si en su corazón hay completa humildad, él optará inmediatamente por la oración.

El ministro al orar se caracteriza por su humildad

El gran evangelista D.L. Moody, al referirse a la oración, decía a los ministros: *«El hombre y la mujer de Dios que se dobla temprano en la mañana en humildad delante de Dios, se parará mejor detrás del púlpito por la noche».* Una de las áreas más peligrosas para todo ministro, juntamente con el sexo y las finanzas, es el orgullo, o sea, la falta de la humildad. No hay nada más repugnante, por lo que he visto alrededor del mundo, que ministros orgullosos, prepotentes y soberbios. Esto es muy palpable y visible y todo aquel que tiene discernimiento notará la diferencia entre el ministro humilde y el que no lo es. Cuando el ministro ora, él humildemente reconoce su necesidad delante de Dios y su incapacidad de vencer solo los problemas, luchas, aflicciones y tribulaciones. Por lo tanto, como ministros que somos, debemos aprender a decir en humildad durante nuestro tiempo de oración, las siguientes expresiones bíblicas con toda nuestra alma:

1-«Vuélvete…»
Salmo 6.4a: *«Vuélvete, Oh Jehová, libra mi alma…»*

2-«Sálvame…»
Salmo 6.4b: *«Sálvame por tu misericordia».*

3-«Susténtame…»
Salmo 119.28b: *«Susténtame según tu palabra».*

4-«Enséñame…»
Salmo 119.26b: *«Enséñame tus estatutos».*

5-«Guíame…»
Salmo 119.35a: *«Guíame por la senda de tus mandamientos…».*

6-«Vivifícame...»
Salmo 119.40b: *«Vivifícame en tu justicia».*

7-«Acuérdate...»

Salmo 119.49a: *«Acuérdate de la palabra dada a tu siervo...».*

8-«Te ruego...»

Éxodo 33.13a: *«Ahora, pues, si he hallado gracia en tus ojos, te ruego...».*

9-«Envíame»

Isaías 6.8b: *«Entonces respondí yo: Heme aquí, envíame a mí».*

10-«Te alabaré»

Salmo 119.7a: *«Te alabaré con rectitud de corazón...».*

11-«Guardaré»

Salmo 119.8a: *«Tus estatutos guardaré...».*

12-«Meditaré»

Salmo 119.15a: *«En tus mandamientos meditaré...».*

13-«Consideraré»

Salmo 119.15b: *«Consideraré tus caminos».*

14-«Me regocijaré»

Salmo 119.16a: *«Me regocijaré en tus estatutos...».*

15-«Miraré»

Salmo 119.18a: *«Abre mis ojos, y miraré...».*

16-«Hazme»

Salmo 119.27a: *«Hazme entender el camino de tus mandamientos...».*

17-«Correré»

Salmo 119.32a: *«Por el camino de tus mandamientos correré...».*

18-«Cumpliré»

Salmo 119.34b: *«Y la cumpliré de todo corazón».*

19-«Andaré»

Salmo 119.45a: *«Y andaré en libertad...».*

20-«Busqué»

Salmo 119.45b: *«Porque busqué tus mandamientos».*

21-«Hablaré»

Salmo 119.46a: *«Hablaré de tus mandamientos delante de los reyes...».*

22-«No me avergonzaré»

Salmo 119.46b: *«Y no me avergonzaré».*

23-«Alzaré»

Salmo 119.48a: *«Alzaré asimismo mis manos...»*

24-«Amé»

Salmo 119.48b: *«A tus mandamientos que amé».*

25-«Acordé»

Salmo 119.52a: *«Me acordé, oh Jehová, de tus juicios antiguos...».*

26-«Me consolé»

Salmo 119.52b: *«Y me consolé».*

27-«Me apresuré»

Salmo 119.60a: *«Me apresuré...»*

28-«Y no me retardé»

Salmo 119.60b: *«Y no me retardé».*

29-«No me aparté»

Salmo 119.102a: *«No me aparté de tus juicios...».*

30-«Ratifiqué»

Salmo 119.106: *«Juré y ratifiqué que guardaré tus justos juicios».*

31-«Sosténme»

Salmo 119.117a: *«Sosténme, y seré salvo...».*

32-«Respóndeme»

Salmo 119.145b: *«Respóndeme Jehová...».*

33-«Estimé»

Salmo 119.128a: *«Por eso estimé rectos todos tus mandamientos...».*

34-«Suspiré»

Salmo 119.131a: *«Mi boca abrí y suspiré...».*

35-«Líbrame»

Salmo 119.134a: *«Líbrame de la violencia de los hombres...».*

36-«Viviré»

Salmo 119.144b: *«Dame entendimiento y viviré».*

37-«Clamé»

Salmo 119.145a: *«Clamé con todo mi corazón...».*

38-«Anticipé»

Salmo 119.147a: *«Me anticipé al alba, y clamé...».*

39-«Esperé»

Salmo 119.147b: *«Esperé en tu palabra».*

40-«Redímeme»

Salmo 119.154a: «*Defiende mi causa, y redímeme…*».

Es muy bien conocido y mundialmente hablado el escándalo que propició uno de los más grandes y famosos evangelistas de nuestros tiempos en la década de los ochenta. Su ministerio se tornó muy grande y poderoso a nivel mundial. Pero había algunas áreas de su vida que no estaban bien. Su caída en realidad no fue a causa de la inmoralidad, sino del orgullo que estaba en su corazón. En una de las reuniones pastorales más grandes de la historia de Brasil con cientos de miles de ministros, este evangelista en una de sus predicaciones dijo que la magnitud de su ministerio y la grandeza del impacto de lo que él estaba alcanzando en el momento, había ultrapasado el nivel de influencia que la iglesia de Cristo había logrado. En otras palabras, dijo que lo que su ministerio estaba haciendo era más grande, de mayor impacto, que la iglesia de Cristo a nivel mundial. ¡Esto es absurdo! Por más grande y poderoso que sea un ministerio jamás podrá compararse a la iglesia de Cristo que está en todos los rincones de la tierra trabajando con millones de cristianos, líderes, pastores, misioneros y evangelistas diariamente. Por más grande y poderosa que sea una cruzada, no se puede comparar con el impacto de la iglesia del Señor. Algunos dijeron que esto no fue lo que realmente él quiso decir. Pero esto fue lo que todos entendieron y comentaron.. No mucho después de este comentario, tristemente este gran evangelista se vino abajo en el caso que todos ya sabemos. Cómo se dolió mi corazón el día que él confesó su pecado públicamente. Cómo me entristecí al saber que un guerrero más del Señor había sucumbido ante el pecado. ¿Y cuál fue su pecado? La soberbia, el orgullo. La inmoralidad fue el resultado de lo que ya estaba en su corazón. ¡La soberbia! Todos hemos orado por este gran hombre de Dios, por su restauración al ministerio, pero desafortunadamente nunca más se levantó, al menos al nivel que tenía antes, porque aun sigue ministrando en su iglesia, pero ya no más con aquella unción y respaldo de Dios que tenía anteriormente. Cómo Dios le usaba y la alabanza que tenía era increíble. Fue el ministerio moderno más completo que jamás hayamos visto. Pero desafortunadamente el síndrome de Lucifer, el orgullo y la soberbia lo destrozaron.

Cuán necesaria es la humildad en la vida de nosotros los ministros. Muchos, al dar lugar a la soberbia, cayeron de la gracia, porque en realidad tenían otras áreas de pecado en sus vidas que no arreglaron, y juntamente con la soberbia tuvieron en un momento de debilidad una situación comprometedora y cayeron como este famoso evangelista. El libro de Proverbios nos da muy buenos consejos sobre esto. Mira lo que dice en Proverbios 16.18: «*Antes del quebrantamiento es la soberbia, y antes de la CAÍDA la altivez de espíritu*». Esta es la cruda realidad de tantos ministerios de hoy que han caído y que han escandalizado la obra de Dios. Vea también Proverbios 11.2 que cita: «*Cuando viene la soberbia, viene también la deshonra, mas con los humildes está la sabiduría*». Esto es lo que estos ministros y ministerios han hecho: Deshonrado el nombre de Cristo por los bochornos y vergüenza que han causado. ¿La raíz? ¡La soberbia! Por esto es que Dios abomina, aborrece y le da asco el orgullo, porque su fin es trágico, triste y vergonzoso. Y finalmente lea Proverbios 29.23 que nos advierte: «*La soberbia del hombre le abate; pero al humilde de espíritu sustenta la honra*». ¿Lo ves? ¿Qué es lo que lo sustenta? ¡La honra, el honor! ¿A quién? ¡Al humilde y sencillo de corazón!

La responsabilidad de la iglesia es orar por los ministros

Por esta razón y muchísimas otras más, la iglesia local debe orar por sus ministros y por los demás, para que Dios les mantenga siempre en victoria en sus vidas. En Hechos 12.5 está escrito: «*Así que Pedro estaba custodiado en la cárcel; pero la iglesia hacía sin cesar oración a Dios por él*».

152

1-¿Quién oraba?
No un creyente específico, sino la asamblea de creyentes de Jerusalén, la iglesia del Señor Jesucristo que intercedía.

2-¿Por qué motivo oraba?
Por la tribulación y persecución que ella estaba enfrentando.

3-¿Cómo oraba?
Sin cesar, con fervor, insistencia, con denuedo y confianza.

4-¿A quién oraba?
¡A Dios!

5-¿Por quién oraba?
Por el apóstol Pedro que estaba en la cárcel.

La iglesia de hoy debe hacer lo mismo, orar como un solo cuerpo que es; por las adversidades y resistencia que los ministros sufren al predicar; y hacerlo con insistencia y fervor; todo el tiempo; al Dios Todopoderoso; por todos los ministros que ella conoce en las diferentes partes del mundo. Cuando la iglesia ore con más frecuencia por los ministros, ambos alcanzaran grandes victorias, tanto para la congregación como para el predicador.

La iglesia y el ministro son fortalecidos mutuamente por la oración

La Biblia dice que la iglesia o congregación debe honrar a los ministros y éstos a su vez deben tener en estima al pueblo al cual ministra. Es recíproco. En Éxodo 33.8 nos confirma esto: «*Y sucedía que cuando salía Moisés al tabernáculo, todo el pueblo se levantaba, y cada cual estaba en pie a la puerta de su tienda, y miraban en pos de Moisés, hasta que él entraba en el tabernáculo».* Israel se levantaba en reverencia y respeto cuando su líder espiritual iba hablar con Dios. Lo mismo debe suceder hoy. Hechos 28.10 también nos dice: *«Los cuales también nos honraron con muchas atenciones; y cuando zarpamos, nos cargaron de las cosas necesarias».* Es imperativo y necesario que la iglesia atienda a sus ministros, pues ellos son los que guían al pueblo por el camino de la verdad. ¿Y qué atención y cariño más grande puede dar una iglesia a su pastor que orar por él? Pablo hablando a los filipenses les dice que era necesario que ellos recibieran a Epafrodito con atención, alegría y esmero, pues vea lo que dice Filipenses 2.29: *«Recibidle, pues, en el Señor, con todo gozo, y tened en estima a los que son como él».* Esta es la tarea de la iglesia, recibir, hospedar y orar por los ministros de Dios. También Pablo hablando a la iglesia de los tesalonicenses, les recuerda en 1 Tesalonicenses 5.12, 13: *«Os rogamos, hermanos, que reconozcáis a los que trabajan entre vosotros, y os presiden en el Señor, y os amonestan y que los tengáis en mucha estima y amor por causa de su obra. Tened paz entre vosotros».* Reconocer, estimar y valorar, decía el apóstol, y qué mejor manera que ser recíproco, el ministro hacia la iglesia y la iglesia hacia el ministro. Paz entre vosotros decía, ¿vosotros quién? ¡La iglesia y sus ministros! Y que mejor manera de hacerlo que por medio de la oración de uno por el otro. De esta manera, ambos son fortalecidos de muchas formas al orar:

1-Son fortalecidos por la negación del yo mediante el ayuno
Mateo 17.21: *«Pero este género no sale sino con oración y ayuno».*

2-Son fortalecidos por la fe
Mateo 21.22: *«Y todo lo que pidiereis en oración, creyendo, lo recibiréis».*

3-Son fortalecidos por la Palabra
Juan 15.7: *«Si permanecéis en mí, y mis palabras permanecen en vosotros* [en la iglesia y en el ministro*], pedid todo lo que queréis, y os será hecho».*

4-Son fortalecidos por el poder de la alabanza

Hechos 16.25: *«Pero a medianoche orando Pablo y Silas, cantaban himnos a Dios; y los presos los oían».*

5-Son fortalecidos por los dones espirituales

2 Corintios 1.11: *«Cooperando también vosotros a favor nuestro con la oración, para que por muchas personas sean dadas gracias a favor nuestro por el don concedido a nosotros por medio de muchos».*

6-Son fortalecidos en sus almas espiritualmente

Salmo 138.3: *«El día que clamé me respondiste; me fortaleciste con vigor mi alma».*

7-Son fortalecidos al recibir contestación a sus oraciones

Salmo 118.5: *«Desde la angustia invoqué a JAH, y me respondió JAH, poniéndome en lugar espacioso».*

8-Son fortalecidos al ser librados de la angustia

Salmo 120.1: *«A Jehová clamé estando en angustia, y él me respondió».*

9-Son fortalecidos al saber que Dios jamás les abandonará

Salmo 102.2: *«No escondas de mí tu rostro en el día de mi angustia; inclina a mí tu oído; apresúrate a responderme en el día que te invocare».*

10-Son fortalecidos por el Espíritu

Filipenses 1.19: *«Porque sé que por vuestra oración y la suministración del Espíritu de Jesucristo, esto resultará en mi liberación».*

11-Son fortalecidos por la unidad

1 Tesalonicenses 5.25: *«Hermanos, orad por nosotros».*

12-Son fortalecidos por medio de la perseverancia

Efesios 6.18: «*Orando en todo tiempo con toda oración y súplica en el Espíritu, y velando en ello con toda perseverancia y súplica por todos los santos*».

13-Son fortalecidos por el gozo

Filipenses 1.4: «*Siempre en todas mis oraciones rogando con gozo por todos vosotros*».

14-Son fortalecidos al acordarse unos de los otros

Romanos 1.9: «*Porque testigo me es Dios, a quien sirvo en mi espíritu en el evangelio de su Hijo, de que sin cesar hago mención de vosotros siempre en mis oraciones*».

15-Son fortalecidos por los buenos recuerdos

Efesios 1.16: «*No ceso de dar gracias por vosotros, haciendo memoria de vosotros en mis oraciones*».

16-Son fortalecidos por la predicación

2 Tesalonicenses 3.1: «*Por lo demás, hermanos, orad por nosotros, para que la palabra del Señor corra y sea glorificada, así como lo fue entre vosotros*».

17-Son fortalecidos por causa de la evangelización mundial

Lucas 10.2: «*Y les decía: La mies a la verdad es mucha, mas los obreros pocos; por tanto, rogad al Señor de la mies que envíe obreros a su mies*».

18-Son fortalecidos al reconocer sus pecados

1 Samuel 12.19: «*Entonces dijo todo el pueblo a Samuel: Ruega por tus siervos a Jehová tu Dios, para que no muramos; porque a todos nuestros pecados hemos añadido este mal de pedir rey para nosotros*».

19-Son fortalecidas sus vidas espirituales por el poder del Espíritu Santo

Efesios 3.14-16: *«Por esta causa doblo mis rodillas ante el Padre de nuestro Señor Jesucristo, de quien toma nombre toda familia en los cielos y en la tierra, para que os dé, conforme a las riquezas de su gloria, el ser fortalecidos con poder en el hombre interior por su Espíritu».*

20-Son fortalecidos al saber la voluntad de Dios

Colosenses 1.9: *«Por lo cual también nosotros, desde el día que lo oímos, no cesamos de orar por vosotros, y de pedir que seáis llenos del conocimiento de su voluntad en toda sabiduría e inteligencia espiritual».*

21-Son fortalecidos al ejercer la paciencia

Colosenses 1.11: *«Fortalecidos con todo poder, conforme a la potencia de su gloria, para toda paciencia y longanimidad».*

22-Son fortalecidos por medio del agradecimiento

Colosenses 4.2: *«Perseverad en la oración, velando en ella con acción de gracias».*

23-Son fortalecidos al orar continuamente

Romanos 12.12: *«Gozosos en la esperanza; sufridos en la tribulación; constantes en la oración».*

24-Son fortalecidos en la comunión los unos con los otros

Hechos 1.14: *«Todos éstos perseveraban unánimes en oración y ruego, con las mujeres, y con María la madre de Jesús, y con sus hermanos».*

25-Son fortalecidos por causa de la predicación del evangelio

Colosenses 4.3: *«Orando también al mismo tiempo por nosotros, para que el Señor nos abra puerta para la palabra, a fin de dar a conocer el misterio de Cristo, por el cual también estoy preso».*

26-Son fortalecidos al mantenerse firmes en sus convicciones

Colosenses 4.12: *«Os saluda Epafras, el cual es uno de vosotros, siervo de Cristo, siempre rogando encarecidamente por vosotros en sus oraciones, para que estéis firmes, perfectos y completos en todo lo que Dios quiere».*

27-Son fortalecidos por la humildad

Romanos 15.30: *«Pero os ruego, hermanos, por nuestro Señor Jesucristo y por el amor del Espíritu que me ayudéis orando por mí a Dios».*

28-Son fortalecidos por el llamado y propósito de Dios en sus vidas

2 Tesalonicenses 1.11: *«Por lo cual asimismo oramos siempre por vosotros, para que nuestro Dios os tenga por dignos de su llamamiento, y cumpla todo propósito de bondad y toda obra de fe con su poder».*

29-Son fortalecidos por el cumplimiento del trabajo en la obra de Dios

1 Tesalonicenses 1.2, 3: *«Damos siempre gracias a Dios por todos vosotros, haciendo memoria de vosotros en nuestras oraciones, acordándonos sin cesar delante del Dios y Padre nuestro de la obra de vuestra fe, del trabajo de vuestro amor y de vuestra constancia en la esperanza en nuestro Señor Jesucristo».*

30-Son fortalecidos por el crecimiento espiritual

2 Tesalonicenses 1.3: *«Debemos siempre dar gracias a Dios por vosotros, hermanos, como es digno, por cuanto vuestra fe va creciendo para con los demás».*

31-Son fortalecidos por el buen testimonio y la integridad

Hebreos 13.18: *«Orad por nosotros; pues confiamos en que tenemos buena conciencia, deseando conducirnos bien en todo».*

32-Son fortalecidos al comprender que es tarea de los ministros y de la iglesia el orar el uno por el otro

Isaías 56.7: «*Yo los llevaré a mi santo monte, y los recrearé en mi casa de oración; sus holocaustos y sus sacrificios serán aceptos sobre mi altar; porque mi casa será llamada casa de oración para todos los pueblos*».

Cierta vez un capitán estaba trayendo su barco del Mediterráneo, un mar sin marea en comparación con el lugar de destino, un puerto inglés. En la boca de entrada él recibe un mensaje telegráfico: «Deje su barco suelto, esté preparado y en una determinada hora la marea traerá su barco hacia adentro». Él no entendió bien las instrucciones que estaban en contra de su vasta experiencia como capitán, pero obedeció humildemente. Como resultado, después de un tiempo, el barco fue levantado por la marea hasta llegar hacia adentro del puerto por sí mismo. De la misma manera, mis queridos ministros y hermanos, el ministro necesita de la iglesia y la iglesia necesita del ministro. El hombre y la mujer de Dios deben ser suficientemente humildes para recibir la «instrucción», o sea la Palabra proveniente del Señor a sus vidas y también recibir la oración por medio de la iglesia. Y la iglesia debe aceptar de igual forma la oración y la Palabra predicada por los ministros y obedecerla. Tanto el ministro se beneficia de la iglesia como la iglesia del ministro a través de la oración. No importa la «experiencia» que el ministro tenga, él sabe que debe depender de la oración de su congregación para que pueda vivir una vida de victoria en su ministerio. Y al vivir en el centro de la voluntad de Dios tanto la iglesia como el ministro serán victoriosos en todo aspecto de sus vidas, ya sea en el área personal o espiritual.

Que todo lo que el ministro haga sea de parte de Dios

1 Pedro 4.11 cita: «*Si alguno habla, hable conforme a las palabras de Dios, si alguno ministra, ministre conforme al poder que Dios da, para que*

en todo sea Dios glorificado por Jesucristo, a quien pertenecen la gloria y el imperio por los siglos de los siglos. Amén». El apóstol Pedro aquí nos dice que todo lo que hagamos como ministros debe ser dirigido por Dios mismo si es que deseamos alcanzar la victoria. En otras palabras, todo lo que se haga fuera de la voluntad de Dios no será bendecido o prosperado. La razón de que muchos ministros hoy en día fracasan en lo que están haciendo, es que no están ejercitando sus tareas ministeriales en el centro de la voluntad de Dios y éstas no están siendo guiadas por el Espíritu Santo y por consecuencia no hay presencia de Dios ni su aprobación. Si nuestras intenciones no son sinceras y honestas y si no estamos trabajando para Dios y lo que estamos pretendiendo hacer no proviene de Dios, entonces todo será un fracaso. Pero si nuestro deseo es puro, nuestro corazón recto e íntegro, y si todo lo que queramos emprender es de Él y para Él y su gloria, entonces seremos victoriosos, porque al fin y al cabo sin Él nada podemos hacer (ver Juan 15.5). Todo lo que el ministro haga, debe ser de parte de Dios. Por lo tanto:

1-Que su llamado sea de Dios
Gálatas 1.1, 12, 15: *«Pablo, apóstol (no de hombres ni por hombre, sino por Jesucristo y por Dios el Padre que lo resucitó de los muertos). Pues yo ni lo recibí ni lo aprendí de hombre alguno, sino por revelación de Jesucristo. Pero cuando agradó a Dios, que me apartó desde el vientre de mi madre, y me llamó por su gracia»* (Ver Hechos 9.15).

2-Que su capacidad sea de Dios
2 Corintios 3.5: *«No que seamos competentes por nosotros mismos para pensar algo como de nosotros mismos, sino que nuestra competencia* [capacidad] *proviene de Dios».*

3-Que su envío sea de Dios
Éxodo 3.10: *«Ven, por tanto, ahora, y te enviaré a Faraón, para que saques de Egipto a mi pueblo, los hijos de Israel».*

4-Que su provisión sea de Dios
Filipenses 4.19: *«Mi Dios, pues, suplirá todo lo que os falta conforme a sus riquezas en gloria en Cristo Jesús».*

5-Que su respaldo sea de Dios
Josué 1.9: *«Mira que te mando que te esfuerces y seas valiente; no temas ni desmayes, porque Jehová tu Dios estará contigo en dondequiera que vayas».*

6-Que su entendimiento sea de Dios
2 Timoteo 2.7: *«Considera lo que digo, y el Señor te dé entendimiento en todo».*

7-Que su intrepidez sea de Dios
Efesios 6.20: *«Por el cual soy embajador en cadenas; que con denuedo hable de él, como debo hablar».*

8-Que su obra sea de Dios
Hechos 13.2: *«Ministrando éstos al Señor, y ayunando, dijo el Espíritu Santo: Apartadme a Bernabé y a Saulo para la obra a que los he llamado».*

9-Que su mensaje sea de Dios
Efesios 6.19: *«Y por mí, a fin de que al abrir mi boca me sea dada palabra para dar a conocer con denuedo el misterio del evangelio».*

10-Que su ministerio sea de Dios
1 Timoteo 1.12: *«Doy gracias al que me fortaleció, a Cristo Jesús nuestro Señor, porque me tuvo por fiel, poniéndome en el ministerio».*

11-Que su puerta sea abierta por la voluntad de Dios

Colosenses 4.3: «*Orando también al mismo tiempo por nosotros, para que el Señor nos abra puerta para la palabra, a fin de dar a conocer el misterio de Cristo, por el cual también estoy preso*».

12-Que su aprobación sea de Dios

Romanos 16.10a: «*Saludad a Apeles, aprobado en Cristo*».

13-Que su emprendimiento sea de Dios

Hechos 21.19: «*A los cuales, después de haberles saludado, les contó una por una las cosas que Dios había hecho entre los gentiles por su ministerio*».

14-Que su ministerio sea el de reconciliar a los hombres con Dios

2 Corintios 5.18: «*Y todo esto proviene de Dios, quien nos reconcilió consigo mismo por Cristo, y nos dio el ministerio de la reconciliación*».

15-Que su ministerio sea cumplido con la ayuda de Dios

Colosenses 4.17: «*Decid a Arquito: Mira que cumplas el ministerio que recibiste en el Señor*».

16-Que su éxito sea de Dios

Hechos 19.10-12: «*Así continuó por espacio de dos años, de manera que todos los que habitaban en Asia, judíos y griegos, oyeron la palabra del Señor Jesús. Y hacía Dios milagros extraordinarios por mano de Pablo, de tal manera que aun se llevaban a los enfermos los paños o delantales de su cuerpo, y las enfermedades se iban de ellos, y los espíritus malos salían*».

Cuando un hombre o mujer es escogido y llamado por Dios y entiende lo que involucra esta gran responsabilidad y lo desarrolla de la mejor manera posible, ciertamente será victorioso. Isaías 45.4 habla sobre ser escogido y llamado: «*Por amor a mi siervo Jacob, y de Israel mi escogido, te llamé por tu nombre; te puse sobrenombre, aunque no me conociste*». Es el privilegio más grande de un ser humano saber que es escogido para una obra determinada para hacerla para Dios y que es llamado para ejecutarla durante su vida aquí en la tierra. No hay trabajo más extraordinario que éste, pues todo lo demás terminará. Una vez yo le dije a un hombre adentro del avión cuando éste me preguntó lo que yo hacía y le contesté: «Soy un siervo de Dios. La diferencia entre usted y yo es que usted trabaja para el hombre y para el tiempo. Yo trabajo para Dios y para la eternidad. Su trabajo terminará aquí, el mío perdurará por toda una eternidad». ¡Esta es la diferencia! Yo mismo fui escogido aun antes de nacer. Cuando nací fui presentado y dedicado al Señor por mi querido pastor Orvalino Lemus en el púlpito de la iglesia de las Asambleas de Dios en la ciudad de Santa María, en el estado del Río Grande del Sur, en Brasil. Después de algunos días tuve una enfermedad que me llevó a la muerte y el Señor me resucitó literalmente para predicar su Palabra. (Usted puede leer más sobre este milagro y el testimonio de mi madre en mi cuarto libro, *La fe que mueve la mano de Dios*, en el décimo capítulo). Isaías 49.1 fue escrito para mí y para usted si fue llamado por el Señor: «*Oídme, costas, y escuchad, pueblos lejanos. Jehová me llamó desde el vientre, desde las entrañas de mi madre tuvo mi nombre en memoria*». Por esto todo lo que hago es para la gloria de Dios. Mi vida es de Él y para Él. Por esto fui *llamado* por Dios; fui *capacitado* por Dios; fui *enviado* por Dios; fui y soy *suplido* por Dios; fui y soy *respaldado* por Dios; tengo el *entendimiento* por Dios; soy *intrépido* por Dios; hago la *obra* de Dios; el *mensaje* que predico es de Dios; el *ministerio* es de Dios; *las puertas* que se me abren son de Dios; mi *aprobación* viene de Dios; todo lo que *emprendo* es para Dios; me esfuerzo en *reconciliar* al hombre con Dios; trato de *cumplir* el ministerio para Dios; y finalmente el *éxito* que he tenido hasta ahora es de Dios y para Dios. ¡Aleluya! Todo es por Él, y de Él y para Él. ¡Alabado sea su nombre por siempre!

Cierta vez un joven estudiaba violín con un maestro mundialmente famoso. Finalmente llegó el día en que él se presentaría en su primer recital. En cada canción presentada, el público se manifestaba con muchos aplausos, pero el joven no se sentía satisfecho. Inmediatamente después del último número, cuando la multitud aplaudió con mucha euforia, el talentoso violinista continuaba dirigiendo su mirada a un hombre ya anciano sentado en el segundo piso. Por fin aquél hombre de cabellos blancos sonrió y movió su cabeza en señal de aprobación. Inmediatamente el joven se emocionó y se llenó de felicidad. Aquél hombre ya muy anciano sentado en el segundo piso era su maestro. El aplauso de todos los que estaban presentes nada significaba para él, hasta que recibió la aprobación de su maestro. Esto es lo que digo, queridos ministros y lectores: ¿De qué vale tantos ministros que reciben reconocimientos de hombres y no son aprobados por Dios? De qué sirve tanta notoriedad entre ministros y aplausos de sus congregaciones o denominaciones, si en muchos casos muchos de ellos ya no tienen el poder, la unción y el respaldo de Dios. Les pregunto: ¿De qué vale todo esto si no tenemos la aprobación del Gran Maestro Jesucristo? Cuando hacemos todo para su honra y gloria buscando el reino de Dios en primer lugar, todo lo que hacemos recibirá los aplausos del Gran Señor y Maestro. En los recitales de nuestra vida ministerial debemos poner todo a los pies de Cristo, Él nos hará brillar, nos dará victorias en todo lo que hagamos y alegrará nuestro corazón cuando trabajemos solamente para Él. Ciertamente Él en el cielo mueve su cabeza y sonríe para nosotros en señal de aprobación cuando cumplimos nuestros ministerios con humildad y sin intereses personales ni propios. Es de Él que recibimos inspiración para seguir diariamente con nuestras responsabilidades ministeriales. Es de Él que recibimos la victoria en todo lo que hacemos para Él.

Desafortunadamente he visto alrededor del mundo tanta competencia entre cantantes en los grandes conciertos para ver quién canta mejor y es más aplaudido. Entre evangelistas para ver quién ha viajado más y ha predicado a mayores multitudes. Entre pastores para ver quién pastorea la mayor mega iglesia, o quién tiene el programa televisivo más visto. Todos éstos hacen las cosas para ser notados y vistos por los hombres, para ver quién es el mayor y más importante entre ellos. Creo que ellos nunca han leído el pedido de la madre de los hijos de Zebedeo, que uno quería sentarse a la derecha de Cristo y el otro a su izquierda en el reino de los cielos, Mateo 20.20-22. Aún los discípulos en Mateo 18.1-4 querían saber quién era el mayor en el reino de los cielos. ¿No es increíble todo esto? Lo mismo se repite hoy en día en relación al ministerio en todo el mundo. El corazón del hombre no ha sido cambiado. Sigue lo mismo. La soberbia, la arrogancia y la prepotencia existen hoy en el ministerio igual que ayer. Por esto Cristo ya decía en Mateo 6.2, 5 *«Cuando, pues, des limosna, no hagas tocar trompeta delante de ti, como hacen los hipócritas en las sinagogas y en las calles, PARA SER ALABADOS POR LOS HOMBRES... Y cuando ores, no seas como los hipócritas; porque ellos aman el orar en pie en las sinagogas y en las esquinas de las calles, PARA SER VISTOS DE LOS HOMBRES...».* Por fin les pregunto: ¿Están ustedes listos para hacer su recital delante de Dios? ¿De quién esperan tener aprobación? ¿De los hombres o del Gran Maestro?

Cuarenta y tres victorias que tendrá el ministro en su vida privada y pública

1-Tendrá victoria al ser parte del círculo íntimo con Cristo
Hechos 4.13: *«Entonces viendo el denuedo de Pedro y de Juan, y sabiendo que eran hombres sin letras y del vulgo, se maravillaban; y les reconocían que habían estado con Jesús».*

2-Tendrá victoria al poseer denuedo
Hechos 4.29: *«Y ahora, Señor, mira sus amenazas, y concede a tus siervos que con todo denuedo hablen tu palabra».*

3-Tendrá victoria al poseer el poder del Espíritu Santo

Hechos 4.31: *«Cuando hubieron orado, el lugar en que estaban congregados tembló; y todos fueron llenos del Espíritu Santo, y hablaban con denuedo la palabra de Dios».*

4-Tendrá victoria al ser valiente

Hechos 9.27: *«Entonces Bernabé, tomándole, lo trajo a los apóstoles, y les contó cómo Saulo había visto en el camino al Señor, el cual le había hablado, y cómo en Damasco había hablado valerosamente en el nombre de Jesús».*

5-Tendrá victoria al tener las puertas abiertas

Hechos 28.31: *«Predicando el reino de Dios y enseñando acerca del Señor Jesucristo, abiertamente y sin impedimento».*

6-Tendrá victoria al pelear con el adversario

2 Samuel 23.10: *«Este se levantó e hirió a los filisteos hasta que su mano se cansó, y quedó pegada su mano a la espada. Aquel día Jehová dio una gran victoria, y se volvió el pueblo en pos de él tan solo para recoger el botín».*

7-Tendrá victoria del Señor en la batalla

1 Crónicas 11.12-14: *«Tras de éste estaba Eleazar hijo de Dodo, ahohíta, el cual era de los tres valientes. Este estuvo con David en Pasdamim, estando allí juntos en batalla los filisteos; y había allí una parcela de tierra llena de cebada, y huyendo el pueblo delante de los filisteos, y se pusieron ellos en medio de la parcela y la defendieron, y vencieron los filisteos, porque Jehová los favoreció con una gran victoria».*

8-Tendrá victoria al ser librado de sus enemigos

Salmo 144.10: *«Tú, el que da victoria a los reyes, el que rescata de maligna espada a David su siervo».*

9-Tendrá grandes victorias, misericordia y bendición
Salmo 18.50: *«Grandes triunfos da a su rey, y hace misericordia a su ungido, a David y a su descendencia, para siempre».*

10-Tendrá victoria siempre de parte del Señor
Proverbios 21.31: *«El caballo se alista para el día de la batalla; mas Jehová es el que da la victoria».*

11-Tendrá victoria al actuar con sabiduría en la guerra
Proverbios 24.6: *«Porque con ingenio harás la guerra, y en la multitud de consejeros está la victoria».*

12-Tendrá victoria por medio de Cristo
1 Corintios 15.57: *«Mas gracias sean dadas a Dios, que nos da la victoria por medio de nuestro Señor Jesucristo».*

13-Tendrá victoria por medio de la fe
1 Juan 5.4: *«Porque todo lo que es nacido de Dios vence al mundo; y esta es la victoria que ha vencido al mundo, nuestra fe».*

14-Tendrá victoria siempre por medio de Jesucristo
2 Corintios 2.14a: *«Mas a Dios gracias, el cual nos lleva siempre en triunfo en Cristo Jesús...».*

15-Tendrá victoria al honrar su ministerio
Romanos 11.13a: *«...honro mi ministerio».*

16-Tendrá victoria al enfocarse específicamente en lo que Dios le ha llamado
Romanos 15.16: *«Para ser ministro de Jesucristo a los gentiles, ministrando el evangelio de Dios, para que los gentiles les sean ofrenda agradable, santificada por el Espíritu Santo».*

167

17-Tendrá victoria al no desmayar

2 Corintios 4.1: *«Por lo cual, teniendo nosotros este ministerio según la misericordia que hemos recibido, no desmayamos».*

18-Tendrá victoria al vivir una vida íntegra

2 Corintios 6.3: *«No damos a nadie ninguna ocasión de tropiezo, para que nuestro ministerio no sea vituperado».*

19-Tendrá victoria en medio de las pruebas y tribulaciones

2 Corintios 6.4, 5: *«Antes bien, nos recomendamos en todo como ministros de Dios, en mucha paciencia, en tribulaciones, en necesidades, en angustias, en azotes, en cárceles, en tumultos, en trabajos, en desvelos, en ayunos…».*

20-Tendrá victoria al cumplir con su ministerio

2 Timoteo 4.5: *«Pero tú sé sobrio en todo, soporta las aflicciones, haz obra de evangelista, cumple tu ministerio».*

21-Tendrá victoria al usar gente capacitada para el ministerio

2 Timoteo 4.11: *«Toma a Marcos y tráele contigo, porque me es útil para el ministerio».*

22-Tendrá victoria al ser generoso con los necesitados

2 Corintios 9.13: *«Pues por la experiencia de esta ministración glorifican a Dios por la obediencia que profesáis al evangelio de Cristo, y por la liberalidad de vuestra contribución para ellos y para todos».*

23-Tendrá victoria al enseñar a sus hijos a ministrar al Señor

1 Samuel 2.11: *«Y Elcana se volvió a su casa en Ramá; y el niño ministraba a Jehová delante del sacerdote Elí»* (Ver 1 Samuel 2.18; 3.1).

24-Tendrá victoria al actuar en el don que Dios le dio

1 Pedro 4.10: «*Cada uno según el don que ha recibido, minístrelo a los otros, como buenos administradores de la multiforme gracia de Dios*».

25-Tendrá victoria al hablar y ministrar en la dirección de Dios

1 Pedro 4.11a: «*Si alguno habla, hable conforme a las palabras de Dios; si alguno ministra, ministre conforme al poder que Dios da...*».

26-Tendrá victoria al hacer la voluntad de Dios

Salmo 103.21: «*Bendecid a Jehová, vosotros todos sus ejércitos, ministros suyos, que hacéis su voluntad*».

27-Tendrá victoria al saber que es un mensajero de Dios

Salmo 104.4: «*El que hace a los vientos sus mensajeros, y a las flamas de fuego sus ministros*».

28-Tendrá victoria al saber que es sacerdote y ministro del Señor

Isaías 61.6a: «*Y vosotros seréis llamados sacerdotes de Jehová, ministros de nuestro Dios seréis llamados...*».

29-Tendrá victoria al humillarse delante de Jehová

Joel 1.13: «*Ceñíos y lamentad, sacerdotes; gemid, ministros del altar; venid, dormid en cilicio, ministros de mi Dios; porque quitada es de la casa de vuestro Dios la ofrenda y la libación*».

30-Tendrá victoria al pedir perdón por sus faltas delante del Señor

Joel 2.17a: «*Entre la entrada y el altar lloren los sacerdotes ministros de Jehová, y digan: Perdona, oh Jehová, a tu pueblo, y no entregues al oprobio tu heredad...*».

31-Tendrá victoria al hacer duelo por el pecado

Joel 1.9: *«Desapareció de la casa de Jehová la ofrenda y la libación; los sacerdotes ministros de Jehová están de duelo».*

32-Tendrá victoria al conocer el gran privilegio de ser ministro de la Palabra

Lucas 1.2: *«Tal como nos lo enseñaron los que desde el principio lo vieron con sus ojos, y fueron ministros de la palabra».*

33-Tendrá victoria al ser partícipe de los padecimientos de Cristo

1 Pedro 5.1: *«Ruego a los ancianos* [ministros] *que están entre vosotros, yo anciano también con ellos, y testigo de los padecimientos de Cristo, que soy también participante de la gloria que será revelada».*

34-Tendrá victoria y honor al sufrir por la causa de Cristo

Apocalipsis 1.9: *«Yo Juan, vuestro hermano, y copartícipe vuestro en la tribulación, en el reino y en la paciencia de Jesucristo, estaba en la isla de Patmos, por causa de la palabra de Dios y el testimonio de Jesucristo».*

35-Tendrá victoria por medio de la gracia y del poder al ejercer su ministerio

Efesios 3.7: *«Del cual yo fui hecho ministro por el don de la gracia de Dios que me ha sido dado según la operación de su poder».*

36-Tendrá victoria al ser fiel en el ministerio

Efesios 6.21b: *«...todo os lo hará saber Tíquico, hermano amado y fiel ministro en el Señor»* (Ver Col 4.7).

37-Tendrá victoria al mantenerse firme en Cristo como creyente y como ministro

Colosenses 1.23: *«Si en verdad permanecéis fundados y firmes en la fe, y sin moveros de la esperanza del evangelio que habéis oído, el cual se predica en toda la creación que está debajo del cielo, del cual yo Pablo* [ponga su nombre] *fui hecho ministro».*

38-Tendrá victoria al enseñar la verdadera Palabra y doctrina

1 Timoteo 4.6: *«Si esto enseñas a los hermanos, serás buen ministro de Jesucristo, nutrido con las palabras de la fe y de la buena doctrina que has seguido».*

39-Tendrá victoria al cumplir debidamente su ministerio de la Palabra

Colosenses 1.25: *«De la cual fui hecho ministro, según la administración de Dios que me fue dada para con vosotros, para que anuncie cumplidamente la palabra de Dios».*

40-Tendrá victoria al ser un ministro competente

2 Corintios 3.6a: *«El cual asimismo nos hizo ministros competentes de un nuevo pacto…».*

41-Tendrá victoria al recibir revelaciones de Dios

Hechos 26.16: *«Pero levántate, y ponte sobre tus pies; porque para esto he aparecido a ti, para ponerte por ministro y testigo de las cosas que has visto, y de aquellas en que me apareceré a ti».*

42-Tendrá victoria al saber que Dios le dejará saber sus secretos

Amós 3.7: *«Porque no hará nada Jehová el Señor, sin que revele su secreto a sus siervos los profetas* [ministros]*».*

43-Tendrá victoria al cumplir y terminar con éxito su ministerio

Lucas 1.23: «*Y cumplidos los días de su ministerio, se fue a su casa*».

Se cuenta que el jefe de la tribu de los escoceses cayó en la batalla de Sheriff-Muir. Cuando sus soldados vieron caer al gran jefe, vacilaron un momento, dando considerable ventaja al enemigo. El viejo caudillo al ver lo que acontecía, se levantó y aunque la sangre manaba de sus heridas, gritó: «Yo no estoy muerto, hijos míos. Os estoy mirando, y espero que cada uno CUMPLA con su deber». Estas palabras sirvieron de estímulo a los soldados, llevándolos a hacer esfuerzos casi sobrehumanos. De igual forma, mis queridos ministros y lectores, cuando nuestras fuerzas flaquean y nuestros corazones están temerosos, el gran jefe y capitán Jesucristo nos dice: «He aquí yo estoy con vosotros todos los días, hasta el fin del mundo» Mateo 28.20. Que El Señor nos ayude a cumplir con nuestro llamado y ministerio. Que Él nos dé la fuerza, el poder y la unción necesaria para vencer todos los obstáculos que se nos presenten en nuestro diario vivir. Usted y yo como ministros que somos, venceremos en el nombre de Cristo y llegaremos delante de su presencia llevando nuestras gavillas, las almas que hemos ganado para Él. Oh qué glorioso día será, cuando Él nos llame, y al mencionar nuestro nombre allí estaremos, llenos de regocijo juntamente con nuestros colegas y familiares. Como dice el famoso himno: «Firmes y adelante, huestes de la fe, sin temor alguno, que Cristo os ve…». ¡Aleluya! Qué gran privilegio es este de ser llamado siervo de Dios. No hay otro igual. Ministros del Dios vivo, manténganse firmes en la batalla y pelead con valor y determinación sabiendo que gran galardón les espera en los cielos. ¡A vencer se ha dicho!

Capítulo

7

La victoria de esperar en silencio y quietud

2 Samuel 23.10b
«Aquel día Jehová dio una gran victoria, y se volvió el pueblo en pos de él tan sólo para recoger el botín».

[E]n 1 Tesalonicenses 1.3 está escrito: *«Acordándonos sin cesar delante del Dios y Padre nuestro de la obra de vuestra fe, del trabajo de vuestro amor y de vuestra constancia en la esperanza en nuestro Señor Jesucristo».* La palabra **«esperanza»** aquí en griego es **«elpis»**. Esta palabra no es usada solamente en el sentido de una visión optimista o de un simple deseo sin fundamento, sino en el sentido de expectación confiada, basada sobre una certeza sólida. La esperanza bíblica descansa sobre las promesas de Dios, particularmente aquellas que tienen que ver con el retorno de Cristo a la tierra. Es tan seguro el futuro de los redimidos por la sangre del Cordero, que el N.T. algunas veces habla de hechos por venir empleando el tiempo pasado de los verbos, como si los tales ya se hubiesen cumplido. **La esperanza nunca es inferior a la fe, sino que es una extensión de la fe. La fe es la posesión presente de la gracia; la esperanza es la confianza en el cumplimiento futuro de la iglesia.**

Esperar en quietud a Dios es la cosa más difícil en el proceso de la madurez cristiana, porque va en contra de nuestra naturaleza humana de desear que las cosas sean cumplidas rápidamente y de la manera que nosotros queremos que sea hecha. Esto con Dios no funciona. Por experiencia propia se lo digo. En el pasado enviábamos una carta a alguien, esperábamos que saliera y esperábamos por la respuesta que tardaba y tardaba. Hoy enviamos un correo electrónico, y si la persona no contesta al más tardar al día siguiente, la llamamos por teléfono a su celular y preguntamos, ¿recibiste mi e-mail? Queremos la respuesta de inmediato. Debido a mi temperamento colérico y sanguíneo, ha sido, y es pero muy, pero muy difícil para mi esperar en Dios por algunas cosas, otras son más fáciles, pero cuando Él tarda demasiado de acuerdo a lo que yo creo, mi impaciencia sale a flote. Creo que la mayoría de nosotros somos así, ¿verdad? Pero podemos tener una certeza sólida que Dios nos contestará en su tiempo, si ponemos como fundamento esperar en su Palabra. Con fe y paciencia podemos esperar que el Señor cumpla su voluntad en nosotros de la manera que Él desee. Aunque la fe es para ahora, la esperanza es la certeza que Dios responderá en el futuro, todo lo que tenemos que hacer es «esperar», y «esperar» y «esperar…». Pero esto no es una esperanza sin causa o fundamento, sino es una esperanza en sus promesas, que Él nunca ha fallado, no falla y jamás fallará. Y esto sirve para la respuesta divina en todas las áreas de nuestras vidas, sean en el ámbito secular o espiritual. Si esperamos en el Señor y conservamos la esperanza que Él nos contestará, seremos victoriosos. Considere la PIEDRA por un momento:

El distraído tropezó en ella.
El violento la utilizó como proyectil.
El constructor edificó con ella.
Para los niños solo fue un juguete.
Miguel Ángel le sacó la más bella escultura.

Dios escribió en ellas las tablas de la ley.
El joven David con ella mató a Goliat.
Moisés se sentó en ella durante la batalla.
Y también sacó agua de ella para el pueblo beber.
Jacob la usó como almohada.

Josué hizo un monumento.

Salomón edificó con ellas el templo.

Pedro nos llama piedras vivas.

Los soldados sellaron la tumba de Cristo con ella.

Pero el Ángel la removió y Cristo resucitó.

Jesús dijo que no quedaría piedra sobre piedra.

Los acusadores de la mujer adúltera querían apedrearla.

Marta y María la removieron para ver el milagro en Lázaro.

Jesucristo es la piedra de ángulo y nuestra roca de los siglos.

Y algunos son como piedra de tropiezo a los demás.

En todos los casos la diferencia no estuvo en la piedra, sino en cómo la utilizaron para hacer algo de diferentes formas y maneras. Para muchos de nosotros la PIEDRA puede ser la ESPERA en Dios. Cómo la usamos es lo que hará la diferencia. Si la usamos para sentar, descansar y ESPERAR en Dios en plena confianza, tomando el Señor el tiempo que sea, será un deleite esperar en Él. Pero si nos desesperamos, nos impacientamos, y murmuramos porque la respuesta no viene y la demandamos de Dios usando palabras ásperas e impropias y aun acusarlo por la tardanza, entonces esta PIEDRA de la espera se tornará un calvario y podrá tornarse muy, pero muy pesada de llevarla a medida que el tiempo pasa.

Agostino d'Antonio, un escultor de Florencia, en Italia, trabajó diligentemente, pero sin éxito ninguno, en un gran pedazo de mármol. Después de intentar hacer algo con esto, terminó diciendo: «Yo no puedo hacer nada con esta enorme piedra». Algunos otros escultores también intentaron hacer algo, pero nada se hizo. Por fin, echaron la piedra en la basura donde quedó por más de 40 años. Cierto día, al pasar cerca del local, Miguel Ángel vio la piedra y sus posibilidades escondidas en ella y pidió que se la llevasen a su despacho. Él empezó a trabajar en la piedra y después de un largo tiempo su trabajo fue coronado con gran éxito. De aquella piedra aparentemente despreciada y sin valor, él esculpió una de sus obras maestras más grandes del mundo de la escultura, la cual se llamó «David». El secreto estaba en Miguel Ángel y no en la piedra. De la misma manera mis queridos lectores, nosotros somos como esta piedra, nuestra vida ha sobrevivido mucho tiempo en el abandono de las decepciones, derrotas y fracasos que hemos tenido, pero es necesario mirar al Señor Jesucristo que puede hacer algo maravilloso de nosotros si solamente nuestro corazón lo permite. Dios hará una obra maestra de nuestras vidas, si solamente dejamos al gran Maestro trabajar en áreas de nuestra vida, como es ESPERAR EN SILENCIO Y QUIETUD, desechando la impaciencia y todo lo demás. Recuerde que la piedra fue echada a un lado por 40 largos años…quizás hemos sufrido lo mismo…rechazo, abandono, palabras despreciables…; pero ahí estaba la piedra, esperando que alguien hiciera de ella algo usable…usted y yo hemos esperado mucho de igual manera…y ahora llegó el momento del gran escultor Jesucristo de trabajar en esta piedra que somos nosotros y hacer de ella algo extraordinario, pues el apóstol Pedro nos dice que: «…*vosotros también, como piedras vivas, sed edificados como casa espiritual…*» 1 Pedro 2.5.

¿Qué es el esperar?

Absolutamente todas las cosas significativas que Dios ha hecho en mí y que han tenido gran impacto en mi vida personal o ministerial, he tenido que literalmente esperar por un largo tiempo. Cuando yo era joven, después de estudiar en JUCUM, tuve que esperar para salir de Brasil como misionero de Juventud Con Una Misión a España; tuve que esperar en Madrid, madurar y aprender paciencia en muchas áreas de mi vida; tuve que esperar para venir a los Estados Unidos; tuve que esperar para casarme con la muchacha correcta; tuve que esperar más de lo normal por mi residencia legal; tuve que esperar por mis credenciales con las Asambleas de Dios; tuve que esperar mucho

por mi ciudadanía americana; tuve que esperar para que las puertas se
abrieran para predicar alrededor del mundo en cruzadas grandes, tuve
que esperar para adquirir nuestra casa; tuve que esperar para ver mis
hijos en una escuela cristiana; tuve que esperar mucho para escribir
y editar mi primer libro, tuve que esperar por cinco largos años para
que nuestro ministerio pudiera recibir definitivamente el status de por
vida del Internal Revenue Service (Servicio Interno de Recaudación de
Impuestos de los Estados Unidos), de que somos una organización no
lucrativa y exenta de los impuestos federales, esto es, que toda persona
que done financieramente al ministerio puede deducir de sus impuestos federales su donación. Y muchísimas cosas más. Ahora mismo, en
este mes, febrero del 2009 ya hace seis largos años y ocho meses que
estoy esperando una de las victorias más grandes de mi vida personal y
ministerial, que todavía no ha llegado, pero sigo esperando. Yo sé que
vendrá, porque el Señor me lo ha dicho a mí personalmente en oración,
en forma audible a Damaris, también por la Palabra, por sueños y por
profecías que vendrá, ¿cuándo? No lo sé decir, pero estoy seguro, tan
cierto como Dios vive, que vendrá, como todo lo demás que vino y
trajo la respuesta. Y todo ha sido así conmigo, luchas y más luchas,
largas y más largas esperas… y todo es esperar, y esperar… y sigo esperando que se abran otras puertas que deseo y estoy a la espera… Bueno,
toda mi vida he esperado… ¿Qué les puedo decir? Otros no han tenido
que esperar tanto. Los he visto. De la noche a la mañana han surgido
en el ministerio. Y Dios les usa. Otros no permanecen. Otros sí. Yo he
esperado y tardado años, otros meses, ¿Por qué? ¡No lo sé! Pero una
cosa les digo: He esperado, pero en toda esta espera he sido victorioso
porque la respuesta ha venido, porque todo lo que he pedido, el Señor
me ha concedido. ¿El precio? ¡La espera! Pero cuanto más tarda Dios,
más carácter y madurez iremos adquiriendo y cuanto más esperamos
en Él, más fe y paciencia iremos desarrollando. Pero a veces nos sentimos frustrados, tristes, confundidos y derrotados, porque no vemos la
respuesta llegar. Y a veces nunca llega, porque hemos estado pidiendo

y esperando algo que Dios no quiere para nosotros. Pero si Él habló, Él lo hará. Les diré que el esperar es molestia, es frustrante, es desespero, es doloroso, es angustioso, es penoso, es fastidioso, es un pesar, es triste, es el deber y tenemos que hacerlo, ESPERAR ES LO MÁS DIFÍCIL QUE HAY en la vida cristiana y en el proceso del crecimiento espiritual. No hay nada más que cueste en la vida del creyente que esperar en quietud por la respuesta divina.

¿Qué es EL ESPERAR, qué produce en nuestras vidas, y qué es lo que Dios hará por nosotros si esperamos?

1-Es escudo para nosotros
Salmo 18.30: *«En cuanto a Dios, perfecto es su camino y acrisolada la palabra de Jehová; escudo es a todos los que en él esperan».*

2-No seremos confundidos
Salmo 25.3a: *«Ciertamente ninguno de cuantos esperan en ti será confundido...».*

3-No lo haremos en vano
Salmo 31.6: *«Aborrezco a los que esperan en vanidades ilusorias; mas yo en Jehová he esperado».*

4-Tomaremos aliento
Salmo 31.24: *«Esforzaos vosotros los que esperáis en Jehová, y tome aliento vuestro corazón».*

5-Aguardaremos en el Señor
Salmo 27.14: *«Aguarda a Jehová; esfuérzate, y aliéntese tu corazón; sí espera a Jehová».*

6-Los ojos del Señor estarán sobre nosotros
Salmo 33.18: *«He aquí el ojo de Jehová sobre los que le temen, sobre los que esperan en su misericordia».*

7-Él será nuestra ayuda
Salmo 33.20: *«Nuestra alma espera a Jehová; nuestra ayuda y nuestro escudo es él».*

8-Su misericordia estará sobre nosotros
Salmo 33.22: *«Sea tu misericordia, oh Jehová, sobre nosotros, según esperamos en ti».*

9-Desearemos buscarle aun más
Salmo 130.6: *«Mi alma espera a Jehová más que los centinelas a la mañana, mas que los vigilantes a la mañana».*

10-Se complacerá Él en nosotros
Salmo 147.11: *«Se complace Jehová en los que le temen, y en los que esperan en su misericordia».*

11-Esperaremos en su Palabra
Salmo 119.147: *«Me anticipé al alba, y clamé; esperé en tu palabra».*

12-Heredaremos la tierra
Salmo 37.9: *«Porque los malignos serán destruidos, pero los que esperan en Jehová, ellos heredarán la tierra»* (Ver Salmo 37.34).

13-El Señor nos responderá
Salmo 38.15: *«Porque en ti, oh Jehová, he esperado; tú responderás, Jehová Dios mío».*

14-Él oirá nuestro clamor

Salmo 40.1: «*Pacientemente esperé a Jehová y se inclinó a mí, y oyó mi clamor*».

15-Hemos de alabarle

Salmo 42.5: «*¿Por qué te abates, oh alma mía, y te turbas dentro de mí? Espera en Dios; porque aun he de alabarle, salvación mía y Dios mío*».

16-Esperaremos en su nombre

Salmo 52.9b: «*Y esperaré en tu nombre, porque es bueno, delante de tus santos*».

17-Porque Él es nuestro refugio

Salmo 62.8: «*Esperad en él en todo tiempo, oh pueblos; derramad delante de él vuestro corazón; Dios es nuestro refugio*».

18-Hay que esperar siempre en Él

Salmo 71.14: «*Mas yo esperaré siempre, y te alabaré más y más*».

19-Seremos redimidos

Salmo 130.7: «*Espere Israel a Jehová, porque en Jehová hay misericordia, y abundante redención con él*».

20-Hay que esperar en Él hoy, mañana y siempre

Salmo 131.3: «*Espera, oh Israel, en Jehová, desde ahora y para siempre*».

21-Hay que confiar en Él

Isaías 8.17: «*Esperaré, pues, a Jehová, el cual escondió su rostro de la casa de Jacob, y en él confiaré*».

22-Lo que Dios prometió se cumplirá

Habacuc 2.3: «*Aunque la visión tardará aún por un tiempo, mas se apresura hacia el fin, y no mentirá; aunque tardare, espéralo, porque sin duda vendrá, no tardará*».

23-Él nos salvará

Isaías 25.9: «*Y se dirá en aquel día: He aquí, éste es nuestro Dios, le hemos esperado, y nos salvará; éste es Jehová a quien hemos esperado, nos gozaremos y nos alegraremos en su salvación*».

24-Él debe ser el deseo de nuestra alma en la espera

Isaías 26.8: «*También en el camino de tus juicios, oh Jehová, te hemos esperado; tu nombre y tu memoria son el deseo de nuestra alma*».

25-Él es nuestra ayuda en el tiempo de la tribulación

Isaías 33.2: «*Oh Jehová, ten misericordia de nosotros, a ti hemos esperado; tú, brazo de ellos en la mañana, sé también nuestra salvación en tiempo de tribulación*».

26-Tendremos nuevas fuerzas y no nos cansaremos al esperar

Isaías 40.31: «*Pero los que esperan a Jehová tendrán nuevas fuerzas; levantarán alas como águilas; correrán, y no se cansarán; caminarán y no se fatigarán*».

27-No seremos avergonzados al esperar en Él

Isaías 49.23b: «*...y conocerás que yo soy Jehová, que no se avergonzarán los que esperan en mí*».

28-Al esperar en el Señor, Él hará todo por nosotros

Isaías 64.4: «*Ni nunca oyeron, ni oídos percibieron, ni ojo ha visto a Dios fuera de ti, que hiciese por el que en él espera*».

29-Él nos librará si esperamos en Él

Salmo 22.4: *«En ti esperaron nuestros padres; esperaron, y tú los libraste».*

30-Tendremos la bondad de Dios

Salmo 31.19: *«¡Cuan grande es tu bondad, que has guardado para los que te temen, que has mostrado a los que esperan en ti, delante de los hijos de los hombres!»*

31-Seremos bienaventurados

Daniel 12.12a: *«Bienaventurado el que espere…».*

En noviembre del 2002, prediqué en la Convención Juvenil de nuestro distrito del Pacifico Sur del Concilio de las Asambleas de Dios aquí en California. Miles de jóvenes fueron edificados por la Palabra y también por las canciones de Jesús Adrián Romero, el muy conocido cantante mexicano que ministró en la alabanza. Él tiene una melodía muy linda que expresa la realidad de esperar en el Señor. Esta bella letra dice así:

Señor enséñanos a esperar en ti en todo momento.

Esperar en ti, difícil sé que es,
Mi mente dice no, no es posible.
Pero mi corazón confiado está en ti,
Tú siempre has sido fiel, me has sostenido.

Y esperaré pacientemente,
Aunque la duda me atormente.
Yo no confío con la mente,
Lo hago con el corazón.

Y esperaré en la tormenta
Aunque tardare tu respuesta.
Yo confiaré en tu providencia,
Tú siempre tienes el control.

El Salmo 110.1 también nos habla de la espera por Dios, hasta que Él nos haga justicia o que nos conteste nuestras peticiones. Dice así: *«Jehová dijo a mi Señor: Siéntate a mi diestra, hasta que ponga a tus enemigos por estrado de tus pies».* Sabemos que esta Escritura se refiere al Dios Padre hablando a su Hijo Jesucristo después de su ascensión al cielo. Jesús mismo la mencionó en Mateo 22.44 al referir que Él era llamado el hijo de David, probando su deidad y que Él era el Mesías. Pero si lo aplicamos a nuestras vidas personales, Dios dice: ¡SIÉNTATE! Esto es ESPERAR con paciencia, en tranquilidad, con calma y certidumbre. ¡SIÉNTATE! Es reposar en plena confianza en ÉL, y ESPERAR el tiempo que Él nos contestará. ¿Y dónde habla sobre el tiempo? Dice la Palabra: ¡HASTA! Aquí nos habla de una ESPERA en el tiempo de Dios. HASTA se refiere HASTA cuando Dios determine, crea que es el momento en que se cumpla su perfecta voluntad, HASTA que llegue el día en que Él nos responda, HASTA que Él solucione nuestro problema, HASTA que Él nos dé la victoria. Y HASTA que llegue este momento, TENEMOS QUE ESPERAR. Aunque nos duela. No hay otra manera. Si lo hacemos recibiremos la victoria. ¡Punto!

¿Qué es la esperanza?

Una vez leí una fábula acerca de un hombre que estaba mirando en una tienda cuando hizo el impactante descubrimiento de que Dios estaba detrás del mostrador de ventas. Así que el hombre se acercó y preguntó: «¿Qué vendes Señor?» Dios respondió: «¿Qué desea tu corazón?» El hombre dijo: «Quiero plena felicidad, paz interior, y ser libre del temor…para mí y para todo el mundo». Dios sonrió y dijo: «Lo siento, yo no vendo fruto aquí, solo semillas». Las Escrituras nos dicen en Gálatas 6.7, 8 lo siguiente: «*No os engañéis; Dios no puede ser burlado: pues todo lo que el hombre sembrare, eso también segará. Porque el que siembra para su carne, de la carne segará corrupción; mas el que siembra para el Espíritu, del Espíritu segará vida eterna*». Aquí el apóstol habla de la importancia de sembrar semillas de conducta que honren a Dios. No podemos sembrar una cosa esperando cosechar otra, esto es imposible. Si sembramos agradar a la carne, segaremos destrucción, pero si sembramos viviendo una vida recta e íntegra, ciertamente cosecharemos vida eterna. La fábula nos enseña algo importante: Dios vende semillas, si las plantamos debidamente, cosecharemos el fruto que deseamos. Si sembramos el vivir en la Palabra de Dios, ella producirá una semilla de esperanza que el resultado será el fruto de la fe, de acuerdo a lo que dice Gálatas 5.22 que nos afirma: «*Mas el fruto del Espíritu es amor, gozo, paz, paciencia, benignidad, bondad, FE, mansedumbre, templanza; contra tales cosas no hay ley*». Dice que uno de los frutos del Espíritu es FE. Algunas traducciones de este versículo traducen ESPERANZA en lugar de FE. Algunos llegan a decir que es lo mismo la esperanza y la fe. Personalmente yo creo que la esperanza es algo que pedimos y que será hecho en el futuro, la fe es para ahora. Por ejemplo, la esperanza dice: Yo «espero» ir al cielo, pero la fe dice: «¡Yo voy al cielo!» Por lo tanto yo creo que si sembramos la semilla de la ESPERANZA, esta semilla producirá EL FRUTO DE LA FE. Por eso Dios dijo en la fábula: «Yo no vendo frutos, solo semillas». ¿Por qué? Si sembramos la ESPERANZA en nuestros corazones y en los demás, cosecharemos como resultado el fruto de la FE, y entonces tendremos la fe y la esperanza para creer que después que hemos esperado, recibiremos lo que Dios nos ha prometido. Si plantamos la semilla de la esperanza, seremos victoriosos en todo lo que emprendamos, porque esto resultará en fe y recibiremos la victoria de parte del Señor.

 ¿Qué es LA ESPERANZA, qué produce en nuestras vidas, y qué es lo que Dios hará por nosotros si la tenemos?

1-Él será la Palabra para nosotros

Romanos 15.4: *«Porque las cosas que se escribieron antes, para nuestra enseñanza se escribieron, a fin de que por la paciencia y la consolación de las Escrituras, tengamos esperanza».*

2-Él será nuestro reposo

Salmo 62.5: *«Alma mía, en Dios solamente reposa, porque de él es mi esperanza».*

3-Él será nuestra sabiduría.

Salmo 14.6: *«Del consejo del pobre se han burlado, pero Jehová es su esperanza».*

4-Él será nuestra seguridad

Salmo 71.5: *«Porque tú, oh Señor Jehová, eres mi esperanza, seguridad mía desde mi juventud».*

5-Él será nuestro castillo

Salmo 91.2: *«Diré yo a Jehová: Esperanza mía, y castillo mío, mi Dios, en quien confiaré».*

6-Él será nuestra habitación

Salmo 91.9: *«Porque has puesto a Jehová, que es mi esperanza, al Altísimo por tu habitación».*

7-Él será nuestro sustento

Salmo 119.116: *«Susténtame conforme a tu palabra, y viviré; y no quede yo avergonzado de mi esperanza».*

8-Él será nuestra porción

Salmo 142.5: *«Clamé a ti, oh Jehová; dije: Tú eres mi esperanza, y mi porción en la tierra de los vivientes».*

9-Él será nuestro guardador

Jeremías 14.8a: «*Oh esperanza de Israel, Guardador suyo en el tiempo de la aflicción…*».

10-Él será nuestra fortaleza

Joel 3.16: «*Y Jehová rugirá desde Sion, y dará su voz desde Jerusalén, y temblarán los cielos y la tierra; pero Jehová será la esperanza de su pueblo, y la fortaleza de los hijos de Israel*».

11-Él será nuestro milagro

Romanos 4.18: «*Él creyó en esperanza contra esperanza, para llegar a ser padre de muchas gentes, conforme a lo que se le había dicho: Así será tu descendencia*».

12-Él será nuestro amor

Romanos 5.5: «*Y la esperanza no avergüenza; porque el amor de Dios ha sido derramado en nuestros corazones por el Espíritu Santo que nos fue dado*».

13-Él será nuestra salvación

Romanos 8.24: «*Porque en esperanza fuimos salvos; pero la esperanza que se ve, no es esperanza; porque lo que alguno ve ¿a qué esperarlo?*».

14-Él será nuestro gozo

Romanos 12.12: «*Gozosos en la esperanza; sufridos en la tribulación; constantes en la oración*».

15-Él será nuestra paz

Romanos 15.13: «*Y el Dios de esperanza os llene de todo gozo y paz en el creer, para que abundéis en esperanza por el poder del Espíritu Santo*».

16-Él será nuestra vocación
Efesios 4.4: «*Un cuerpo, y un Espíritu, como fuiste también llamados en una misma esperanza de vuestra vocación*».

17-Él será nuestra riqueza
Efesios 1.18: «*Alumbrando los ojos de vuestro entendimiento, para que sepáis cuál es la esperanza a que él os ha llamado, y cuáles las riquezas de la gloria de su herencia en los santos*».

18-Él será nuestra caja fuerte
Colosenses 1.5: «*A causa de la esperanza que os está guardada en los cielos, de la cual ya habéis oído por la palabra verdadera del evangelio*».

19-Él será nuestra coraza
1 Tesalonicenses 5.8: «*Pero nosotros, que somos del día, seamos sobrios, habiéndonos vestido con la coraza de fe y de amor, y con la esperanza de salvación como yelmo*».

20-Él será nuestra fe
Colosenses 1.23a: «*Si en verdad permanecéis fundados y firmes en la fe, y sin moveros de la esperanza del evangelio que habéis oído…*».

21-Él será nuestra gloria
Colosenses 1.27b: «*…que es Cristo en vosotros, la esperanza de gloria*».

22-Dios, Él será nuestra esperanza
Salmo 39.7: «*Y ahora, Señor, ¿qué esperaré? Mi esperanza está en ti*».

23-Cristo, Él será nuestra esperanza
1 Timoteo 1.1: «*Pablo, apóstol de Jesucristo por mandato de Dios nuestro Salvador, y del Señor Jesucristo nuestra esperanza*».

24-Él será nuestra vida eterna

Tito 1.2: «*En la esperanza de la vida eterna, la cual Dios, que no miente, prometió desde antes del principio de los siglos*».

25-Él será nuestra fidelidad

Hebreos 10.23: «*Mantengamos firme, sin fluctuar, la profesión de nuestra esperanza, porque fiel es el que prometió*».

26-Él será nuestra resurrección

1 Pedro 1.3: «*Bendito el Dios y Padre de nuestro Señor Jesucristo, que según su grande misericordia nos hizo renacer para una esperanza viva, por la resurrección de Jesucristo de los muertos*».

27-Él será nuestra confianza

Proverbios 14.26: «*En el temor de Jehová está la fuerte confianza; y esperanza tendrán sus hijos*».

28-Él será nuestro ayudador

Salmo 146.5: «*Bienaventurado aquel cuyo ayudador es el Dios de Jacob, cuya esperanza está en Jehová su Dios*».

29-Él será nuestra esperanza aun en la muerte

Proverbios 14.32b: «*Mas el justo en su muerte tiene esperanza*».

30- Él no nos avergonzará

Filipenses 1.20a: «*Conforme a mi anhelo y esperanza de que en nada seré avergonzado…*».

Se cuenta que en el siglo XVIII las fuerzas del káiser estaban quemando todas las aldeas judías en Polonia. En una de estas aldeas todo estaba destruido y nada había quedado. A la mañana siguiente al ataque, cuando el sol apareció, un anciano judío empezó a juntar algunas maderas y montó una pequeña tiendita para vender algo. Un joven estaba pasando y fijando los ojos y lleno de incredulidad, preguntó al viejo: «¿Qué va a vender en medio de todas estas ruinas?» El hombre sonrió y le dijo: «Yo voy a vender esperanza, de la misma manera que alguien vendería agua en el desierto, voy a vender esperanza, aquí mismo, en un lugar como este, lleno de cenizas y de destrucción». El anciano estaba diciendo lo mismo que Dios mencionó en la fábula: «¡Yo vendo semillas!» Él estaba vendiendo semillas de esperanza en medio del dolor y de la angustia de haber perdido todo. De la misma forma nosotros debemos plantar semillas de esperanza y esperar cosechar el fruto de la fe. DE LA MISMA MANERA QUE HAY SEMILLAS QUE SE ASEMEJAN UNAS A LAS OTRAS Y CUANDO NACEN LAS FRUTAS O VEGETALES ELLAS SE PARECEN ENTRE SÍ, PUES SON DE LA MISMA FAMILIA O ESPECIE, DE IGUAL FORMA LA ESPERANZA Y LA FE SON SEMEJANTES Y PARECIDAS ENTRE SÍ, trabajando igualmente para darnos un futuro mejor, para darnos un nuevo aliento, para darnos un nuevo comienzo, para darnos una restauración, para darnos una nueva vida, para darnos el milagro, para darnos la respuesta y para darnos la victoria en nuestras vidas. Las Escrituras nos dicen que el rey Ezequías nos dejó el ejemplo al depositar su esperanza en el Señor, pues 2 Reyes 18.5 nos dice: *«En Jehová Dios de Israel puso su esperanza; ni después ni antes de él hubo otro como él entre todos los reyes de Judá».* Que podamos hacer como él, creer en esperanza que Dios hará en su tiempo lo que hemos deseado, pues el mismo apóstol Pablo nos deja saber que la esperanza permanecerá para siempre con nosotros, de acuerdo a 1 Corintios 13.13a que nos dice: *«Y ahora permanecen la fe, la esperanza y el amor...».* Dice: ¡Permanecen! Que nosotros podamos mantener esta esperanza viva y real en nuestras vidas hoy y siempre, de esta manera alcanzaremos la victoria.

¿Qué es esperar en silencio y quietud?

Hay una flor llamada girasol y este nombre común se deriva de las hierbas anuales y vivaces de un género de la familia de las compuestas. Este género tiene unas 67 especies. La orientación de la flor hacia el sol se debe al crecimiento diferencial del tallo, pues cuando la iluminación es desigual, en el lado sombreado de la planta se acumula auxina que es un regulador del crecimiento vegetal. Esta acumulación hace que la parte sombreada crezca más rápidamente que la soleada haciendo que el tallo se incline hacia el sol. Esta flor tiene su mirada solamente puesta en la luz, en el sol que resplandece su faz y que la torna bella y hermosa. ¿Acaso de igual manera no deberíamos nosotros tener nuestra mirada en la luz divina que es Cristo? Sus rayos por medio del poder del Espíritu Santo tienen la capacidad de hacernos resplandecer como luces en este mundo al proveer para nosotros la semilla de la esperanza la cual puede ayudar no solamente a nosotros sino también a los demás de la misma forma. Nosotros deberíamos mirar, como el girasol, solamente la luz, que es Cristo, aunque tengamos que esperar en silencio y en quietud por su respuesta y por lo que sea. Cristo dijo en Juan 9.5 *«Yo soy la luz del mundo»*, por lo tanto nuestros ojos deben estar fijos en Él, de día y de noche. Estoy seguro que de la misma forma que miramos al Señor Jesús para ayudarnos en todo, este pobre anciano judío miraba con los ojos llenos de fe y esperanza al Dios de Israel en medio de su dolor y sufrimiento que él presenciaba al ver su aldea destruida.

Oh cómo necesitamos esperar en Él, en quietud y reposo, para nosotros recibir una palabra de aliento para los demás. En un mundo tan afanado con problemas enormes donde muchísimas personas están turbadas y sin dirección, necesitamos presentar a Cristo como la única solución de este mundo que cada día se pierde sin dirección, consuelo ni salvación. Nosotros somos la luz del mundo dijo nuevamente el Señor Jesús en Mateo 5.14, por lo tanto debemos alumbrar con nuestra obras, palabras, acciones, hechos, compasión y cariño, los corazones oscuros y tristes de la humanidad que marchan a la perdición sin conocer la única luz verdadera que es Cristo. Desafortunadamente muchos predicadores han predicado solamente condenación y juicio hacia a los demás, se han olvidado que el evangelio que anunciamos es «buenas nuevas» y no «malas nuevas», pues el mundo ya tiene suficientes «malas nuevas» de dolor, angustia, tristeza, quebranto, separaciones de familias, de matrimonios, de hijos, divorcios, asesinatos, robos, drogas, depravación, inmoralidad, hambre, guerras, pobreza, injusticia, falta de amor, de cariño de comprensión, niños abandonados por sus padres, etc. Si esperamos en silencio y en quietud el Señor nos levantará para anunciar las buenas nuevas de su evangelio para que podamos transformar, por el poder de la Palabra de Dios, a este mundo perdido. También, como cristianos, debemos esperar su promesa de bendición que Él nos prometió, sabiendo que Él no dejará de cumplir su Palabra a su tiempo en nuestras vidas. Sea lo que usted esté esperando del Señor, vendrá; crea, sea hoy o sea mañana, pero vendrá. Mantengamos pues, como el girasol que tiene su mirada en el sol, nuestros ojos en la luz divina que es Cristo, y seamos hacedores de la Palabra de Hebreos 12.2 que dice: «*Puestos los ojos en Jesús, el autor y consumador de la FE…*».

¿Qué es el ESPERAR EN SILENCIO Y EN QUIETUD, qué produce en nuestras vidas, y qué es lo que Dios hará por nosotros si lo hacemos?

1-No iremos a alterarnos
Salmo 37.7: «*Guarda silencio ante Jehová, y espera en él. No te alteres con motivo del que prospera en su camino, por el hombre que hace maldades*».

2-Aprenderemos a estar callados
Habacuc 2.20: «*Mas Jehová está en su santo templo; calle delante de él toda la tierra*».

3-Estaremos en silencio delante de su presencia

Sofonías 1.7: *«Calla en la presencia de Jehová el Señor...»*.

4-Cuando Dios está en silencio es porque Él está trabajando

Zacarías 2.13: *«Calle toda carne delante de Jehová; porque él se ha levantado de su santa morada»*.

5-Esto hará que le busquemos

Lamentaciones 3.25: *«Bueno es Jehová a los que en él esperan, al alma que le busca»*.

6-Porque esto es bueno

Lamentaciones 3.26: *«Bueno es esperar en silencio la salvación de Jehová»*.

7-Tendremos nuestros ojos en Él

Miqueas 7.7: *«Mas yo a Jehová miraré, esperaré al Dios de mi salvación; el Dios mío me oirá»*.

8-Porque Dios así lo desea

Sofonías 3.8a: *«Por tanto, esperadme, dice Jehová...»*.

9-Hará que nosotros oremos

Salmo 5.3: *«Oh Jehová, de mañana oirás mi voz; de mañana me presentaré delante de ti, y esperaré»*.

10-Conoceremos aun más al Señor

Salmo 46.10a: *«Estad quietos, y conoced que soy Dios...»*.

11-El silencio y la quietud serán nuestra fortaleza

Isaías 30.15: *«Porque así dijo Jehová el Señor, el Santo de Israel: En descanso y en reposo seréis salvos; en quietud y en confianza será vuestra fortaleza».*

12-No tendremos temor de nada ni de nadie

Isaías 7.4a: *«Y dile: Guarda, y repósate; no temas, ni se turbe tu corazón...».*

13-Tendremos reposo y refrigerio

Isaías 28.12a: *«A los cuales él dijo: Este es el reposo; dad reposo al cansado; y este es el refrigerio...».*

14-Hará que caminemos en la antigua y sana doctrina

Jeremías 6.16: *«Así dijo Jehová: Paraos en los caminos, y mirad, y preguntad por las sendas antiguas, cuál sea el buen camino, y andad por él, y hallaréis descanso para vuestra alma».*

15-Como un niño debemos aquietarnos en Él

Salmo 131.2: *«En verdad que me he comportado y he acallado mi alma como un niño destetado de su madre; como un niño destetado está mi alma».*

16-Entonces seremos salvos de toda calamidad

Salmo 62.1: *«En Dios solamente está acallada mi alma; de él viene mi salvación».*

17-Si le obedecemos viviremos tranquilos

Proverbios 1.33: *«Mas el que me oyere, habitará confiadamente y vivirá tranquilo, sin temor del mal».*

18-Al esperar tendremos justicia, paz, reposo y seguridad para siempre

Isaías 32.17: «*Y el efecto de la justicia será paz; y la labor de la justicia, reposo y seguridad para siempre*».

Muchas son las cosas que Dios podrá hacer por nosotros cuando esperamos en silencio y en quietud. También muchas otras cosas serán producidas en nuestras vidas espirituales trayéndonos la victoria cuando lo hacemos. Es difícil, pero este es el camino correcto. Se lo digo por experiencia propia. Lo he aprendido durante todos estos años. Todavía me es difícil hacerlo en ciertas ocasiones, lo reconozco, pero he tenido que someterme a lo que Dios estableció.

Si esperamos en fe las puertas de hierro serán abiertas

Si estudiamos con diligencia la Palabra de Dios, nos daremos cuenta que algunas personas estuvieron en situaciones mucho más difíciles que nosotros, como el haber estado en la cárcel. Y estas personas esperaron en Dios y las puertas de hierro de estas prisiones fueron abiertas a aquellos que esperaron en silencio y en quietud la respuesta y el milagro de Dios para sus vidas. Si esperamos de esta manera, seguramente alcanzaremos la victoria. Por la fe, puertas serán abiertas a nosotros cuando esperemos en silencio y en quietud.

En las Escrituras, LAS PUERTAS DE LA CÁRCEL FUERON ABIERTAS...

1-Para José

Génesis 41.14: «*Entonces Faraón envió y llamó a José. Y lo sacaron apresuradamente de la cárcel, y se afeitó, y mudó sus vestidos y vino a Faraón*».

Salmo 105.17-20: «*Envió un varón delante de ellos; a José, que fue vendido por siervo. Afligieron sus pies con grillos; en cárcel fue puesta su persona. Hasta la hora que se cumplió su palabra, el dicho de Jehová le probó. Envió el rey, y le soltó; el señor de los pueblos, y le dejó ir libre».*

Así como Dios abrió las puertas de la cárcel para José, crea que Dios lo sacará de todos sus problemas, de la cárcel, o sea, de la situación adversa que usted está enfrentando en estos momentos. Dice que lo sacaron «apresuradamente». De la misma manera Dios hará con usted. Solamente espere a Él en fe, silencio y en quietud. Tal vez estás pasando por situaciones similares a la de José, quizás alguna acusación falsa y mentirosa contra usted, o cualquier otra circunstancia difícil, pero sepa que Dios, después de su aflicción y que Él le pruebe como a José, le dejará ir libre, ser victorioso sobre lo que usted está viviendo en estos momentos. En el gran discurso de Esteban, en Hechos 7.9, 10 él nos dice lo siguiente sobre José: *«Los patriarcas, movidos por envidia, vendieron a José para Egipto; pero Dios estaba con él, y le libró de todas sus tribulaciones, y le dio gracia y sabiduría delante de Faraón rey de Egipto, el cual lo puso por gobernador sobre Egipto y sobre toda su casa».* De la misma forma Dios le librará de todas sus tribulaciones, le dará gracia, lo pondrá muy en alto y le levantará para su honra y su gloria. Todo lo que tiene que hacer es orar en fe y esperar pacientemente en silencio y en quietud como José, y Dios lo hará.

2-Para el profeta Jeremías

Jeremías 32.3a: *«Porque Sedequías rey de Judá lo había puesto preso…».*
Jeremías 37.21a: *«Entonces dio orden el rey Sedequías, y custodiaron a Jeremías en el patio de la cárcel…».*
Jeremías 38.9, 13: *«Mi Señor el rey, mal hicieron estos varones en todo lo que han hecho con el profeta Jeremías, al cual hicieron echar en la cisterna… De este modo sacaron a Jeremías con sogas, y lo subieron de la cisterna; y quedó Jeremías en el patio de la cárcel»* (Ver también Lamentaciones 3.53-57).

Dios fue fiel a Jeremías y lo sacó de la cisterna, de la cárcel donde estaba, y Dios lo usó como antes y mucho más, después que el había estado preso. Lo mismo Él hará con usted. El profeta esperó en fe, silencio y quietud para que Dios actuara y Él lo hizo. Hará también por usted. Solo ore, ayune y espere en Él en silencio y quietud y el Señor hará. Lo usará en su ministerio después que haya padecido un poco, y usará su situación difícil para madurar su carácter y usarle aun más para su gloria. Solo espere en Él.

3-Para los apóstoles

Hechos 5.17-19a: *«Entonces levantándose el sumo sacerdote y todos los que estaban con él, esto es, la secta de los saduceos, se llenaron de celos; y echaron mano a los apóstoles y los pusieron en la cárcel pública. Mas un ángel del Señor, abriendo de noche las puertas de la cárcel...»*.

De la misma manera que Dios abrió las puertas para los apóstoles, el Señor enviará su ángel a usted, o quizás por medio del poder del Espíritu Santo, le abrirá las puertas de la cárcel que usted esté enfrentando ahora mismo. Tiene que esperar en fe, silencio y en quietud como los apóstoles y Dios actuará. Dice que el ángel *«abriendo de noche»* las puertas...Quizás usted esté pasando ahora mismo por una noche de tinieblas espiritual, pero las Escrituras dicen que el lloro podrá durar una noche pero la alegría viene por la mañana. Crea, ore, y espere y Dios le dará la victoria.

4-Para Pedro

Hechos 12.5, 7-10: *«Así que Pedro estaba custodiado en la cárcel; pero la iglesia hacia sin cesar oración a Dios por él. Y he aquí que se presentó un ángel del Señor, y una luz resplandeció en la cárcel; y tocando a Pedro en el costado, le despertó, diciendo: Levántate pronto. Y las cadenas se le cayeron de las manos. Le dijo el ángel: Cíñete, y átate las sandalias. Y lo hizo así. Y le dijo: Envuélvete en tu manto, y sígueme. Y saliendo, le seguía; pero no sabía que era verdad lo que hacía el ángel, sino que pensaba que veía una visión. Habiendo pasado la primera y la segunda guardia, llegaron a la puerta de hierro que daba a la ciudad, la cual se les abrió por sí misma; y salidos, pasaron una calle, y luego el ángel se apartó de él».*

De igual forma que el ángel de Jehová abrió las puertas de la cárcel para Pedro, Dios lo hará para usted. El Señor se presentará en su situación y una luz resplandecerá en esos momentos, la del poder de Dios y se moverá a su favor. Su victoria será pronta, inmediatamente. Se soltarán las cadenas de las circunstancias que esté enfrentando y las puertas se abrirán para su victoria. Todo lo que necesita hacer es orar en fe y esperar en silencio y en quietud por la intervención del Señor.

5-Para Pablo y Silas

Hechos 16.19, 23-26, 30: *«Pero viendo sus amos que había salido la esperanza de su ganancia, prendieron a Pablo y a Silas…Después de haberles azotado mucho, los echaron en la cárcel, mandando al carcelero que los guardase con seguridad. El cual, recibido este mandato, los metió en el calabozo de más adentro, y les aseguró los pies en el cepo. Pero a medianoche, orando Pablo y Silas, cantaban himnos a Dios; y los presos los oían. Entonces sobrevino de repente un gran terremoto, de tal manera que los cimientos de la cárcel se sacudían; y al instante se abrieron todas las puertas y las cadenas de todos se soltaron. Y sacándolos, les dijo: Señores, ¿qué debo hacer para ser salvo?».*

Lo mismo que Dios hizo sacando a Pablo y a Silas de la cárcel poderosamente por medio de una intervención milagrosa y extraordinaria, Él lo hará por usted. El Señor causará, cuando usted ore y le alabe, que un terremoto espiritual sacuda su vida y le lleve a la victoria en medio de la situación que está pasando. Pablo y Silas estaban esperando en Dios, en fe, quietud y confianza, que Él haría un milagro de una manera u otra. Los cimientos de su vida espiritual serán sacudidos, Dios usará la circunstancia que esté pasando para madurarle y llevarle a un nivel espiritual mayor y de más impacto de lo que ha tenido hasta ahora. Sepa que todos sus problemas caerán al piso, así como las cadenas de Pablo y Silas, y las puertas de la cárcel serán abiertas de un momento a otro. Tal vez está atado en el cepo de alguna situación y en una cárcel de circunstancias de las cuales no ve la salida. Pero crea solamente y Dios hará el milagro por usted. Todo lo que tiene que hacer es orar y esperar en silencio y en quietud y Dios hará.

Consuella York, la famosa predicadora negra de las cárceles desde los años 1952 hasta 1995, sabía lo que era ministrar a los presos en sus más profundas necesidades. Ella predicó por 47 años incansablemente a estos hombres detrás de las barras y supo cómo hacerlos esperar en silencio y quietud delante del Señor. Ella nació el día 26 de julio de 1923 en Chicago, Illinois. Durante un culto en el año de 1935 ella dio su corazón a Cristo. Siendo madre soltera, ella sostuvo su casa y sus niños teniendo un pequeño negocio de imprenta. Se inscribió en el Instituto Bautista de Chicago donde estudió las Escrituras y oratoria. Después de completar sus estudios bíblicos, ella abrió una sala donde instaló un programa de recuperación de drogaditos, alcohólicos y des-amparados. En 1952 la hermana York visitó la cárcel del condado de Cook donde la situación de aquellos hombres sin Cristo la conmovie-ron profundamente. Desde aquella experiencia ella supo que debería servir al Señor al ministrar a estos hombres perdidos y llevarlos a la salvación por medio del evangelio. Desde el momento de su primera visita en 1952 hasta su muerte, ella predicó en la cárcel del condado de Cook tres días por semana, pasando largas horas, hablando con los prisioneros, dándoles pequeños regalos, dirigiendo estudios bíblicos y cultos de alabanza y de adoración. Entonces el Señor le abrió otras puertas y ella empezó a visitar prisiones estatales y federales. En 1975 ella se tornó capellán de la cárcel del condado de Cook. La «madre York» como ella era conocida entre la población varonil carcelaria, también estaba envuelta en ministrar las clases de la Escuela Dominical para niños, así como también programas de viviendas y de comidas a los necesitados y programas de entrenamiento para empleo para los que lo buscaban. Ella durante toda su vida sirvió al Señor y ministró con un gran corazón y entrega a todos aquellos que necesitaban oír la Palabra de Dios. Tuvo la oportunidad de predicar a miles de hombres y los enseñó a esperar en silencio por la intervención del Señor en sus vidas. Muchos fueron libres y salieron de la cárcel debido a grandes milagros por medio de la oración de ella por ellos, porque siempre su enseñanza fue, «debes esperar por el Señor en todo tiempo». Ella murió el día 11 de diciembre de 1995, de un ataque al corazón. Incontables ministros, creyentes y hombres y mujeres que la conocían, juntamente con los presos y sus familiares, lloraron y lamentaron su muerte, pues ella había sido una «madre» para todo aquél que estaba encarcelado. Antes de partir con el Señor, ella dijo estas profundas palabras sobre lo que es el esperar en silencio y quietud: «Si el Señor te ha llamado y si tu esperas en Él, las puertas se abrirán para ti. Pero, si tú te has llamado a ti mismo, entonces ya estás en problemas». ¡Es verdad! Que todos podamos esperar en todas las áreas de nuestras vidas y como ministros estar en silencio y quietud para ver crecer nuestros ministerios hasta llegar al nivel que Dios lo quiera.

Aunque se prolongue la respuesta hay que desechar la impaciencia

He conocido a personas, tanto creyentes como ministros, que a causa de la impaciencia, cuando Dios no contesta sus oraciones y la respuesta no llega, se sienten desorientados, tristes, desanimados, fracasados, confundidos, sin dirección, amargados, desalentados, frustrados y derrotados... etc. Esto es muy peligroso porque al sufrir este desencanto tal persona puede dar lugar al enemigo para que una raíz de amargura pueda penetrar en su corazón produciendo resentimiento en contra de Dios porque Él no contesta, dando lugar, de esta manera, a palabras de acusación en contra del Señor por medio de murmuraciones y palabras ásperas. Esto ha llevado a muchos hasta a descarriarse del Señor incluyendo a ministros. ¡Esto es muy serio! He visto a muchos que se encuentran en esta situación lamentable y una de las razones entre muchas es que tal vez no sea el tiempo de Dios en contestar tal oración o pedido, o que sencillamente no es la voluntad de Él que se haga lo que la persona está deseando. También he presenciado a muchos en relación al ministerio que se sienten derrotados al no ver la respuesta a sus vidas, quizás no han tenido la paciencia suficiente para esperar, madurar y seguir esperando y madurando, y al no perseverar, han desistido, dando lugar así al fracaso y a la derrota. Cuando esto sucede, la persona cambia sus actitudes drásticamente y un espíritu de irritación y mal humor influye a tal persona que ésta sencillamente pelea por todo, aun con su esposo o esposa e hijos, compañeros de trabajo o del ministerio, y hermanos en la iglesia, porque la frustración le lleva a cometer grandes necedades por sus palabras al sentirse insatisfecho con Dios por no ver los resultados y la respuesta.

Por la impaciencia de muchos al creer que Dios responde de acuerdo a la prisa y a la velocidad de nuestras vidas, lo que se produce es una desilusión de algo que antes aparentaba un gran llamado y ministerio, pero que hoy son sombras y recuerdos de lo que Dios alguna vez les prometió. Pero esté seguro de esto, LA CULPA NUNCA FUE, NO ES Y NUNCA SERÁ DE DIOS. Moisés mismo atrasó el plan de Dios 40 años al matar al egipcio y huir al desierto de Madián, y quizás durante todo ese tiempo estuvo preguntando dónde estaba Dios al supuestamente no ver la aflicción de su pueblo Israel en las manos de los egipcios. Quizás nosotros mismos hemos atrasado la obra de Dios por pecados que hemos cometido, por actitudes que hemos tenido, por palabras que hemos dicho, por incredulidad que hemos expresado, y consecuentemente ACUSAMOS A DIOS porque nosotros no vemos la respuesta, mientras el problema está en nosotros mismos y no en

Dios según pensamos. Hay muchísimos cristianos y ministros en esta situación lamentable en nuestras iglesias. ¿Es usted uno de ellos?

Recuerde, por la impaciencia de Saúl al no esperar a Samuel para ofrecer el sacrificio al Señor, entre otras razones, rechazó a Saúl y a su reinado. Esto le costó la corona, pues dicen las Escrituras en 1 Samuel 13.8-14 lo que sucedió: *«Y esperó siete días, conforme al plazo que Samuel había dicho; pero Samuel no venía a Gilgal y el pueblo se le desertaba. Entonces dijo Saúl: Traedme holocausto y ofrendas de paz. Y ofreció el holocausto. Y cuando él acababa de ofrecer el holocausto, he aquí Samuel que venía; y Saúl salió a recibirle, para saludarle. Entonces Samuel dijo: ¿Qué has hecho? Y Saúl respondió: Porque vi que el pueblo se me desertaba, y que tú no venías dentro del plazo señalado, y que los filisteos estaban reunidos en Micmas, me dije: Ahora descenderán los filisteos contra mí a Gilgal, y yo no he implorado el favor de Jehová. Me esforcé, pues, y ofrecí holocausto. Entonces Samuel dijo a Saúl: Locamente has hecho; no guardaste el mandamiento de Jehová tu Dios que él te había ordenado; pues ahora Jehová hubiera confirmado tu reino sobre Israel para siempre. Mas ahora tu reino no será duradero. Jehová se ha buscado un varón conforme a su corazón, al cual Jehová ha designado para que sea príncipe sobre su pueblo, por cuanto tú no has guardado lo que Jehová te mandó».* A partir de allí, cuando más tarde Saúl se enteró que David había sido ungido rey por Samuel, la amargura produjo el odio que se apoderó de él de tal manera que terminó sus días persiguiendo a David con todas sus fuerzas para matarlo.

La Palabra de Dios es clara en Hebreos 12.15 que nos advierte: *«Mirad bien, no sea que alguno deje de alcanzar la gracia de Dios; que brotando alguna raíz de amargura, os estorbe, y por ella muchos sean contaminados».* Este «alguno» puede ser usted o yo si no nos cuidamos. Dejar de alcanzar la gracia de Dios, puede ser dejar de llegar a donde Dios quiera en nuestras vidas, así como también no llegar a alcanzar la salvación. ¿Y cuál sería la causa? ¡Una raíz de amargura! ¿Cómo nos podrá estorbar? Al no esperar que Dios nos hable, somos llevados al desespero y a la angustia y en consecuencia, al fracaso y a la derrota. ¿Y cuál sería la consecuencia? ¡Ser contaminados! O sea, llegar a descarriarse del Señor como muchos lo han hecho. Aquí ya nos habla de dejar la fe y de un abandono deliberado de Dios al alejarse de Él por amargura y un sentimiento de enojo en contra de Él porque no nos ha contestado. Nuevamente somos amonestados en Hebreos 3.12 que nos dice: «*Mirad, hermanos, que no haya en ninguno de vosotros corazón malo de incredulidad para apartarse del Dios vivo*». Un corazón malo ya es aquél que se descarrió, se apartó completamente y que su boca habló palabras duras contra el Señor porque éste no le ha contestado y no ha creído que le contestará. Este es el resultado de un corazón entenebrecido que es capaz de abrigar el odio contra el propio Señor que lo salvó, todo esto puede ser producido por un cristiano inmaduro y neófito en las cosas de Dios. Recuerde: Aunque se prolongue la respuesta hay que esperar con paciencia para alcanzar la victoria y ver los resultados positivos de lo que hacemos para el Señor. Si no es su voluntad, ciertamente la respuesta no llegará.

En mi quinto libro, el anterior que escribí, titulado *El secreto de la oración eficaz*, hablo de las grandes bendiciones que recibimos cuando Dios contesta nuestras oraciones y el secreto de obtener la respuesta. Pero en esta oportunidad, también deseo hablar sobre lo que pasa cuando Dios no contesta y la razón de que muchas veces no hay respuesta de parte del Señor. Es aquí donde muchos cristianos fallan y se decepcionan y sucede lo que escribí anteriormente, esto es, dan lugar en sus corazones a la amargura y a la derrota. Hay muchísimos creyentes tristes y decepcionados con el Señor al no obtener la respuesta y una, porque son muchas, de las grandes causas es la impaciencia. Yo también he tenido experiencias de no recibir la respuesta de Dios y después de examinar la razón me he dado cuenta que algún área de mi vida necesitaba ser reparada, sea por actitudes o hechos o algo que hice o deje de hacer, o algo que dije a alguien o a mi esposa e hijos o aun alguna decisión equivocada en el ministerio. Muchas veces he pedido algo que estaba completamente fuera de la voluntad de Dios y por eso nunca recibí contestación. Las mismas Escrituras nos dan el ejemplo de que oraciones no fueron contestadas por diversas razones diferentes y Dios mismo nos da algunos motivos del porqué es que Él no contestó.

Ejemplos bíblicos de oraciones no respondidas y sus razones

Veamos, pues, solamente algunos ejemplos bíblicos de algunas oraciones no respondidas a ciertos individuos y las razones del porqué Dios no las contestó...

1-A los que salieron de Egipto
Deuteronomio 1.45: *«Y volvisteis y llorasteis delante de Jehová, pero Jehová no escuchó vuestra voz, ni os prestó oído».*

RAZÓN: Dios les había dicho que no salieran a pelear contra el amorreo y lo hicieron, desobedeciendo a la voz del Señor. (Ver Deuteronomio 1.42-44.)

2-Al pueblo de Israel
1 Samuel 8.18: *«Y clamaréis aquél día a causa de vuestro rey que os habréis elegido, mas Jehová no os responderá en aquél día».*

RAZÓN: Israel había pedido a un rey y desechado al Señor que reinara sobre ellos. (Ver 1 Samuel 8.5-19.)

3-A los enemigos de David
2 Samuel 22.42: *«Clamaron, y no hubo quien los salvase; aun a Jehová, mas no les oyó».*

RAZÓN: Dios había derrotado a los enemigos de David incluyendo a Saúl. (Ver todo el Salmo 18.)

4-A los moradores de Jerusalén

Jeremías 11.11, 14: *«Por tanto, así ha dicho Jehová: He aquí yo traigo sobre ellos mal del que no podrán salir; y clamaran a mí, y no los oiré. Tú, pues, no ores por este pueblo, ni levantes por ellos clamor ni oración; porque yo no oiré en el día que en su aflicción clamen a mí».*

RAZÓN: Ellos habían quebrantado el pacto que hicieron con el Señor. (Ver Jeremías 11.1-17.)

5-A los ancianos de Israel

Ezequiel 14.14: *«Si estuviesen en medio de ella estos tres varones, Noé, Daniel y Job, ellos por su justicia librarían únicamente sus propias vidas, dice Jehová el Señor».*

RAZÓN: Los líderes de Israel se negaban a arrepentirse de la idolatría y de la incredulidad, y Dios usando una metáfora dice que aunque Noé, Daniel y Job intercedieran por ellos, Dios no los oiría a causa de sus corazones que se negaban a convertirse al Señor. (Ver Ezequiel 14.1-23.)

6-A Moisés

Deuteronomio 3.23, 25-27: *«Y oré a Jehová en aquel tiempo, diciendo… Pase yo, te ruego, y vea aquella tierra buena que está más allá del Jordán, aquel buen monte, y el Líbano. Pero Jehová se había enojado contra mí a causa de vosotros, por lo cual no me escuchó; y me dijo Jehová: Basta, no me hables más de este asunto. Sube a la cumbre del Pisga y alza tus ojos al oeste, y al norte, y al sur, y al este, y mira con tus propios ojos; porque no pasarás el Jordán».*

RAZÓN: Porque Moisés hirió la roca dos veces para sacarle agua en desobediencia al Señor y Dios le dijo que él no entraría en la tierra prometida. (Ver Números 20.1-12.)

7-A Saúl

1 Samuel 28.6, 15: «*Y consultó Saúl a Jehová; pero Jehová no le respondió ni por sueños, ni por Urim, ni por profetas. Y Samuel dijo a Saúl: ¿Por qué me has inquietado haciéndome venir? Y Saúl respondió: Estoy muy angustiado, pues los filisteos pelean contra mí, y Dios se ha apartado de mí, y no me responde más, ni por medio de profetas ni por sueños; por esto te he llamado, para que me declares lo que tengo que hacer*».

RAZÓN: Saúl había perseguido a David sin causa durante mucho tiempo para matarlo. No había obedecido a la voz del Señor en el caso de Amalec, entre otras rebeldías que hizo en contra del Señor. Saúl hizo un voto imprudente y también ofreció sacrificio sin esperar por Samuel. Dio orden a su ejército para que matara a Jonatán, su propio hijo. Se llenó de odio contra David que tuvo la oportunidad de matar a Saúl en dos ocasiones y le perdonó la vida. Saúl mató a Ahimelec y todos los sacerdotes de Jehová en la ciudad de Nob, ochenta y cinco varones que vestían efod de lino. Saúl se había descarriado completamente del Señor, el cual lo abandonó. Lo último que hizo fue consultar a una bruja y adivina y el Señor lo mató. Tristemente también murieron sus hijos, incluyendo a Jonatán, por el pecado de su padre en las manos de los filisteos. (Ver 1 Samuel 13; 14.24-46; 15; 18; 19; 28.16-18 y 31.)

8-A David

2 Samuel 12.16, 22, 23: «*Entonces David rogó a Dios por el niño; y ayunó David, y entró, y pasó la noche acostado en tierra. Y el respondió: Viviendo aún el niño, yo ayunaba y lloraba, diciendo: ¿Quién sabe si Dios tendrá compasión de mí, y vivirá el niño? Mas ahora que ha muerto, ¿para qué he de ayunar? ¿Podré yo hacerle volver? Yo voy a él, mas él no volverá a mí*».

RAZÓN: Dios no permitió que viviera el niño, el hijo de David, producto de su adulterio con Betsabé, mujer de Urías heteo. (Ver 2 Samuel 11.)

9-A Job

Job 5.1a: *«Ahora, pues, da voces; ¿habrá quien te responda?»*

Job 6.8: *«¡Quien me diera que viniese mi petición, y que me otorgase Dios lo que anhelo!»*

Job 11.5: *«Mas ¡oh, quién diera que Dios hablara, y abriera sus labios contigo!»*

Job 19.7: *«He aquí, yo clamaré agravio, y no seré oído; daré voces, y no habrá juicio».*

Job 23.3: *«¡Quién me diera el saber dónde hallar a Dios! Yo iría hasta su silla».*

Job 30.20: *«Clamo a ti y no me oyes; me presento, y no me atiendes».*

RAZÓN: Job al intentar aliviar su dolor y su pérdida, lo que hace es justificarse, causando que su propia justicia bloquee el oír la voz de Dios en medio de su tragedia. Al hacerlo, culpa de esta manera a Dios por todas sus calamidades, haciendo que sus amigos lo reprendan. (Ver Job 4.17; 9.1; 10.1; 11.1; 27.1; 29.1-5; 33.8, 9; 34.5 y 35.1, 2.)

10-A Moab

Isaías 16.12: *«Y cuando apareciere Moab cansado sobre los lugares altos, cuando venga a su santuario a orar, no le valdrá».*

RAZÓN: Dios dice que las oraciones de Moab a sus ídolos no le iba a valer para nada cuando Dios se levantara para destruirlos por su soberbia, arrogancia, altivez y mentiras.
(Ver Isaías 16.6, 14.)

11-A la madre de los hijos de Zebedeo

Mateo 20.20, 21: *«Entonces se acercó la madre de los hijos de Zebedeo con sus hijos, postrándose ante él y pidiéndole algo. Él le dijo: ¿Qué quieres? Ella le dijo: Ordena que en tu reino se sienten estos dos hijos míos, el uno a tu derecha, y el otro a tu izquierda».*

RAZÓN: La madre de estos muchachos no tenía idea de lo que estaba pidiendo. Fue un pedido irracional y un tanto orgulloso hacer resaltar a sus hijos por encima de los demás discípulos. Además, le correspondía al Padre decidir quién ocuparía estos lugares. (Ver Mateo 20.22, 23 y Marcos 10.33-37.)

12-Al apóstol Pablo

2 Corintios 12.7, 8: *«Y para que la grandeza de las revelaciones no me exaltase desmedidamente, me fue dado un aguijón en mi carne, un mensajero de Satanás que me abofetee, para que no me enaltezca sobremanera; respecto a lo cual tres veces he rogado al Señor, que lo quite de mí».*

RAZÓN: Dios se había llevado a Pablo al tercer cielo y le había dado grandes revelaciones. Por esta razón Dios permitió que algo molestara al apóstol para que su corazón no se llenara de soberbia. En cuanto a lo que era este aguijón, esto ha sido tema de discusión por más de dos mil años en la iglesia, con diferentes opiniones en todas las esferas teológicas. (Ver 2 Corintios 12.9, 10.)

13-A los necios

Proverbios 1.28: *«Entonces me llamarán, y no responderé; me buscarán de mañana, y no me hallarán».*

RAZÓN: A lo largo del libro de Proverbios el sabio Salomón llama necios a todos aquellos que rechazan la sabiduría y la Palabra de Dios. En el primer capítulo Dios hace una invitación a todos aquellos que desean retener el camino recto, pero los necios rechazan la misericordia del Señor y por lo tanto Dios dice que se reirá de ellos en el día de su calamidad. (Ver Proverbios 1.24-27, 29-32.)

14-A los moradores de Judá

Isaías 1.15: *«Cuando extendáis vuestras manos, yo esconderé de vosotros mis ojos; asimismo cuando multipliquéis la oración, yo no oiré; llenas están de sangre vuestras manos».*

RAZÓN: Judá se había rebelado contra Jehová y Dios estaba ya cansado de sus ofrendas y sacrificios que no podían expiar por el pecado, la maldad y la rebelión de ellos.
(Ver Isaías 1.4, 11-14, 16, 17, 19, 20.)

15-A los líderes de Israel que profanaban el templo

Ezequiel 8.18: *«Pues también yo procederé con furor; no perdonará mi ojo, ni tendré misericordia; y gritarán a mis oídos con gran voz, y no los oiré».*

RAZÓN: Los ancianos de Israel estaban usando la casa de Jehová para la idolatría y aún las mujeres adoraban al dios Tamuz y otros hombres adoraban al sol. Todo esto se estaba llevando a cabo dentro de la casa del Señor en Jerusalén. (Ver Ezequiel 8.5-17.)

16-A los gobernantes y a los falsos profetas

Miqueas 3.4, 7: *«Entonces clamaréis a Jehová, y no os responderá; antes esconderá de vosotros su rostro en aquel tiempo, por cuanto hicisteis malvadas obras. Y serán avergonzados los profetas, y se confundirán los adivinos; y ellos todos cerrarán sus labios, porque no hay respuesta de Dios».*

RAZÓN: La avaricia de los líderes de Israel había llegado hasta los oídos del Señor. Los profetas hablaban mentira y los sacerdotes eran sobornados. Dios anuncia juicio contra Jerusalén a causa de esto. (Ver Miqueas 3.1-3, 5, 6, 9-12.)

17-A todos aquellos que rechazan a Dios

Isaías 59.1, 2: *«He aquí que no se ha acortado la mano de Jehová para salvar, ni se ha agravado su oído para oír; pero vuestras iniquidades han hecho división entre vosotros y vuestro Dios, y vuestros pecados han hecho ocultar de vosotros su rostro para no oír».*

RAZÓN: Dios afirma que no oiría a todos aquellos que hablan mentiras, hacen maldades, iniquidades, calumnian y se rebelan en contra de Él. (Ver Isaías 59.3, 4, 7-9,12-14.)

18-A los que ayunan equivocadamente

Isaías 58.3a, 4b, 9: *«¿Por qué, dicen, ayunamos, y no hiciste caso; humillamos nuestras almas, y no te diste por entendido? No ayunéis como hoy, para que vuestra voz sea oída en lo alto. Entonces invocarás, y te oirá Jehová; clamarás, y dirá él: Heme aquí».*

RAZÓN: Muchos estaban ayunando pero al mismo tiempo cometiendo toda suerte de pecados y Dios afirma que no los oiría de esta manera. Pues estaban oprimiendo a sus trabajadores en contiendas y debates, no estaban atendiendo a los necesitados, alimentando a los pobres ni abrigando al desamparado, estaban acusando a los demás injustamente y hablando vanidades. (Ver Isaías 58.3-10.)

19-A la causa de la desobediencia de Israel

Zacarías 7.13: *«Y aconteció que así como él clamó, y no escucharon, también ellos clamaron, y yo no escuché, dice Jehová de los ejércitos».*

RAZÓN: Israel había estado en cautiverio por su rebelión en contra del Señor y por haber rechazado las palabras de los profetas que Él había enviado. Aquí les dice que tengan piedad y misericordia de sus hermanos, que no opriman a la viuda, al huérfano, al extranjero, al pobre, y que no piensen mal de los demás en sus corazones. (Ver Zacarías 7.8-12, 14.)

20-A las tribus de Efraín, Benjamín y de Manasés

Salmo 80.4: *«Jehová, Dios de los ejércitos, ¿hasta cuándo mostrarás tu indignación contra la oración de tu pueblo?»*

RAZÓN: Estas tribus juntamente con todo Israel se habían apartado del Señor, y después que Dios las juzgó, estaban buscando una reconciliación y restauración de parte de Jehová. (Ver Salmo 80.2, 3, 7, 14-19.)

21-A Jerusalén al ser destruida por Nabucodonosor

Lamentaciones 3.44: *«Te cubriste de nube para que no pasase la oración nuestra».*

RAZÓN: Por la decadencia moral y espiritual del reino de Judá, a pesar de las advertencias de Dios por medio de los profetas, Israel fue llevada al cautiverio, pero no sin que antes el rey Nabucodonosor de Babilonia destruyera a Jerusalén, cumpliendo así la Palabra de Jehová proferida por el profeta Jeremías. (Ver todo el libro de 2 Reyes y 2 Crónicas, Lamentaciones capítulos 1, 2, 3, 4 y 5 donde Israel implora a Dios la restauración.)

22-Al profeta Habacuc

Habacuc 1.2: *«¿Hasta cuándo, oh Jehová, clamaré, y no oirás; y daré voces a ti a causa de la violencia, y no salvarás?»*

RAZÓN: Habacuc vivió durante uno de los períodos más críticos en la historia de Judá. El país había descendido de las alturas de las reformas de Josías hasta las profundidades de los abusos que sufrían sus habitantes, las medidas opresivas contra los pobres y el colapso del sistema legal. La amenaza de invasión desde el norte, por parte de los babilonios, se sumó a los problemas internos de Judá. La violencia, la codicia, y todas las formas de injusticia contra el pueblo, hacían que Dios no contestara al profeta. (Ver Habacuc 1.3, 4; 2.9-12, 15-17.)

Tal vez Dios no le ha contestado sus oraciones y peticiones por algunas de las razones arriba mencionadas, o quizás algún otro motivo que solamente usted y el Señor lo saben. La Palabra de Dios es clara y dice que Él no oye a aquellos cristianos o ministros que están en pecado y rebeldía en algún área de sus vidas espirituales. Por lo tanto antes de enojarse en contra del Señor porque no le ha respondido, le recomiendo que examine su vida con sinceridad y honestidad y vea si hay alguna cosa en usted que no está bien y que está impidiendo que usted oiga la voz de Dios o que Él conteste. Que todos podamos hacer la oración de David en el Salmo 139.23, 24 que dice: «*Examíname, oh Dios, y conoce mi corazón; pruébame y conoce mis pensamientos; y ve si hay en mí camino de perversidad, y guíame en el camino eterno*».

¿Cómo podemos esperar pacientemente?

El Salmo 40.1 nos habla sobre esperar: «*Pacientemente esperé a Jehová y se inclinó a mí, y oyó mi clamor*». Esta es una de las áreas más difíciles para el creyente, esperar en paciencia, porque por naturaleza no somos pacientes. Todo lo que hacemos en esta vida requiere paciencia. Por lo general todos somos probados en tres áreas en cuanto a ser pacientes, claro que hay muchas más.

1-Interrupciones

Al sentarse para comer con su familia alguien puede tocar la puerta o el teléfono puede sonar; al bañarse alguien puede llamarlo, al estar trabajando concentradamente alguien puede quitar su atención, o su jefe puede pedir que usted deje de hacer lo que ya se propuso a fin de ir a una reunión, etc. Al sentarse en su sillón preferido para mirar un programa televisivo cristiano de su preferencia, o su deporte favorito, su esposa le dice que salga con ella (mi caso al estar viendo a Brasil jugar en el mundial). Al estar orando alguien le puede interrumpir; al intentar ayunar alguien le invita a una cena; al estar escribiendo (en mi caso) alguien le llama para hablar de cosas sin importancia; al ir a visitar a una persona en el hospital para orar, alguien llega a su casa sin avisar; al estar estudiando para preparar un sermón para predicarlo (en mi caso), tu hijo quiere jugar fútbol en el patio, etc. Y muchas otras interrupciones más, que usted y yo hemos experimentado…

2-Inconveniencia

Su vuelo (mi caso) muchas veces puede ser cancelado o atrasarse, su carro puede dejarlo al lado de la carretera, o no enciende y lo deja en su garaje, al salir usted se olvida de su celular y sabe que recibirá una llamada importante, o usted puede olvidar su cartera y sus tarjetas de crédito y al intentar poner gasolina en su auto se da cuenta que la dejó en la casa, o usted está atrasado para ir a su trabajo y se olvida la leche en la estufa al estar preparando su desayuno y se derrama y tiene que limpiar su cocina antes de salir, o al estar desayunando se derrama el café sobre su camisa y tiene que perder el tiempo al cambiarse de vuelta, o al salir se da cuenta que olvidó de rasurarse y tiene que volver, o al regresar del supermercado se da cuenta que olvidó lo más importante para hacer la cena para sus invitados por la noche, etc. Y muchas más inconveniencias, que usted y yo hemos experimentado…

3-Inactividad

Usted puede estar obligado a esperar… en filas, oficinas, en el tránsito, en los ascensores, en los aeropuertos (mi caso), por sus hijos que salgan de la escuela (mi caso), en el correo (mi caso), para que alguien llegue a una reunión (mi caso), etc. Por esto siempre llevo un libro conmigo bajo el brazo para leerlo y no perder el tiempo en ninguna inactividad antes mencionada en caso que ocurra. Yo particularmente detesto, aborrezco, no soporto perder el tiempo. Mi naturaleza sanguínea y colérica no lo permite. Pues tengo tanto que hacer y hay muy poco tiempo. El Salmo 89.47 es mi lema: *«Recuerda cuán breve es mi tiempo…»*. Estando ocupado con mi familia o el ministerio o leyendo, evito la inactividad. Pero tenemos muchas más inactividades, que usted y yo hemos experimentado...

Pero una cosa es enfrentar la interrupción, la inconveniencia y la inactividad, otra cosa es la impaciencia en cada una de ellas. Yo he aprendido a controlarme en cada una de estas tres áreas y cuando sucede, hago otra cosa para ocupar el tiempo, dependiendo de la circunstancia. Algunas investigaciones demostraron que las personas habitualmente impacientes son más propensas a un AVC (accidente vascular cerebral). Esto es el aumento del estrés que afecta el corazón y el cerebro y pueden causarnos grandes enfermedades. Realmente todos necesitamos de la paciencia en todas las áreas de nuestras vidas, porque ella nos llevará a la victoria espiritual y a la madurez, tanto en nuestra vida privada, como familiar y ministerial. La impaciencia ha sido responsable de grandes derrotas, ha causado mucho trastorno, tristeza y angustia, de varias formas y maneras diferentes, por lo tanto tenemos que ir a la Palabra de Dios para que ella nos enseñe cómo cambiar de actitud. Al seguir podremos obtener de ella grandes consejos que cambiaran nuestras vidas. Y cuando Dios no le ha contestado todavía, sea por alguna razón o mayormente por la impaciencia, recuerde estos consejos:

1-Mire las cosas de otra manera
Busque la forma de ver lo que está sucediendo y encare la situación de otro ángulo. La paciencia siempre empezará con el cambio en la manera de pensar sobre algo que no está funcionando. Siempre habrá más de una perspectiva para mirar una cosa haciendo que lo negativo se torne en positivo. Pida sabiduría al Señor para quitar su enojo del porqué quizás Él no le ha contestado y aplique esta palabra a su vida según Proverbios 19.11 que nos dice: «*La cordura del hombre detiene su furor, y su honra es pasar por alto la ofensa*».

2-Tenga siempre listo su sentido del humor

Aprenda a reírse de sí mismo cuando usted se equivoca, en vez de que las circunstancias le llenen de rabia e irritación. Encuentre el lado bueno de su frustración. Estudios médicos revelan que las personas que tienen sentido del humor viven más que aquellas que viven tristes, amargadas, enojadas y que se irritan todo el tiempo. Proverbios 15.30 nos ofrece este consejo: *«La luz de los ojos alegra el corazón, y la buena nueva conforta los huesos».*

3-Haga crecer el amor en su corazón

Cuando usted está lleno de amor, casi nada tiene el poder de provocarlo, pero si usted está lleno de amargura, esto producirá el enojo y cualquier cosa le sacará de sus casillas. El amor hará que usted haga las cosas desde el punto de vista divino ocasionando que usted espere por la respuesta del Señor pacientemente y sin rencor en su corazón. 1 Corintios 13.4-8a nos declara: *«El amor es sufrido, es benigno; el amor no tiene envidia, el amor no es jactancioso, no se envanece, no hace nada indebido, no busca lo suyo, NO SE IRRITA, no guarda rencor; no se goza de la injusticia, mas se goza de la verdad. Todo lo sufre, todo lo cree, todo lo espera, todo lo SOPORTA. El amor nunca deja de ser…».*

4-Dependa siempre de Dios en todo

Si usted cree que Dios está en control de todas las cosas que lo cercan, entonces cuando llegan los obstáculos de las interrupciones, de la inconveniencia y de la inactividad, y esto interfiere en su agenda diaria, usted podrá confiar y relajarse sabiendo que Dios tiene en sus manos todo el control, no importando las circunstancias. Proverbios 3.5, 6 nos asegura: *«Fíate de Jehová de todo tu corazón, y no te apoyes en tu propia prudencia, reconócelo en todos tus caminos, y él enderezará tus veredas».*

Dieciséis victorias del que espera con paciencia en silencio y quietud

1-No pecaremos y no estaremos en apuros

Proverbios 19.2: *«La impaciencia lo dejará en apuros».* (Traducción libre).

«El alma sin ciencia no es buena, y aquel que se apresura con los pies, peca».

2-Venceremos la tribulación cuando seamos pacientes

Romanos 5.3, 4: *«Y no solo esto, sino que también nos gloriamos en las tribulaciones, sabiendo que la tribulación produce paciencia; y la paciencia, prueba; y la prueba, esperanza».*

3-Hará que esperemos quietamente

Romanos 8.25: *«Pero si esperamos lo que no vemos, con paciencia lo aguardamos».*

4-Tendremos el fruto del Espíritu

Gálatas 5.22, 23: *«Mas el fruto del Espíritu es amor, gozo, paz, paciencia, benignidad, bondad, fe, mansedumbre, templanza; contra tales cosas no hay ley».*

5-Poseeremos un carácter cristiano

Colosenses 3.12: *«Vestíos, pues, como escogidos de Dios, santos y amados, de entrañable misericordia, de benignidad, de humildad, de mansedumbre, de paciencia».*

6-Viviremos en el conocimiento, dominio propio y piedad

2 Pedro 1.6: *«Al conocimiento, dominio propio; al dominio propio, paciencia; a la paciencia, piedad».*

7-La prueba de fe nos traerá paciencia

Santiago 1.2-3: *«Hermanos míos, tened por sumo gozo cuando os halléis en diversas pruebas, sabiendo que la prueba de vuestra fe produce paciencia».*

8-La paciencia nos hará maduros espiritualmente

Santiago 1.4: *«Mas tenga la paciencia su obra completa, para que seáis perfectos y cabales, sin que os falte cosa alguna».*

9-Estaremos listos para la venida del Señor

Santiago 5.7a: *«Por tanto, hermanos, tened paciencia hasta la venida del Señor».*

10-Hará que cosechemos los frutos espirituales

Santiago 5.7b: *«Mirad cómo el labrador espera el precioso fruto de la tierra, aguardando con paciencia hasta que reciba la lluvia temprana y la tardía».*

11-Nuestros corazones serán afirmados

Santiago 5.8: *«Tened también vosotros paciencia, y afirmad vuestros corazones; porque la venida del Señor se acerca».*

12-Imitaremos aquellos ejemplos de paciencia en las Escrituras

Santiago 5.10: *«Hermanos míos, tomad como ejemplo de aflicción y de paciencia a los profetas que hablaron en nombre del Señor».*

13-Seremos felices al soportar el sufrimiento esperando con paciencia su fin

Santiago 5.11: *«He aquí, tenemos por bienaventurados a los que sufren. Habéis oído de la paciencia de Job, y habéis visto el fin del Señor, que el Señor es muy misericordioso y compasivo».*

14-Seremos fortalecidos espiritualmente
Colosenses 1.11: *«Fortalecidos con todo poder, conforme a la potencia de su gloria, para toda paciencia y longanimidad»*.

15-Hará que amemos a nuestros hermanos en la fe
Efesios 4.2: *«Con toda humildad y mansedumbre, soportándoos con paciencia los unos a los otros en amor»*.

16-Seremos bendecidos al obedecer el mandamiento del Señor
Salmo 37.1a: *«No te impacientes...»*.

Para obtener la victoria de esperar en silencio y quietud, realmente necesitamos que Cristo moldee nuestro carácter y controle nuestro temperamento y que Él saque de nuestra vida todo lo que causa la impaciencia. Se cuenta que un hombre tenía en medio de su jardín una enorme piedra. Él ya estaba cansado de verla allí sin atractivo alguno quitando la belleza de sus flores. Entonces tomó la decisión de hacer de aquella piedra una obra de arte, y tomando un martillo y un cincel empezó su trabajo. Batió de aquí, y de allá, quitó una lasca aquí y otra allá y en poco tiempo la enorme piedra se transformó en un bello elefante que pasó a servir de adorno para su jardín junto con las flores. Un vecino mirando la magnífica obra terminada, preguntó al hombre: «¿Cómo usted consiguió esculpir un elefante tan maravilloso de esta piedra? La respuesta fue: «Yo apenas fui sacando todo aquello que no se parecía a un elefante...». Esto es exactamente lo que nosotros debemos hacer: Retirar de nuestras vidas todo aquello que no se parece a la PACIENCIA, o sea, sacar toda IMPACIENCIA y hacer de nuestra vida espiritual una sólida piedra de madurez y de carácter a medida que crezcamos en todas las áreas de nuestras vidas en Aquél que es la cabeza de la iglesia, Cristo Jesús nuestro Señor. Permitamos que el Señor nos moldee nuestra personalidad quitando la impaciencia para parecernos más a Cristo cada día por medio de la paciencia. De esta manera obtendremos la victoria en esperar en Dios en silencio y en quietud sabiendo que la respuesta vendrá sea hoy o mañana. ¡Alabado sea su nombre!

La victoria de la oración

2 Samuel 8.6c
«Y Jehová dio la victoria a David por dondequiera que fue».

Jeremías 27.18 nos relata: «...*oren ahora a Jehová de los ejércitos*...». La palabra hebrea aquí usada para decir **«oren»** es **«paga»,** que significa alcanzar, encontrarse con alguien, presionar o persuadir a alguien, ir hacia un encuentro, rogar y pedir urgentemente. **«Paga»** también implica la idea de «interceder», es decir, el proceso mediante el cual una persona suplicante «alcanza» a un «superior» y le presenta una «petición» urgente. Por lo tanto, la intercesión implica alcanzar y encontrarse con Dios para rogarle su favor. Iremos a obtener la victoria seguramente por medio de la oración diaria sea a nivel privado, familiar o colectivo, o sea, con los demás hermanos en los cultos de oración en nuestras iglesias. El quinto libro que escribí se llamó *El secreto de la oración eficaz*, donde hablo de áreas muy importantes de nuestras vidas en relación a la oración. En este libro podrá descubrir el secreto de una oración que le llevará a la **humildad;** hará de usted una persona **íntegra;** obtendrá la **santidad** que todos necesitamos; recibirá **sabiduría divina;** conocerá lo que es el **poder de Dios;** hará decisiones que estén en el centro de **la voluntad de Dios;** vivirá en el **conocimiento de Dios**; su vida diaria será de **intimidad con Dios**; aprenderá cómo **oír la voz de Dios**; y finalmente sabrá cómo recibir la **contestación de Dios** a sus oraciones.

La perseverancia en oración es la llave y el secreto para una vida espiritual victoriosa. El mismo Jesús hizo referencia de esto en Lucas

18.1 que dice: *«También les refirió Jesús una parábola sobre la necesidad de orar siempre, y no desmayar»*. Para Cristo esto era un asunto muy importante, porque Él mismo enseñó a sus discípulos a orar. La perseverancia en la oración para la iglesia primitiva era también un asunto de mucha importancia, Hechos 1.14 afirma: *«Todos éstos perseveraban unánimes en oración y ruego, con las mujeres, y con María la madre de Jesús, y con sus hermanos»*. Como se puede ver, para los apóstoles la oración era prioridad. Nuevamente en Hechos 2.42 se hace énfasis sobre esto, donde dice: *«Y perseveraban en... las oraciones»*. No solamente la iglesia primitiva oraba, ellos permanecían y perseveraban en la oración. El apóstol Pablo también daba a la oración un lugar muy especial. En Colosenses 4.2 él aconseja: *«Perseverad en la oración, velando en ella con acción de gracias»*. Él también permanecía en la oración e instaba de igual manera a la iglesia de los efesios a que hiciera lo mismo, pues vea lo que él habla en Efesios 6.18 y recalca a ellos diciendo: *«Orando en todo tiempo con toda oración y súplica en el Espíritu, y velando en ello con toda perseverancia y súplica por todos los santos»*. Tanto el Señor Jesús, como los hermanos y líderes de la iglesia primitiva y también el gran apóstol Pablo, todos ellos dieron gran valor a la perseverancia en la oración y cuán importante es permanecer en ella para alcanzar una vida espiritual victoriosa.

Hay que correr con paciencia y en oración

Hebreos 12.1c nos dice: *«...y corramos con paciencia la carrera que tenemos por delante»*. Paciencia implica permanecer y perseverar en lo mismo por un largo tiempo. Tenemos un camino que recorrer, un destino, una meta, una carrera, y el escritor del libro de Hebreos nos dice que tenemos que hacerla con PACIENCIA. Esto nos da a entender que es una tarea larga, ardua y difícil, con luchas, pruebas y tribulaciones que enfrentar, pero que tenemos que hacerla con PACIENCIA. Para mí, en lo personal, esto es muy decepcionante debido a mi carácter sanguíneo y colérico, pues todo lo que hago y quiero es para ahora, ya, rápido, instantáneo, hoy mismo, resultados al «drive-thru», o sea, «al momento». Pero esto es con mis cosas personales, no con el ministerio que pertenece al Señor. Yo he tenido que cambiar mucho en esta área, pues con Dios no es así, Él dice que la carrera es larga, de muchos y muchos años y que hay que pelear la buena batalla PACIENTEMENTE. He tenido que entender que en el ministerio hay que hacer todo con PACIENCIA, pero no quitando el enfoque y los ojos del premio mayor, terminar y llegar al final victoriosamente. Hechos 13.25 nos dice: «*Mas cuando Juan terminaba su CARRERA…*». Necesitamos, pues la PACIENCIA, para terminar nuestra carrera y hacerla en oración.

En la cultura de estos días que estamos viviendo, a nadie le gusta ser paciente, y estoy seguro que a usted tampoco le gusta esta palabra, porque en realidad tenemos mucho que hacer y trabajar para la obra del Señor y no queremos hacerlo con paciencia, queremos hacerlo pronto; pero el Dios que servimos no piensa así. Pablo también nos dice en 1 Corintios 9.24 haciendo alusión a esta carrera espiritual de nuestras vidas: «*¿No sabéis que los que corren en el estadio, todos a la verdad corren, pero uno solo se lleva el premio? Corred de tal manera que lo obtengáis*». El escritor de Hebreos y Pablo debieron estar pensando lo mismo en cuanto a este tema de correr. Uno dice que hay que correr con PACIENCIA y el otro dice que tenemos que ganar, obtener el premio, que hay que correr con determinación, perseverancia, «*corred de tal manera*» y que debemos triunfar, salir vencedores y eternamente victoriosos en Cristo. Entonces si corremos con PACIENCIA pero con la mente fija y en la llegada, venceremos, pues nuevamente el escritor de Hebreos nos dice la llave para obtener esta victoria juntamente con la PACIENCIA y la determinación: «*Puestos los ojos en Jesús, el autor y consumador de nuestra fe, el cual por el gozo puesto delante de él sufrió la cruz, menospreciando el oprobio y se sentó a la diestra del trono de Dios*». Jesucristo venció el pecado, la enfermedad y la muerte por medio de su sufrimiento en la cruz y se sentó, o sea, alcanzó la victoria, terminó su carrera y obtuvo eternamente la conquista sobre el diablo y sus demonios. Y si Él venció, nosotros en oración venceremos con su ayuda y poder y nos sentaremos algún día en los cielos, delante de su presencia. Con los ojos en ÉL diariamente, en todas las áreas de nuestras vidas, venceremos. Lucas 4.20b también nos dice lo siguiente: «...*y los ojos de todos en la sinagoga estaban fijos en él*». Allí reside nuestra victoria en la carrera: MIRAR A CRISTO Y SOLAMENTE A ÉL, como nuestro ejemplo y héroe, de esta manera terminaremos nuestra carrera. Mateo 17.8 también nos habla lo que sucedió en el monte de la transfiguración: «*Y alzando ellos los ojos, a nadie vieron sino a Jesús solo*». Hay que mirarlo a ÉL, fijar nuestros ojos, pensamientos y esfuerzos en ÉL, así obtendremos lo prometido. ¡Aleluya! ¿Y cómo obtendremos esta victoria? A través de la PACIENCIA, al correr pacientemente, pues Hebreos 10.36 nos dice: «*Porque os es necesaria la paciencia, para que habiendo hecho la voluntad de Dios, obtengáis la promesa*». La promesa de terminar nuestra carrera y de vencer es por medio de la paciencia y de la oración. Corramos, pues con determinación, entrega y pasión, pero ante todo con PACIENCIA, pues aun el propio Cristo nos dijo como llegaríamos a la vida eterna en Lucas 21.19 cuando afirmó: «*Con vuestra paciencia ganaréis vuestras almas*». ¡Tengamos, pues, PACIENCIA!

Yo vine a Estados Unidos por primera vez juntamente con un equipo de misioneros de JUCUM desde Madrid, España. Yo había sido enviado como misionero a España con apenas 20 años de edad desde Brasil. Ahora habíamos venido a predicar en los Juegos Olímpicos de Los Ángeles en 1984. Todavía me acuerdo que la carrera de 110 metros con barreras el favorito para ganarla era el americano Greg Foster. Los canales televisivos ya habían hecho una extensa cobertura antes de la prueba que lo apuntaba a él como el seguro vencedor. Luego que se oyó el tiro de largada, los corredores se dispararon en dirección a las barreras. Greg Foster estaba obviamente nervioso pero se mantuvo en la delantera. Cuando él ultrapasó la última barrera, volvió, giró levemente la cabeza para atrás para ver la posición de los demás corredores.

Esto fue una gran equivocación. A pesar de haberle tomado solamente una fracción de segundo, esto fue suficiente para que Foster perdiera la carrera ante otro americano llamado Tom Jefferson. Que esto nos sirva de lección, mis amados hermanos: No debemos mirar hacia atrás ni un solo momento. En nuestra carrera debemos persistir firmes en oración hacia adelante sin entretenernos con los demás que corren a nuestro alrededor. Termine su carrera. No mire de regreso, no intente mirar hacia atrás, siga en marcha adelante. No desista de su llamado y ministerio. No cometa este error. No vuelva atrás en su vida cristiana, no se descarríe de los caminos del Señor. Como dicen por allí: No cuelgue los guantes, no tire la toalla, no se rinda. Si falló al Señor y pecó, regrese a Él inmediatamente. Él le perdona, Él le restaura. Él le levanta. Eche mano de la vida eterna. Recuerde las palabras de Cristo en Lucas 9.62 que nos advierte a todos: *«Ninguno que poniendo su mano en el arado mira hacia atrás, es apto para el reino de Dios»*. Permanezca en Cristo y permanezca por medio de la oración perseverante, persistente, diaria, poderosa y ungida por el Espíritu Santo.

¿Cuándo y en qué tiempo debemos orar?

Por lo tanto al perseverar y permanecer en la oración, ¿cuándo debemos orar imitando estos ejemplos bíblicos?

1-Orar por la madrugada
(David) Salmo 63.1a: *«Dios, Dios mío eres tú, de madrugada te buscaré...»*.
Salmo 119.147a: *«Me anticipé al alba, y clamé...»*.

(El profeta Isaías) Isaías 26.9a: *«Con mi alma te he deseado en la noche, y en tanto que me dure el espíritu dentro de mí, madrugaré a buscarte...»*.

(Jesús) Mateo 26.36, 39: *«Entonces llegó Jesús con ellos en un lugar que se llama Getsemaní, y dijo a sus discípulos: Sentaos aquí, entre tanto que voy allí y oro. Yendo un poco adelante, se postró sobre su rostro, orando y diciendo: Padre mío, si es posible, pase de mi esta copa; pero no sea como yo quiero, sino como tú».*

2-Orar por las mañanas

(Los padres de Samuel) 1 Samuel 1.19: *«Y levantándose de mañana, adoraron delante de Jehová, y volvieron y fueron a su casa en Ramá. Y Elcana se llegó a Ana su mujer, y Jehová se acordó de ella».*

(David) Salmo 5.3: *«Oh Jehová, de mañana oirás mi voz; de mañana me presentaré delante de ti, y esperaré».*
Salmo 88.13: *«Mas yo a ti he clamado, oh Jehová, y de mañana mi oración se presentará delante de ti».*
Salmo 143.8a: *«Hazme oír por la mañana tu misericordia...».*

(El rey Ezequías) 2 Crónicas 29.20: *«Y levantándose de mañana, el rey Ezequías reunió los principales de la ciudad, y subió a la casa de Jehová».*

(Job) Job 1.5: *«Y acontecía que habiendo pasado en turno los días de convite, Job enviaba y los santificaba, y se levantaba de mañana y ofrecía holocaustos conforme al número de todos ellos. Porque decía Job: Quizá habrán pecado mis hijos, y habrán blasfemado contra Dios en sus corazones. De esta manera hacía todos los días»* (*«Todos los días».* ¡Perseverancia!).

(Jesús) Marcos 1.35: *«Levantándose muy de mañana, siendo aún muy oscuro, salió y se fue a un lugar desierto, y allí oraba».*

3-Orar por las mañanas, por la tarde y al mediodía

(David) Salmo 55.17: *«Tarde y mañana y a mediodía oraré y clamaré, y él oirá mi voz».*

4-Orar tres veces al día

(Daniel) Daniel 6.10, 13: *«Cuando Daniel supo que el edicto había sido firmado, entró en su casa, y abiertas las ventanas de su cámara que daban hacia Jerusalén, se arrodillaba tres veces al día, y oraba y daba gracias delante de su Dios, como lo solía hacer antes. Entonces respondieron y dijeron delante del rey: Daniel, que es de los hijos de los cautivos de Judá, no te respeta a ti, oh rey, ni acata el edicto que confirmaste, sino que tres veces al día hace su petición».*

5-Orar por las tardes

(David) Salmo 141.2: *«Suba mi oración delante de ti como el incienso, el don de mis manos como la ofrenda de la tarde».*

(Pedro y Juan) Hechos 3.1: *«Pedro y Juan subían juntos al templo a la hora novena* [tres de la tarde], *la de la oración».*

6-Orar de día y de noche

(David) Salmo 88.1: *«Oh Jehová, Dios de mi salvación, día y noche clamo delante de ti».*

(Pablo) 1 Tesalonicenses 3.10a: *«Orando de noche y de día con gran insistencia...».*
2 Timoteo 1.3: *«Doy gracias a Dios, al cual sirvo desde mis mayores con limpia conciencia, de que sin cesar me acuerdo de ti en mis oraciones noche y día».*

(Las viudas) 1 Timoteo 5.5: *«Mas la que en verdad es viuda y ha quedado sola, espera en Dios, y es diligente en súplicas y oraciones noche y día».*

7-Orar por las noches

(Jesús) Mateo 14.23: *«Despedida la multitud, subió al monte a orar aparte; y cuando llegó la noche, estaba allí solo».*

Lucas 6.12: *«En aquellos días él fue al monte orar, y pasó la noche orando a Dios».*

(Los habitantes de Jerusalén) Lamentaciones 2.19a: *«Levántate, da voces en la noche, al comenzar las vigilias; derrama como agua tu corazón ante la presencia del Señor».*

(Samuel) 1 Samuel 15.11c: *«Y se apesadumbró Samuel, y clamó a Jehová toda aquella noche».*

8-Orar a la medianoche

(Pablo y Silas) Hechos 16.25: *«Pero a medianoche, orando Pablo y Silas, cantaban himnos a Dios; y los presos los oían».*

9-Orar durante el día y continuamente

(David) 1 Crónicas 16.11: *«Buscad a Jehová y su poder; buscad su rostro continuamente».*

Salmo 72.15b: *«Y se orará por él continuamente, todo el día se le bendecirá».*

Salmo 116.1, 2: *«Amo a Jehová, pues ha oído mi voz y mis súplicas; porque ha inclinado a mí su oído, por tanto, le invocaré en todos mis días».*

(Pablo) Romanos 12.12: *«Gozosos en la esperanza; sufridos en la tribulación; constantes en la oración».*

10-Orar todo el día

(David) Salmo 86.3: *«Ten misericordia de mí, oh Jehová; porque a ti clamo todo el día».*

11-Orar cada día

(David) Salmo 88.9b: *«Te he llamado, oh Jehová, cada día; he extendido a ti mis manos».*

12-Orar en todo tiempo

(Jesús predicando) Lucas 21.36: «*Velad, pues, en todo tiempo orando que seáis tenidos por dignos de escapar de todas estas cosas que vendrán, y de estar en pie delante del Hijo del Hombre*».

Se cuenta que dos pequeñas muchachas y amigas estaban camino a la escuela por la mañana, y habiendo salido tarde, estaban preocupadas que no llegarían a tiempo. Una de ellas mirando a la otra dijo: «Vamos a arrodillarnos aquí en la calle y pedir a Dios que no nos deje llegar tarde a la clase». La otra contestó: «Yo no voy hacer eso, yo voy a correr lo más rápido que pueda y al mismo tiempo voy a permanecer orando todo el tiempo para que Dios me ayude a llegar a la escuela antes que toque el timbre». Queridos lectores: Esto es lo que tenemos que hacer, seguir corriendo la carrera de la fe, permanecer en la meta, seguir orando, pero corriendo, seguir corriendo, pero orando... Nunca mirar para atrás, mirar hacia adelante, con nuestros ojos fijos en Cristo, camino hacia el fin, hacia la victoria. Permaneciendo en oración y perseverando en ella, alcanzaremos la victoria juntamente con los demás hermanos en la fe que ahora mismo están batallando igual que nosotros en todo el mundo. Solo Cristo nos mantendrá hasta el fin y por medio de la oración permaneceremos victoriosamente.

¿Y de qué manera debemos orar?

John Wesley dijo una vez: «Dios no hará nada que no sea a través de la oración». Por lo tanto al perseverar y permanecer en la oración, ¿cuál debe entonces ser nuestra actitud al orar y cómo orar imitando a estos ejemplos bíblicos?

1-Orar fervientemente

(Elías) Santiago 5.17: *«Elías era hombre sujeto a pasiones semejantes a las nuestras, y oró fervientemente para que no lloviese, y no llovió sobre la tierra por tres años y seis meses».*

2-Orar sin cesar

(La iglesia primitiva) Hechos 12.5: *«Así que Pedro estaba custodiado en la cárcel; pero la iglesia hacía sin cesar oración a Dios por él».*

(Pablo) 1 Tesalonicenses 5.17: *«Orad sin cesar».*

Colosenses 1.9a: *«Por lo cual también nosotros, desde el día que lo oímos, no cesamos de orar por vosotros…».*

Efesios 1.16: *«No ceso de dar gracias por vosotros, haciendo memoria de vosotros en mis oraciones».*

3-Orar con persistencia, perseverancia

(Jesús enseñando) Lucas 11.9, 10: *«Y yo os digo: Pedid, y se os dará; buscad, y hallaréis; llamad, y se os abrirá. Porque todo aquel que pide, recibe; y el que busca, halla; y al que llama, se le abrirá»* (Ver Lucas 11.5-8 y 18.1-8).

(Los doce apóstoles) Hechos 6.4: *«Y nosotros persistiremos en la oración y en el ministerio de la palabra».*

4-Orar juntamente con alguien y de común acuerdo

(Jesús enseñando) Mateo 18.19: *«Otra vez os digo, que si dos de vosotros se pusieren de acuerdo en la tierra acerca de cualquiera cosa que pidieren, les será hecho por mi Padre que está en los cielos».*

5-Orar unos por los otros

(Santiago) Santiago 5.16b: *«…y orad unos por otros, para que seáis sanados».*

6-Orar con fe y creyendo

(Jesús enseñando) Mateo 21.22: *«Y todo lo que pidiereis en oración, creyendo, lo recibiréis».*

Marcos 11.24: *«Por tanto, os digo que todo lo que pidiereis orando, creed que lo recibiréis, y os vendrá».*

7-Orar permaneciendo en las Palabras de Cristo

(Jesús enseñando) Juan 15.7: *«Si permanecéis en mí, y mis palabras permanecen en vosotros, pedid todo lo que queréis, y os será hecho».*

8-Orar al Padre en el nombre del Señor Jesús

(Jesús enseñando) Juan 14.13: *«Y todo lo que pidiereis al Padre en mi nombre, lo haré, para que el Padre sea glorificado en el Hijo».*

Juan 15.16c: *«...para que todo lo que pidiereis al Padre en mi nombre, él os lo dé».*

Juan 16.23b, 24: *«De cierto, de cierto os digo, que todo cuanto pidiereis al Padre en mi nombre, os lo dará. Hasta ahora nada habéis pedido en mi nombre; pedid, y recibiréis, para que vuestro gozo sea cumplido».*

9-Orar sin dudar

(Santiago) Santiago 1.6, 7: *«Pero pida con fe, no dudando nada; porque el que duda es semejante a la onda del mar, que es arrastrada por el viento y echada de una parte a otra. No piense, pues, quien tal haga, que recibirá cosa alguna del Señor».*

10-Orar en el centro de la voluntad de Dios

(Juan) 1 Juan 5.14: *«Y esta es la confianza que tenemos en él, que si pedimos alguna cosa conforme a su voluntad, él nos oye».*

Juan 9.31b: *«...pero si alguno es temeroso de Dios, y hace su voluntad, a ése oye».*

11-Orar guardando su Palabra y agradándole

(Juan) 1 Juan 3.22: «*Y cualquiera cosa que pidiéremos la recibiremos de él, porque guardamos sus mandamientos, y hacemos las cosas que son agradables delante de él*».

12-Orar con la certeza que Él nos oye

(Juan) 1 Juan 5.15: «*Y si sabemos que él nos oye en cualquiera cosa que pidamos, sabemos que tenemos las peticiones que le hayamos hecho*».

13-Orar con un corazón justo y recto

(Santiago) Santiago 5.16c: «*La oración eficaz del justo puede mucho*».

14-Orar pacientemente

(David) Salmo 40.1: «*Pacientemente esperé a Jehová, y se inclinó a mí, y oyó mi clamor*».

15- Y orar en todo lugar

(Pablo a Timoteo) 1 Timoteo 2.8a: «*Quiero, pues, que los hombres oren en todo lugar…*».

(Jesús) Lucas 11.1: «*Aconteció que estaba Jesús orando en un lugar, y cuando terminó, uno de sus discípulos le dijo: Señor, enséñanos a orar, como también Juan enseñó a sus discípulos*».

Cuando yo estuve en Seúl, Corea del Sur, en diciembre de 1985, tuve la oportunidad de visitar la iglesia del renombrado y muy conocido pastor a nivel mundial, el Dr. Paul (David) Yonggi Cho. Dios me concedió el privilegio de hablar con él y también que este gran hombre de Dios orara personalmente por mí. Él muy educadamente puso sus manos sobre mi cabeza y oró fervorosamente por mí durante un tiempo. Pude sentir la presencia de Dios sobre mi vida y reconocer el respaldo de Dios sobre la persona de este gran ministro. Pero yo noté que él demoro un tanto en comenzar a orar por mi. Después entendí por qué había tomado un poco de tiempo, él sencillamente estaba esperando orar la oración que Dios tenía para mí, o sea, orar en el Espíritu y en el centro de la voluntad de Dios, así como Pablo lo dijo. Yo quedé impresionado por la sabiduría, discernimiento y conocimiento de este hombre en relación al tema de la oración. Su iglesia es mundialmente conocida por esto mismo. En aquél entonces, en 1985, su iglesia poseía una membresía de 560 mil miembros. Hoy llega a casi un millón de personas. Yo de igual forma quedé sorprendido de cómo ellos oran allá. Ellos están orando a todas horas, en la iglesia, en vigilias, en las casas, en las llamadas montañas de oración, en los grupos celulares, en los muchos cultos que tienen durante la semana y los domingos, en los campamentos, en las conferencias, en los retiros de los jóvenes, de las damas, de los caballeros, de los ancianos, y aún a los niños se les enseña a orar desde muy pequeños con sus padres y también en la iglesia. El pastor Dr. Paul (David) Yonggi Cho es conocido por nosotros los ministros y por los creyentes en todo el mundo como un hombre de oración y que pastorea una iglesia que ora, y ora y ora. Ellos oran por las madrugadas; por las mañanas; al medio día; por las tardes; más que tres veces al día; de día y de noche; a la medianoche; durante todo el día; a cada día y en todo tiempo. Sus oraciones son fervorosas; sin cesar; con persistencia y perseverancia; oran solos o juntos con los demás y en familia; de un común acuerdo; unos por los otros; oran con fe y creyendo; oran al Padre, en el nombre de Cristo; oran sin dudar; en el centro de la voluntad de Dios; oran con la certeza que Dios les oye; con un corazón justo y recto; oran pacientemente al esperar por la respuesta y oran en todo lugar, literalmente… Que ellos sean un gran ejemplo para nosotros y que podamos imitarles y ser victoriosos como ellos lo son allá en Corea del Sur…

Veintidós victorias del que ruega a Dios en oración

1-El Señor nos oirá

1 Reyes 9.3a: *«Y le dijo Jehová: Yo he oído tu oración y tu ruego que has hecho en mi presencia».*

2-Dios estará atento a nuestros ruegos

2 Crónicas 6.40: *«Ahora, pues, oh Dios mío, te ruego que estén abiertos tus ojos y atentos tus oídos a la oración en este lugar».*

3-El Señor verá nuestras lágrimas

Salmo 39.12a: *«Oye mi oración, oh Jehová, y escucha mi clamor. No calles ante mis lágrimas...».*

4-Dios considerará la oración de los pobres

Salmo 102.17: *«Habrá considerado la oración de los desvalidos, y no habrá desechado el ruego de ellos».*

5-El Señor nos responderá

Salmo 143.1: *«Oh Jehová, oye mi oración, escucha mis ruegos; respóndeme por tu verdad, por tu justicia».*

6-Él tendrá gozo en nuestra oración

Proverbios 15.8b: *«...mas la oración de los rectos es su gozo».*

7-El Señor nos sanará y añadirá años a nuestra vida

2 Reyes 20.5, 6a: *«Vuelve, y di a Ezequías, príncipe de mi pueblo: Así dice Jehová, el Dios de David tu padre: Yo he oído tu oración, y he visto tus lágrimas; he aquí que yo te sano; al tercer día subirás a la casa de Jehová. Y añadiré a tus días quince años...».*

8-Llegarán ante Él nuestros ruegos

Jonás 2.7: *«Cuando mi alma desfallecía en mí, me acordé de Jehová, y mi oración llegó hasta ti en tu santo templo».*

9-Tendremos poder contra el enemigo

Mateo 17.21: *«Pero este género no sale sino con oración y ayuno».*

10-Recibiremos lo que hayamos pedido

Mateo 21.22: *«Y todo lo que pidiereis en oración, creyendo, lo recibiréis».*

11-Dios hará milagros en nosotros

Lucas 1.13: *«Pero el ángel le dijo: Zacarías, no temas; porque tu oración ha sido oída, y tu mujer Elizabet te dará a luz un hijo, y llamarás su nombre Juan».*

12-El Señor libertará al preso

Filipenses 1.19: *«Porque sé que por vuestra oración y la suministración del Espíritu de Jesucristo, esto resultará en mi liberación».*

13-Dios concederá lo que hemos pedido para su obra

Filemón 22: *«Prepárame también alojamiento; porque espero que por vuestras oraciones os seré concedido».*

14-El Señor estará pendiente a nuestra oración

1 Pedro 3.12: *«Porque los ojos del Señor están sobre los justos, y sus oídos atentos a sus oraciones».*

15-Dios nos dará el deseo de nuestro corazón

1 Samuel 1.10, 27: *«Ella con amargura de alma oró a Jehová, y lloró abundantemente. Por este niño oraba, y Jehová me dio lo que le pedí».*

16-Nuestros ojos espirituales serán abiertos

2 Reyes 6.17: «*Y oró Eliseo, y dijo: Te ruego, oh Jehová, que abras sus ojos para que vea. Entonces Jehová abrió los ojos del criado, y miró; y he aquí que el monte estaba lleno de gente de a caballo, y de carros de fuego alrededor de Eliseo*».

17-Seremos atendidos y restaurados

2 Crónicas 33.12, 13: «*Mas luego que fue puesto en angustias, oró a Jehová su Dios, humillado grandemente en la presencia del Dios de sus padres. Y habiendo orado a él, fue atendido; pues Dios oyó su oración y lo restauró a Jerusalén, a su reino. Entonces reconoció Manasés que Jehová era Dios*».

18-Dios nos escuchará cuando nosotros le busquemos con el corazón

Jeremías 29.12, 13: «*Entonces me invocaréis, y vendréis y oraréis a mí, y yo os oiré; y me buscaréis y me hallaréis, porque me buscaréis de todo vuestro corazón*».

19-Tendremos misericordia

Mateo 5.44: «*Pero yo os digo: amad a vuestros enemigos, bendecid a los que os maldicen, haced bien a los que os aborrecen, y orad por los que os ultrajan y os persiguen*».

20-El Señor nos recompensará públicamente

Mateo 6.6: «*Mas tú, cuando ores, entra en tu aposento, y cerrada la puerta, ora a tu Padre que está en secreto; y tu Padre que ve en lo secreto te recompensará en público*».

21-Seremos perdonados por el Señor

Marcos 11.25: «*Y cuando estéis orando, perdonad, si tenéis algo contra alguno, para que también vuestro Padre que está en los cielos os perdone a vosotros vuestras ofensas*».

22-Seremos llenos del Espíritu Santo y tendremos autoridad

Hechos 4.31: «*Cuando hubieron orado, el lugar en que estaban congregados tembló; y todos fueron llenos del Espíritu Santo, y hablaban con denuedo la palabra de Dios*».

Cierta vez una familia se sentó a la mesa por la mañana para el desayuno. Como era de costumbre el padre de familia hizo la oración de agradecimiento por los alimentos pidiendo a Dios que bendijera lo que estaban por comer. Pero luego después, como era su mala costumbre, empezó a murmurar sobre los tiempos difíciles y las luchas por las cuales estaba pasando y también reclamó por la pésima comida que eran forzados a comer. Su pequeña hija le interrumpió y le preguntó: «Papá, ¿tú crees que Dios oyó la oración que hiciste hace algunos minutos atrás?» «¡Ciertamente!» respondió el padre con aire de buen instructor. Y la niña siguió: «¿Y Dios también escuchó tu reclamo sobre lo que has dicho de todo lo malo que estamos pasando, de las pruebas y del mal desayuno?» «¡Sí!» contestó el padre, pero ya no con tanta confianza como antes. Entonces su pequeña hija le preguntó por última vez: «¿Entonces papá, cuál de las dos cosas que dijiste te creyó Dios?» Amados: Tenemos que ser ejemplos en nuestro hogar y familia. Este padre había orado agradeciendo por los alimentos, pero después reclamó por ellos. Nuestros hijos están oyendo. Nuestra oración no debe ser contradictoria a cómo vivimos, pues nuestro ejemplo es fundamental para que la instrucción del cristianismo sea firme, real y madura en nuestro hogar. Tendremos una vida espiritual victoriosa cuando nuestras oraciones coincidan con nuestro ejemplo. De nada vale orar una cosa y vivir otra, y también de nada vale vivir de una manera y orar de otra. Debe haber un acuerdo entre nuestra vida de oración y nuestra vida diaria en el caminar con Cristo. Oremos, pues, ¡y vivamos nuestra oración!

La victoria del ayuno

Mateo 12.20, 21

«La caña cascada no quebrará, y el pábilo que humea no apagará, hasta que saque a victoria el juicio. Y en su nombre esperarán los gentiles».

[n Jonás 3.5 está escrito: *«Y los hombres de Nínive creyeron a Dios, y proclamaron **ayuno**, y se vistieron de cilicio desde el mayor hasta el menor de ellos»*. La palabra **«ayuno»** aquí en hebreo es **«tsom»,** que significa «un día de ayuno», un período de tiempo apartado para meditar y orar sin provisión alguna que satisfaga las necesidades normales de alimentación. Este sustantivo viene del verbo **«tsom»**, que significa sencillamente **«ayunar»**. El verbo aparece 22 veces y el sustantivo en 26 ocasiones. El ayuno es la renuncia voluntaria a ingerir alimentos. En el Antiguo Testamento, el verbo **«ayunar»** se asocia a veces con palabras como «llorar», «lamentar» o andar «vestido de cilicio». **«Tsom»** también pudiera ser traducido como «humillarse» delante del Señor en la abstención de alimentos, en ayuno al hacerlo voluntariamente y de corazón.

Desde mis primeros años en el Señor como creyente, desde muy joven aprendí a ayunar y a reconocer que esto es una de las armas más poderosas que todo cristiano puede tener. Desde el accidente de carro de mi hermano Tayrone en 1981, del cual escribí el milagro de su sanidad en mi primer libro, *El poder de la Palabra de Dios*, en el último capítulo, he ayunado centenas de centenas de veces a lo largo de estos 28 años. Cuando fui llamado al ministerio y empecé a predicar, cuando fui a Juventud con Una Misión y después a España, y vine a

Estados Unidos y hasta hoy, he descubierto el poder increíble del ayuno y las victorias que éste puede traer en nuestras vidas. Damaris y yo hemos ayunado juntos centenas de veces desde cuando nos casamos, por varios motivos y necesidades. Por nuestras finanzas y las del ministerio, por nuestros hijos, por nuestra salud, por nuestros libros, por ataques espirituales de enemigos y de satanistas contra nosotros, para que se abran puertas, para sostener a los misioneros, etc. Básicamente Damaris y yo hemos ayunado por cuatro áreas específicas de nuestras vidas: Familia, salud, finanzas y ministerio. Hemos tenido victorias que usted no se imagina a través del ayuno. El tiempo y el espacio no son suficientes para narrar todas las experiencias que hemos tenido con el Señor. Nosotros tenemos un mensaje en DVD llamado «El poder y el resultado del ayuno», y en el compartimos algunas victorias que hemos tenido a lo largo de nuestras vidas y ministerio.

Tenemos el gran arma del ayuno a nuestra disposición

En 2 Corintios 10.4 está escrito: *«Porque las armas de nuestra milicia no son carnales, sino poderosas en Dios para la destrucción de fortalezas»*. El ayuno es considerado por todos los ministros que son consagrados al Señor como una de las herramientas y armas de más poder en el arsenal de Dios que está disponible para nosotros. Todavía me acuerdo cuando yo estaba en España con JUCUM y el fundador y director mundial de la misión pidió a todas las bases misioneras de JUCUM a nivel mundial que oraran y ayunaran por tres días porque el barco «Anastasis» estaba encallado en el mar en Grecia. Dios oyó nuestra oración y observó el ayuno que hicimos y el barco salió del encallamiento en que se encontraba. ¡Dios es fiel! Él acepta nuestro ayuno porque, cualquiera que sea el motivo, lo hacemos para Él y de corazón, pues en Zacarías 7.5c el Señor nos pregunta: *«…¿habéis ayunado para mí?»* Por lo tanto el ayuno es para Él, para su gloria y para su honra. En Mateo 6.17, 18 Cristo habla de esto diciéndonos: *«Pero tú, cuando ayunes, unge tu cabeza y lava tu rostro, para no mostrar a los hombres que ayunas, sino a tu Padre que está en secreto; y tu Padre que ve en lo secreto te recompensará en público».* No se hace propaganda del ayuno, sino que lo hacemos en secreto, donde nadie lo sepa. Todavía me acuerdo de un ayuno que hice de siete días completos. Cuando fui al banco a depositar el dinero del ministerio, la gerente que me conoce por años me preguntó: «¿Te pasa algo reverendo? Te ves enfermo y decaído y con una apariencia debilitada…». A lo que le contesté: «No señora, estoy bien…es solamente mucho trabajo….». Ella jamás supo que era mi séptimo y último día de ayuno. Solo Damaris y los niños lo sabían. Manejé en ayuno, prediqué en ayuno, estuve en la mesa del material en ayuno, hice las obligaciones semanales del ministerio en ayuno…y nadie jamás lo supo… y nadie tenía por qué saberlo… solo Dios, y con Él basta…

En todas nuestras cruzadas alrededor del mundo, antes de irnos a ellas, usamos el gran arma del ayuno y oramos, pidiendo la dirección de Dios y que su poder se manifieste, salvando, sanando, restaurando, llamando al ministerio, bautizando en el Espíritu Santo, libertando a los cautivos, etc. En los setenta y un países que he predicado, en todos los continentes, Dios se ha manifestado de una manera extraordinaria, con milagros, señales y prodigios, y con gran demostración de su gran autoridad. Sobresalen algunas de las cruzadas de: 1992 en El Salvador, en el Estadio Luis Ángel Firpo en Usulután; en 1993 en Moscú, Rusia, donde predicamos en una base militar soviética y llevamos 16,000 mil Biblias y en Kiev, Ucrania; en 1994 y 1995 en Panamá City en Panamá; en 1996 en Viña del Mar, Chile; 1997 y 98 en Maracaibo, Venezuela en la Plaza de Toros y después en el estadio; en París, Francia y en Chiquimula, Guatemala; en 1998 en Oslo y Kristiansen en Noruega; y en el Congreso Mundial de Misiones en Fortaleza, Brasil, donde prediqué juntamente con Loren Cunningham, el fundador de JUCUM; nuestras grandes cruzadas de norte a sur de Brasil; en 1999 en San José, Costa Rica y Madras, India que fue extraordinario y donde 6,700 personas aceptaron a Cristo; en el 2000, en Tokorozawa, Toyota y

Nagano en Japón; en el 2001, en Kumasi, Ghana, África Occidental; en el 2002 en la Convención Mundial de la Iglesia de Dios M.I., en el Coliseo Roberto Clemente en San Juan, Puerto Rico; en 2003 en Brisbane, Australia; en el 2005 en Bogotá, Colombia, donde tuvimos 200 mil personas allí con el pastor Enrique Gómez; en el 2005 en Monterrey, México, que fue un derramamiento tremendo del poder de Dios; en 2006 en Montreal, Canadá que fue una gran cruzada unida; en Guayaquil, Ecuador, en el año del 2008 que fue tremendo, y nuevamente en Monterrey, en Coronel, Chile en enero del 2009. Y faltan muchas y muchas otras cruzadas en que hemos visto el derramamiento del poder de Dios extraordinariamente en todos los continentes. ¡Aleluya! El poder del ayuno es un gran arma a nuestra disposición que juntamente con la oración obró grandes cosas durante todos estos eventos, y usted podrá leer más sobre las otras cruzadas en nuestro sitio de Internet: www.josueyrion.org.

¿Por qué ayunar?

Muchas son las razones según la Palabra de Dios del porqué debemos ayunar, independientemente de los motivos que veremos más tarde. Por lo tanto, de acuerdo a las Escrituras, algunas de las razones son:

1-Ayunamos en obediencia a Cristo
Mateo 9.15b: *«Pero vendrán días cuando el esposo les será quitado, y entonces ayunarán».*

2-Ayunamos para humillarnos delante de Dios
Joel 2.12: *«Por eso pues, ahora, dice Jehová, convertíos a mí con todo vuestro corazón, con ayuno y lloro y lamento».*

3-Ayunamos para obtener gracia y poder de Dios en las pruebas

2 Corintios 6.4, 5: *«Antes bien, nos recomendamos en todo como ministros de Dios, en mucha paciencia, en tribulaciones, en necesidades, en angustias; en azotes, en cárceles, en tumultos, en trabajos, en desvelos, en ayunos...».*

4-Ayunamos para vencer las tentaciones

Lucas 4.1, 2: *«Jesús, lleno del Espíritu Santo, volvió del Jordán, y fue llevado por el Espíritu al desierto por cuarenta días, y era tentado por el diablo. Y no comió nada en aquellos días, pasados los cuales tuvo hambre».*

5-Ayunamos para confesar y ser libres del pecado

Daniel 9.3-5: *«Y volví mi rostro a Dios el Señor, buscándole en oración y ruego, en ayuno, cilicio y ceniza. Y oré a Jehová mi Dios e hice confesión diciendo: Ahora, Señor, Dios grande, digno de ser temido, que guardas el pacto y la misericordia con los que te aman y guardan tus mandamientos; hemos pecado, hemos cometido iniquidad, hemos hecho impíamente, y hemos sido rebeldes, y nos hemos apartado de tus mandamientos y de tus ordenanzas».*

6-Ayunamos para apartarnos del pecado

Jonás 3.5: *«Y los hombres de Nínive creyeron a Dios, y proclamaron ayuno, y se vistieron de cilicio desde el mayor hasta el menor de ellos».*

7-Ayunamos para ser sensibles a la necesidad de los demás

Nehemías 1.4: *«Cuando oí estas palabras me senté y lloré, e hice duelo por algunos días, y ayuné y oré delante del Dios de los cielos».*

8- Ayunamos a nivel de congregación en unidad

Joel 1.14: *«Proclamad ayuno, convocad a asamblea; congregad a los ancianos y a todos los moradores de la tierra en la casa de Jehová vuestro Dios, y clamad a Jehová»* (Ver Joel 2.15).

9-Ayunamos para pedir ayuda al Señor en la guerra espiritual

2 Crónicas 20.3, 4: *«Entonces él tuvo temor, y Josafat humilló su rostro para consultar a Jehová, e hizo pregonar ayuno a todo Judá. Y se reunieron los de Judá para pedir socorro a Jehová; y también de todas las ciudades de Judá vinieron a pedir ayuda a Jehová».*

10-Ayunamos para morir a los deseos de nuestra carne

Salmo 109.24: *«Mis rodillas están debilitadas a causa del ayuno, y mi carne desfallece por falta de gordura».*

11-Ayunamos para recibir el llamado al ministerio

Hechos 13.2: *«Ministrando éstos al Señor, y ayunando, dijo el Espíritu Santo: Apartadme a Bernabé y a Saulo para la obra a que los he llamado».*

12-Ayunamos para ser enviados al ministerio

Hechos 13.3, 4: *«Entonces, habiendo ayunado y orado, les impusieron las manos y los despidieron. Ellos, entonces, enviados por el Espíritu Santo, descendieron a Seleucia, y de allí navegaron a Chipre».*

Periódicamente Damaris y yo ayunamos por varias razones y necesidades. Cada vez que ayunamos, sabemos por qué lo estamos haciendo. Hubo un tiempo cuando estábamos siendo atacados severamente por los brujos y satanistas en la ciudad donde vivimos en California. También somos siempre perseguidos por ellos por medio de los e-mails (correos electrónicos) y esto es casi diariamente. Hemos recibido aun muchas amenazas de muerte de igual manera. La mayoría de estos correos los borramos, pero los que nos amenazan a nosotros y a nuestra familia de muerte, los guardamos y archivamos en un lugar especial, pues el F.B.I. los puede rastrear en caso que algo nos suceda a nosotros y así puedan encontrar a estas personas. Pero en esta ocasión, los satanistas habían dejado en el portal de nuestra casa gatos y ratones muertos después de sacrificarlos y en cada año durante la semana del Halloween, o el día de las brujas, se intensificaban los ataques y padecíamos de enfermedades sin sentido y extrañas molestias en nuestros cuerpos. Decidimos poner un fin a esto por medio del ayuno y de la oración. Un día el Señor le mostró a Damaris cuando ella regresaba de la escuela de los muchachos, la bruja o la satanista principal de nuestro barrio, que estaba parada en medio de la calle, vestida de negro y mirando a nuestra casa. De seguro estaba haciendo los inútiles conjuros satánicos en contra de nosotros. Durante mucho tiempo habíamos orado por la conversión y la salvación de estos satanistas, pero en realidad ellos nunca se convirtieron al Señor. Por el contrario, siguieron haciéndonos mucho daño. Quebraron las macetas y arrancaron las flores de Damaris delante de la casa, quebraron varias veces el buzón del correo que es un crimen federal, echaron huevos en las puertas y ventanas de nuestra casa, rasparon la pintura de las puertas y muchas y muchas otras cosas más. Entonces decidimos, como ya dije, poner un fin a todo esto y proclamar tres días completos de ayuno y oración para terminar de una vez con esta situación, pues no solamente nosotros nos quejábamos de enfermedades sin sentido, sino Kathryn y Joshua también empezaron a sentir los efectos de las fuerzas del mal en sus cuerpos. Él Señor durante el ayuno nos mostró dónde esta bruja y satanista vivía, a algunas casas en la calle más arriba de nosotros. Tuvimos una batalla espiritual feroz con las huestes del enemigo. Durante estos tres días tuvimos grandes victorias y respuestas a nuestras oraciones. En el último día del ayuno ya nuestros cuerpos estaban sanados y bajo la unción y el poder del Señor dijimos en voz alta: «Señor, o nosotros nos quedamos aquí en este barrio y en la casa que tú nos diste, o esta mujer se queda aquí. O nosotros nos vamos de aquí, o ella se va de aquí, porque los dos no podemos vivir en el mismo barrio. Somos luz y ella es tinieblas. Nosotros te servimos a ti, oh Gran Dios Poderoso, y ella sirve al diablo». Jamás oramos para que muriera y fuera al infierno. ¡No! Orábamos por su conversión a Cristo. Y Damaris y yo, bajo la cobertura de la SANGRE DE CRISTO, apuntamos nuestros dedos en dirección a la casa de esta mujer y le declaramos que ella debería marcharse para siempre y que ella saliera en derrota y vergüenza. Fueron tres días de ayuno completos, sin comer y sin beber agua. Este es el ayuno más poderoso de las Escrituras. También hemos ayunado solamente con agua por muchos y muchos días. Usted no va a creer lo que pasó, mis queridos lectores: Muy poco tiempo después de este ayuno, regresaba yo de predicar en Los Ángeles, y cuando doblé la calle para llegar a la casa, vi un montón de carros de bomberos, de policías y de ambulancias en la calle de arriba a la nuestra. Dejé el carro en el garaje de la casa y fui a preguntar a los oficiales de policía lo que había sucedido. Para sorpresa mía, resulta que era en la casa de la tal satanista que estaba quemándose. La mujer tuvo un ataque al corazón, y como fumaba mucho, se prendió fuego en la casa, murió ella y se destruyó su casa en las llamas…¡No! No nos alegramos de su triste fin y de dónde está ahora, perdida para siempre. Pero, ¡EL PODER DE DIOS ES TREMENDO! Y yo les digo a ustedes hermanos, no teman al diablo, él ya está derrotado, y no teman a aquellos que le sirven como esta pobre mujer. Oren y ayunen y verán pasar las cosas más grandes en vuestras vidas. Desde entonces han disminuido los ataques y ahora nos sentimos en paz y tranquilos en nuestro barrio. Por la SANGRE DE CRISTO el diablo y sus demonios tienen que salir huyendo, pues Jesucristo los destruyó en la cruz del Calvario y los venció por su muerte y resurrección. ¡Aleluya! Permanezcan y perseveren en el ayuno y verán las victorias más grandes de sus vidas. El ayuno es una de las armas más poderosas a nuestra disposición en el arsenal espiritual de Dios para nuestro beneficio.

La guía espiritual acerca del ayuno

Al ayunar, debemos seguir ciertos conceptos espirituales para obtener mejores resultados a nuestro favor. Saber cómo ayunar es fundamental, pues de esto depende nuestra victoria. Necesitamos sabiduría divina al hacerlo, veremos sus efectos espirituales y lo que esto causará, los beneficios del ayuno, qué produce el ayuno bíblico y cuáles deben ser los motivos para ayunar. ¡Esto es muy importante! Les recomiendo que hagan un estudio exhaustivo del ayuno y estudien el ejemplo de los personajes bíblicos que cambiaron las situaciones a su favor. Pues el tiempo y el espacio no nos permiten escribir aun con más profundidad sobre este asunto. En alguna otra ocasión, en algún otro libro lo haremos con certeza. Las Escrituras están llenas de ejemplos de grandes victorias que el ayuno nos trae. Por lo tanto aquí solamente les daremos una guía sencilla del ayuno victorioso:

1-El ayuno debe ser hecho en humildad y para Dios solamente

Lucas 18.10-14: «*Dos hombres subieron al templo a orar: uno era fariseo, y el otro publicano. El fariseo, puesto en pie, oraba consigo mismo de esta manera: Dios, te doy gracias porque no soy como los otros hombres, ladrones, injustos, adúlteros, ni aun como este publicano; AYUNO dos veces a la semana, doy diezmos de todo lo que gano. Mas el publicano, estando lejos, no quería ni aun alzar los ojos al cielo, sino que se golpeaba el pecho, diciendo: Dios, sé propicio a mí, pecador. Os digo que éste descendió a su casa justificado antes que el otro; porque cualquiera que se enaltece, será humillado; y el que se humilla será enaltecido*».

2-El ayuno pondrá nuestros cuerpos en disciplina

1 Corintios 9.27: «*Sino que golpeo mi cuerpo, y lo pongo en servidumbre* [disciplina por medio del ayuno], *no sea que habiendo sido heraldo para otros, yo mismo venga a ser eliminado*».

Colosenses 3.5: «*Haced morir, pues, lo terrenal en vosotros* [por medio del ayuno]: *fornicación, impureza, pasiones desordenadas, malos deseos y avaricia, que es idolatría*».

3-El ayuno debe ser motivo de gozo y alegría para nosotros

Zacarías 8.19: *«Así ha dicho Jehová de los ejércitos: El ayuno del cuarto mes, el ayuno del quinto, el ayuno del séptimo, y el ayuno del décimo, se convertirán para la casa de Judá en gozo y alegría, y en festivas solemnidades».*

4-El ayuno debe ser una súplica desde nuestro corazón

2 Samuel 12.16: *«Entonces David rogó a Dios por el niño; y ayunó David, y entró, y pasó la noche acostado en tierra».*

5-El ayuno hará que Dios nos oiga

Nehemías 1.4b, 5, 11: *«...y ayuné y oré delante del Dios de los cielos. Y dije: Te ruego, oh Jehová, Dios de los cielos, fuerte, grande y temible, que guarda el pacto y la misericordia a los que le aman y guardan sus mandamientos. Te ruego, oh Jehová, esté ahora atento tu oído a la oración de tu siervo, y a la oración de tus siervos, quienes desean reverenciar tu nombre; concede ahora buen éxito a tu siervo y dale gracia delante de aquel varón* [el rey Artajerjes]. *Porque yo servía de copero al rey».*

6-El ayuno NO debe hacerse de una manera, razón o propósito malo

Hechos 23.12, 13: *«Venido el día, algunos de los judíos tramaron un complot y se juramentaron bajo maldición, diciendo que no comerían ni beberían hasta que hubiesen dado muerte a Pablo. Eran más de cuarenta los que habían hecho esta conjuración».*

7-El ayuno nos fortalecerá en el Señor

Hechos 14.23: *«Y constituyeron ancianos en cada iglesia, y habiendo orado con ayunos, los encomendaron al Señor en quien habían creído».*

8-El ayuno nos traerá victoria en tiempos de crisis

Ester 4.15, 16: «*Y Ester dijo que respondiesen a Mardoqueo: Ve y reúne a todos los judíos que se hallan en Susa, y ayunad por mí, y no comáis ni bebáis en tres días, noche y día; yo también con mis doncellas ayunaré igualmente, y entonces entraré a ver al rey, aunque no sea conforme a la ley; y si perezco, que perezca*».

9-El ayuno nos traerá dirección y la guía del Señor

Esdras 8.21, 23: «*Y publiqué ayuno allí junto al río Ahaba, para afligirnos delante de nuestro Dios, para solicitar de él camino derecho para nosotros, y para nuestros niños, y para todos nuestros bienes. Ayunamos, pues, y pedimos a nuestro Dios sobre esto, y él nos fue propicio*».

10-El ayuno nos hará oír y entender la Palabra de Dios

Jeremías 36.6: «*Entra tú, pues, y lee de este rollo que escribiste de mi boca, las palabras de Jehová a los oídos del pueblo, en la casa de Jehová, el día del ayuno; y las leerás también a oídos de todos los de Judá que vienen de sus ciudades*».

11-El ayuno a nivel local y nacional traerá el temor del Señor al pueblo

Jeremías 36.9: «*Y aconteció en el año quinto de Joacim hijo de Josías, rey de Judá, en el mes noveno, que promulgaron ayuno en la presencia de Jehová a todo el pueblo de Jerusalén y a todo el pueblo que venía de las ciudades de Judá a Jerusalén*».

12-El ayuno traerá la salvación a los inconversos

Hechos 10.30-33: «*Entonces Cornelio dijo: Hace cuatro días que a esta hora yo estaba en ayunas; y a la hora novena, mientras oraba en mi casa, vi que se puso delante de mí un varón con vestido resplandeciente, y dijo: Cornelio, tu oración ha sido oída, y tus limosnas han sido recordadas delante de Dios. Envía, pues, a Jope, y has venir a Simón el que tiene por sobrenombre Pedro, el cual mora en casa de Simón, un curtidor, junto al mar; y cuando llegue, él te hablará. Así que luego envié por ti; y tú has hecho bien en venir. Ahora, pues, todos nosotros estamos aquí en la presencia de Dios, para oír todo lo que Dios te ha mandado».*

Durante la década de los años 1990, el ayuno se tornó en uno de los temas más hablados y practicados por muchos líderes espirituales a nivel nacional en los Estados Unidos. El Dr. Bill Bright, ya fallecido, fundador de Campus Crusade for Christ (Cruzada Estudiantil para Cristo), fue dirigido por el Señor a hacer un ayuno personal de 40 días al inicio de dicha década. Después de su experiencia, él recomendó seriamente que el cuerpo de Cristo, o sea, la iglesia en Estados Unidos y sus líderes, deberían considerar ayunar por un reavivamiento nacional. En diciembre del año 1994 invitó a todos los líderes cristianos a nada más que tres días de ayuno y oración en Orlando, Florida. Como esto nunca había sucedido antes, él no tenía idea cuál sería la respuesta. El Dr. Bright hizo publicidad a su llamado solamente algunos meses antes y realmente muchos de estos líderes ya tenían compromiso de uno a dos años marcados por adelantado en sus calendarios. La respuesta realmente fue increíble. Más de 600 líderes cristianos, algunos de los más renombrados de Estados Unidos, representando más de 100 denominaciones, vinieron pagando ellos mismos todos los gastos solamente para doblar sus rodillas y ayunar por tres días para pedir un reavivamiento a favor de ésta nación y de otras alrededor del mundo. Después de esto, se hicieron muchos otros eventos como éste. En 1996 en St. Louis, Missouri, más de 3,700 líderes, ministros y creyentes vinieron a tener un tiempo de oración y ayuno para pedir al Señor un reavivamiento y para humillar sus vidas delante del Dios Todopoderoso. Algunos de los testimonios y experiencias de ministros y de aquellos que fueron tanto al evento de 1994 como el de 1996, han dicho que sus vidas nunca más fueron las mismas después de estos eventos de ayuno, y que sus vidas y ministerios experimentaron un gran cambio de mejora por esta razón. Desafortunadamente la mayoría del liderazgo de la iglesia hispana en los Estados Unidos todavía no ha entendido la gran necesidad de volver al ayuno y a la oración. Otros ministros sí han comprendido la situación espiritual y han declarado ayuno y oración en sus iglesias y congregaciones. Que el Señor pueda despertar este deseo en nosotros así como en los grandes hombres y mujeres de Dios del pasado que transformaron el mundo bajo el poder y la unción del Espíritu Santo. ¡Volvamos, pues, al ayuno y a la oración!

Dieciséis victorias del que busca al Señor en ayuno

1-Nos hará valientes
1 Crónicas 10.12: *«Se levantaron todos los hombres valientes, y tomaron el cuerpo de Saúl y los cuerpos de sus hijos y los trajeron a Jabes; y enterraron sus huesos debajo de una encina en Jabes, y ayunaron siete días».*

2-Daremos testimonio del Redentor
Lucas 2.37, 38: *«Y era viuda hacía ochenta y cuatro años; y no se apartaba del templo, sirviendo de noche y de día con ayunos y oraciones. Esta, presentándose en la misma hora, daba gracias a Dios, y hablaba del niño a todos los que esperaban la redención de Jerusalén».*

3-Tendremos convicción de que hemos pecado
1 Samuel 7.6a: *«Y se reunieron en Mizpa, y sacaron agua, y la derramaron delante de Jehová, y ayunaron aquel día, y dijeron allí: Contra Jehová hemos pecado».*

4-Estaremos listos para desarrollar el ministerio
Mateo 4.1, 2: *«Entonces Jesús fue llevado por el Espíritu al desierto, para ser tentado por el diablo. Y después de haber ayunado cuarenta días y cuarenta noches, tuvo hambre».*

5-Tendremos comunión con Dios

Éxodo 34.28: «*Y él estuvo allí con Jehová cuarenta días y cuarenta noches; no comió pan, ni bebió agua; y escribió en tablas las palabras del pacto, los diez mandamientos*».

6-Tendremos ánimo en nuestro caminar con Dios

1 Reyes 19.8: «*Se levantó, pues, y comió y bebió, y fortalecido con aquella comida caminó cuarenta días y cuarenta noches hasta Horeb, el monte de Dios*».

7-Andaremos en sencillez de espíritu

Mateo 6.17, 18: «*Pero tú, cuando ayunes, unge tu cabeza y lava tu rostro, para no mostrar a los hombres que ayunas, sino a tu Padre que está en secreto; y tu Padre que ve en lo secreto te recompensará en público*».

8-Nos hará humildes

Nehemías 9.1: «*El día veinticuatro del mismo mes se reunieron los hijos de Israel en ayuno, y con cilicio y tierra sobre sí*».

9-Tendremos un corazón perdonador

Salmo 35.13: «*Pero yo, cuando ellos enfermaron, me vestí de cilicio; afligí con ayuno mi alma, y mi oración se volvía a mi seno*».

10-Seremos fortalecidos cuando seamos criticados

Salmo 69.10: «*Lloré afligiendo con ayuno mi alma, y esto me ha sido por afrenta*».

11-Recibiremos autoridad contra las huestes malignas

Marcos 9.29: «*Y les dijo: este género con nada puede salir, sino con oración y ayuno*».

12-Es la marca del verdadero ministerio
2 Corintios 6.5: «*En azotes, en cárceles, en tumultos, en trabajos, en desvelos, en ayunos*».

13-Estaremos en la presencia de Dios
Jueces 20.26: «*Entonces subieron todos los hijos de Israel, y todo el pueblo, y vinieron a la casa de Dios; y lloraron, y se sentaron allí en presencia de Jehová, y ayunaron aquel día hasta la noche; y ofrecieron holocaustos y ofrendas de paz delante de Jehová*».

14-Nos hará sensibles por alguien que ha fallecido
2 Samuel 1.12: «*Y lloraron y lamentaron y ayunaron hasta la noche, por Saúl y por Jonatán su hijo, por el pueblo de Jehová y por la casa de Israel, porque habían caído a filo de espada*».

15-Nos dará capacidad para pagar el precio de servir a Cristo
2 Corintios 11.27: «*En trabajo y fatiga, en muchos desvelos, en hambre y sed, en muchos ayunos, en frío y en desnudez*».

16-Nos dará sed de buscar a Dios
Hechos 9.8, 9: «*Entonces Saulo se levantó de tierra, y abriendo los ojos, no veía a nadie; así que, llevándole por la mano, le metieron en Damasco, donde estuvo tres días sin ver, y no comió ni bebió*».

El camino estrecho en la calle conducía a un lugar escondido en Cantón en la China. Cuando Fergus Bordewich entró en aquel lugar muy apretado para peatones, encontró la dirección correcta. Subiendo apenas dos escalones, halló una sala arrumada con pequeños bancos hechos a mano. En una esquina estaban muchas Biblias e himnarios que a simple vista supo que eran usados con frecuencia. Allí estaban reunidas más de veinte personas, entre ellas estudiantes, hombres de negocios, hermanos en Cristo y mujeres ya muy ancianas. Todos estaban en ayuno y oración, arrodillados en el piso de concreto clamando a Dios y sus voces llenaban la sala con cánticos de alabanza al Señor. Esto era una iglesia clandestina China, la que es constantemente perseguida. Todos aquellos que estaban allí sabían que esta reunión cristiana era ilegal. La policía podría llegar en cualquier momento para una inspección y llevarse preso a los hermanos y al pastor Lin Xiangao. Pero todos permanecieron en ayuno y oración durante todo el día. Algunos años antes, el pastor Xiangao había sido apresado y se le había ordenado que negara a Cristo, cosa que obviamente se rehusó hacer y dijo: «Aunque aumenten los años de mi condena o que me maten, jamás dejaré a Cristo». Este gran hombre de Dios había permanecido firme con Cristo en medio de amenazas, cárceles y persecuciones por medio del ayuno y de la oración. ¿En qué se ha sostenido, no solamente él, sino la iglesia clandestina en China durante todos estos años, y cómo ha sobrevivido? ¡Por medio del ayuno, juntamente con la oración y la Palabra! Nosotros de igual forma permaneceremos si tan solo hacemos del ayuno una costumbre en nuestra vida. Si queremos obtener grandes respuestas de parte de Dios y vivir una vida espiritual victoriosa, necesitamos volver y permanecer en el ayuno. Personalmente, se los garantizo, por experiencia propia, que les irá muy bien, tan solo que renunciéis a vuestra carne y os sometáis al ayuno periódicamente. ¡Volvamos, pues al ayuno!

Capítulo

10

La victoria de la Palabra de Dios

Apocalipsis 12.11a
*«Y ellos le han vencido por medio de la sangre del Cordero
y de la palabra del testimonio de ellos...».*

En Mateo 4.4 está escrito: *«Él [Jesús] respondió y dijo: Escrito está: No sólo de pan vivirá el hombre, sino de toda palabra que sale de la boca de Dios».* La palabra **«palabra»** aquí en griego es **«rhema»,** que es aquello que se dice o se habla, en contraste con logos, que es la expresión de un pensamiento, un mensaje, un discurso. **«Logos»** es el mensaje; **«rhema»** es la comunicación del mensaje. Aplicado a la Biblia, **logos** designaría la totalidad de su mensaje, o sea toda la palabra escrita; pero **rhema,** un versículo específico que Dios haya dado a alguien por medio de un mensaje, sermón o en privado. El significado de **rhema,** diferente al de **logos,** se ilustra en Efesios 6.17, donde se habla, no de las Escrituras como un todo, sino de aquella porción específica que le llegó al corazón, la cual el creyente maneja como una espada en tiempo de necesidad. Aquí específicamente en esta Escritura, el diablo estaba usando la propia Palabra de Dios a su favor, de una manera incorrecta y equivocada, porque él bien sabe que su palabra no tiene poder, sino la Palabra de Dios. Él estaba intentando usarla en contra del propio Cristo, que es la Palabra viviente de Dios. El Señor lo refuta y lo reprende con la propia Palabra, mencionándola de la manera correcta y con la aplicación correcta. Cuando conocemos la Palabra, ella nos inunda de poder y sabiduría para que obtengamos la victoria en nuestras vidas espirituales usándola contra el enemigo de nuestras almas. Y no solamente esto, sino en nuestras vidas privadas, al meditar en ella, su profundidad nos llenará de gozo y felicidad y gozaremos de la presencia de Dios de una manera diferente y poderosa.

Mark Guy Pearse narra la experiencia muy profunda que tuvo con el Señor durante un viaje en tren. Dijo él: «Yo reflexionaba sobre la vida espiritual victoriosa y llena del poder de Dios que todo creyente debe tener, y mientras leía las Escrituras, mis ojos se detuvieron en la palabra RECIBIR. De momento un gran gozo entró en mi alma. No me sentía subiendo al cielo, pero sí sentía al Señor descendiendo. Estaba lloviendo y mientras el tren paraba en la estación, yo miré una señora ya anciana, saliendo de su humilde casa y poniendo una vasija al lado de afuera para RECIBIR el agua de la lluvia. La vasija rápidamente se llenó y empezó a desbordarse. De inmediato elevé mi pensamiento a Dios y le dije, Señor, toma la vasija de mi corazón, quebrantada y seca y llénala del agua tuya de la vida y llename de tu poder, gozo y unción». Oh estimados lectores: Qué maravilloso es sentir el gozo, la paz, el amor de Dios, su poder y su unción desbordarse en nuestra vida. ¡No hay nada igual! El mover del Espíritu Santo es maravilloso y nada en este mundo puede compararse con la presencia de Dios. Es hora, hermanos míos, de poner nuestra vasija espiritual a la disposición del Señor y dejar que Él las llene de Su gloria. ¿Y cómo podemos ser llenos de tal bendición? Por medio de la Palabra de Dios que nos inunda de un gozo inmenso y de una felicidad que no tiene límite. Y no solamente en la Palabra alcanzaremos esto, sino que para alcanzar la victoria, debemos permanecer y perseverar en estas tres cosas, muy, pero muy importantes en nuestra vida espiritual: Perseverar y permanecer en oración, en el ayuno y en la Palabra, de esta manera seremos victoriosos en todo en nuestra vida espiritual diaria con Cristo.

Tenemos que guardar la Palabra en nuestro corazón

El primer libro que escribí se llamó *El poder de la Palabra de Dios*. En él usted descubrirá lo que la Palabra de Dios representa para nosotros y la madurez que podemos alcanzar al conocerla. Al terminar el Sermón del Monte, el cual ocupa los capítulos 5, 6 y 7 del libro de Mateo, Jesús habla sobre las dos casas espirituales, la que está fundada en la roca y la otra en la arena. El resumen de estos capítulos y su conclusión es abrumadora, terminante y al punto: Está relacionada con el que HACE y GUARDA la PALABRA DE DIOS, y el que NO hace y NO guarda la PALABRA. En Mateo 7.24-27 está escrito: *«Cualquiera, pues, que me oye estas palabras, y las hace, le compararé a un hombre prudente, que edificó su casa sobre la roca. Descendió lluvia, y vinieron ríos, y soplaron vientos, y golpearon contra aquella casa; y no cayó, porque estaba fundada sobre la roca. Pero cualquiera que me oye estas palabras y no las hace, le compararé a un hombre insensato, que edificó su casa sobre la arena; y descendió lluvia, y vinieron ríos, y soplaron vientos, y dieron con ímpetu contra aquella casa; y cayó, y fue grande su ruina».* Esta ilustración en la conclusión de su sermón se torna una aplicación personal en la vida de creyentes y de ministros. Este fue el sermón más grandioso jamás predicado por alguien. Y fue Cristo mismo quien lo hizo. Solamente este sermón tendrá el valor de todo lo que se dijo en estos capítulos si la persona pone en práctica estos 4 versículos, de lo contrario no tendrá ningún efecto. Sencillamente es la historia de dos tipos de casas, una es construida por un sabio constructor y la otra por uno necio. No hay razón aparente para creer que las dos casas fueron hechas de diferentes materiales, o de estructuras o tamaños distintos, pues creemos que eran iguales, si no fuera así y fuese lo contrario, Cristo lo hubiera dicho. Por lo tanto eran idénticas en diseño, LA ÚNICA DIFERENCIA ERA EL FUNDAMENTO, LA BASE, O LAS VIGAS. Cada constructor inteligente sabe de la importancia de echar el fundamento antes de edificar una casa. Aquí el texto griego expresa realmente que cada una de las dos casas fue probada de la misma forma, descrita con las mismas palabras en el texto original griego mencionadas por Cristo. No hubo diferencia alguna, pues a las dos dice el Señor que: *«Descendieron lluvia, y vinieron ríos, y soplaron vientos, y golpearon contra aquella casa»,* en realidad en

(LAS DOS CASAS). La diferencia en las dos casas aparentemente no se veía antes de la tormenta, pero qué diferencia después del temporal: Una casa permanece, una señal de serenidad y seguridad; la otra cae y fue grande su ruina; una escena de devastación y destrucción. El punto que Cristo está haciendo aquí es que no es suficiente OÍR solamente SU PALABRA, o estar solamente de acuerdo o aun repetirla a los demás; sino es NECESARIO HACER, poner en práctica, vivir la PALABRA. Aquí está la llave para la victoria de nuestra vida espiritual, la habilidad de GUARDAR SU PALABRA en momentos de pruebas, luchas y tribulaciones, de tormentas y de temporales. La habilidad de hacer que nuestra casa espiritual permanezca después de todo esto es sencillamente HACER Y GUARDAR SU PALABRA. Si edificamos todo lo que hacemos en la ROCA que es Cristo, GUARDANDO sus enseñanzas y poniéndolas en práctica, NO CAEREMOS, pues seremos sabios y prudentes y nuestro trabajo en el ministerio y nuestra vida espiritual permanecerá. Pero al oír su PALABRA y NO HACERLA, no vivir de acuerdo a ella, simplemente CAERÁ y será grande su ruina, porque no fue edificada sobre la Roca, sino sobre la arena de las cosas pasajeras, placenteras y efímeras de este mundo. Por esto Santiago 1.22-24 nos advierte: «*Pero sed hacedores de la palabra, y no tan solamente oidores, engañándoos a vosotros mismos. Porque si alguno es oidor de la palabra pero no hacedor de ella, éste es semejante al hombre que considera en un espejo su rostro natural. Porque él se considera a sí mismo, y se va, y luego se olvida cómo era*». Por lo tanto, mis queridos hermanos: No debemos OLVIDAR, dejar de hacer caso a la Palabra, sino ponerla en práctica y PERSEVERAR en ella diariamente, haciendo esto, venceremos y nuestra casa espiritual PERMANECERÁ para siempre sin derrumbarse.

Ernest Shackleton fue un gran explorador que enfrentó una serie de crisis de vida o muerte juntamente con su tripulación. Cierta vez él tuvo que abandonar su embarcación en las heladas aguas glaciales de la Antártica. Era en 1914, y la expedición de Shackleton tenía planeado cruzar el continente congelado, hecho el cual nadie aún lo había conseguido hacer hasta entonces. Cuando su embarcación llegó, quedó atrapada en el hielo y se hundió. La tripulación entonces empezó una prueba de supervivencia que no estaba programado por 18 meses. Ellos se mantuvieron vivos flotando a la deriva sobre los bloques de hielo hasta alcanzar una isla, donde establecieron un campamento cuando ya su provisión de alimentos empezaba a escasear. Shackleton y algunos de los miembros de su tripulación decidieron ENTONCES PONER EN PRÁCTICA todo lo que ya habían aprendido sobre exploración. Tomaron un barco salvavidas que habían preservado y con mucha osadía y perseverancia, viajaron 800 millas hasta una estación de pesca de ballenas. Más tarde retornaron con un barco y rescataron a todos los 27 hombres que sobrevivieron la helada prueba. Amados hermanos: Shackleton y sus hombres representan aquí DOS TIPOS DE PERSONAS cristianas durante una crisis, DOS TIPOS DE CASAS: Aquellos que se enfrían y desaniman delante de una crisis, y aquellos que enfocados en un objetivo PERSEVERAN Y NO se desaniman. Shackleton pudo haber encallado en uno de los lugares más fríos del planeta, pero él y su equipo jamás se enfriaron. Aquí tenemos una gran enseñanza: Muchos cristianos en el momento de la prueba, de la tentación, y «de las lluvias, de los ríos y de los vientos», PONEN EN PRÁCTICA todo lo que han oído de la Palabra de Dios y se mantienen firmes, perseverantes y permanecen fielmente durante la tormenta, porque están fundados en la Roca, que es Cristo. Otros cristianos, en el momento de la crisis, de la prueba, de la tentación y del pecado, «de las lluvias, de los ríos y de los vientos», optan POR NO PONER EN PRÁCTICA la Palabra, NO permanecen en ella, NO son perseverantes, NO son HACEDORES, NO son GUARDADORES, y el resultado es que se enfrían espiritualmente y se hunden en la «arena» y sus casas espirituales «caen y es grande su ruina». ¡Pongamos, pues, en práctica la Palabra de Dios!

¿Qué efecto espiritual tendremos al vivir en la Palabra?

Si nosotros decidimos guardar lo que la Palabra de Dios dice y amarla y vivir en ella, las Escrituras nos afirman que seremos más que bienaventurados, pues las promesas que tenemos al hacerlo son muchísimas. Seremos bendecidos, prosperados, usados por Dios en el ministerio, nuestra familia será guardada del mal y todos experimentaremos grandes milagros de parte de Dios, sea en el área financiera, de la salud, personal, ministerial, profesional y familiar. Por lo tanto, ¿qué nos dicen las Escrituras si nosotros amamos la Palabra?

1-Entenderemos la Palabra
Juan 20.9: «*Porque aun no habían entendido la Escritura, que era necesario que él resucitase de los muertos*».

2-No ignoraremos la Palabra
Mateo 22.29: «*Entonces respondiendo Jesús, les dijo: Erráis, ignorando las Escrituras y el poder de Dios*».

3-No seremos insensatos al conocer la Palabra
Lucas 24.25, 46: «*Entonces él les dijo: ¡Oh insensatos, y tardos de corazón para creer todo lo que los profetas han dicho! Y les dijo: Así está escrito, y así fue necesario que el Cristo padeciese, y resucitase de los muertos al tercer día*».

4-Sabremos la razón porque Cristo padeció en la Palabra
1 Corintios 15.3, 4: «*Porque primeramente os he enseñado lo que asimismo recibí: Que Cristo murió por nuestros pecados, conforme las Escrituras, y que fue sepultado, y que resucitó al tercer día, conforme a las Escrituras*».

5-Discerniremos la Palabra

2 Pedro 3.16: «...*hablando en ellas de estas cosas; entre las cuales hay algunas difíciles de entender, las cuales los indoctos e inconstantes tuercen, como también las otras Escrituras, para su propia perdición*».

6-Tendremos memoria de la Palabra

2 Pedro 3.2: «*Para que tengáis memoria de las palabras que antes han sido dichas por los santos profetas, y del mandamiento del Señor y Salvador dado por vuestros apóstoles*».

7-Escudriñaremos la Palabra

Juan 5.39: «*Escudriñad las Escrituras; porque a vosotros os parece que en ellas tenéis la vida eterna; y ellas son las que dan testimonio de mí*».

8-Conoceremos a Cristo y Su Palabra

Hechos 13.27: «*Porque los habitantes de Jerusalén y sus gobernantes, no conociendo a Jesús, ni las palabras de los profetas que se leen todos los días de reposo, las cumplieron al condenarle*».

9-Declararemos la Palabra

Lucas 24.27: «*Y comenzando desde Moisés, y siguiendo por todos los profetas, les declaraba en todas las Escrituras lo que de él decían*».

10-Santificaremos en nosotros la Palabra

2 Samuel 22.31a: «*En cuanto a Dios, perfecto es su camino, y acrisolada la palabra de Jehová...*».

11-Seremos limpios por la Palabra

Salmo 12.6: «*Las palabra de Jehová son palabras limpias, como plata refinada en horno de tierra, purificada siete veces*».

12-Creceremos en el conocimiento de la Palabra

2 Pedro 3.18a: *«Antes bien, creced en la gracia y en el conocimiento de nuestro Señor y Salvador Jesucristo».*

13-Viviremos en la Palabra

Mateo 4.4: *«Él respondió y dijo: Escrito está: No sólo de pan vivirá el hombre, sino de toda palabra que sale de la boca de Dios».*

14-Prevalecerá en nosotros la Palabra

Hechos 19.20: *«Así crecía y prevalecía poderosamente la palabra del Señor».*

15-Crecerá en nosotros la Palabra

Hechos 12.24: *«Pero la palabra del Señor crecía y se multiplicaba».*

16-Amaremos la Palabra

Juan 14.15: *«Si me amáis, guardad mis mandamientos».*

17-Guardaremos la Palabra

Juan 14.21, 23: *«El que tiene mis mandamientos, y los guarda, ése es el que me ama; y el que me ama, será amado por mi Padre, y yo le amaré, y me manifestaré a él. Respondió Jesús y le dijo: El que me ama, mi palabra guardará; y mi Padre le amará, y vendremos a él, y haremos morada con él».*

18-Moraremos en la Palabra

Colosenses 3.16: *«La palabra de Cristo more en abundancia en vosotros, enseñándoos y exhortándoos unos a otros en toda sabiduría, cantando con gracia en vuestros corazones al Señor con salmos e himnos y cánticos espirituales».*

19-Esperaremos en la Palabra

Salmo 130.5: «*Esperé yo a Jehová, esperó mi alma; en su palabra he esperado*».

20-Seremos santificados por la Palabra

Proverbios 30.5: «*Toda palabra de Dios es limpia; él es escudo a los que en él esperan*».

21-Sabremos la verdad por la Palabra

Juan 17.17: «*Santifícalos en tu verdad; tu palabra es verdad*».

22-No resbalaremos jamás porque vivimos en la Palabra

Salmo 37.31: «*La ley de su Dios está en su corazón; por tanto sus pies no resbalarán*».

23-Caminaremos en la voluntad de Dios porque andamos en la Palabra

Salmo 40.8: «*El hacer tu voluntad, Dios mío, me ha agradado, y tu ley está en medio de mi corazón*».

24-Seremos prosperados al obedecer la Palabra

Josué 1.8: «*Nunca se apartará de tu boca este libro de la ley, sino que de día y de noche meditarás en él, para que guardes y hagas conforme a todo lo que en él está escrito; porque entonces harás prosperar tu camino, y todo te saldrá bien*».

25-Nuestra fe crecerá al oír la Palabra

Romanos 10.17: «*Así que la fe es por el oír, y el oír, por la palabra de Dios*».

26-Es una gran herramienta para nosotros la Palabra

Jeremías 23.29: «*¿No es mi palabra como fuego, dice Jehová, y como martillo que quebranta la piedra?*»

27-Será fuego en nuestra boca la Palabra

Jeremías 5.14b: «*…he aquí yo pongo mis palabras en tu boca por fuego, y a este pueblo por leña, y los consumirá*».

28-En nuestra boca estará de continuo la Palabra

Jeremías 1.9: «*Y extendió Jehová su mano y tocó mi boca, y me dijo Jehová: He aquí he puesto mis palabras en tu boca*».

29-Será espíritu y vida a nosotros la Palabra

Juan 6.63: «*El espíritu es el que da vida; la carne para nada aprovecha; las palabras que yo os he hablado son espíritu y son vida*».

30-Seremos limpios por Cristo y su Palabra

Juan 15.3: «*Ya vosotros estáis limpios por la palabra que os he hablado*».

31-Es necesario oír al Señor por medio de su Palabra

Números 9.8: «*Y Moisés les respondió: Esperad, y oiré lo que ordena Jehová acerca de vosotros*».

32-Será declarada a nosotros la Palabra

1 Samuel 9.27: «*Y descendiendo ellos al extremo de la ciudad, dijo Samuel a Saúl: Di al criado que se adelante (y se adelantó el criado), mas espera tú un poco para que te declare la Palabra de Dios*».

33-Tendremos el deseo de oír la Palabra

Lucas 10.39: «*Esta tenía una hermana que se llamaba María, la cual, sentándose a los pies de Jesús, oía su palabra*».

Después de la batalla de Bunker Hill, un mensajero montado a caballo, llegó, ya casi sin aliento, ante el general George Washington en Cambridge, y relató todo lo que había pasado en el campo de batalla. El gran general le hizo una sola pregunta, apenas una. Él no preguntó quién estaba en el comando, ni cuantos habían muerto, ni si los mismos británicos habían huido. Washington simplemente preguntó: «¿Nuestros soldados resistieron al ataque?» El mensajero contestó: «¡Sí Señor y con mucha bravura!» «Entonces conquistaremos la independencia» dijo George Washington. Nosotros, estimados lectores, de igual forma, resistiremos VALIENTEMENTE los ataques del enemigo si tan solo amamos y vivimos en la Palabra de Dios diariamente, y al hacerlo, conquistaremos la victoria en nuestras vidas espirituales. Sea la batalla, lucha, prueba o tribulación que sea que debamos enfrentar, si tan solo perseveramos y amamos la Palabra, venceremos. Ella nos dará poder, autoridad y sabiduría para vencer, y no hay nada más poderoso en este mundo que el poder de la Palabra de Dios. Debemos, pues, amar y vivir en ella siempre y obtendremos las victorias que todos deseamos en nuestras vidas espirituales.

¿Qué bendiciones recibiremos al aplicar el Salmo 119 en nuestra vida?

Hebreos 4.12 dice claramente: «*Porque la palabra de Dios es viva y eficaz, y más cortante que toda espada de dos filos; y penetra hasta partir el alma y el espíritu, las coyunturas y los tuétanos, y discierne los pensamientos y las intenciones del corazón*». Cuando aplicamos y permanecemos en la Palabra diariamente, ella se torna viva y eficaz para todo lo que necesitamos. Isaías 40.8 nos deja saber que: «*Sécase la hierba, marchítase la flor, mas la palabra del Dios nuestro permanece para siempre*». ¡Ella es eterna! No pasará nunca, porque Cristo mismo es la Palabra y Él no pasará jamás. Sencillamente la Palabra de Dios permanecerá, pues 1 Pedro 1.25 nuevamente nos habla: «*Mas la Palabra del Señor permanece para siempre. Y esta es la palabra que por el evangelio os ha sido anunciada».* Si la Palabra de Dios permanece para siempre y nosotros permanecemos en ella, entonces nosotros permaneceremos para siempre de igual manera. Juan 8.31 nos afirma: *«Dijo entonces Jesús a los judíos que habían creído en él: Si vosotros permaneciereis en mi palabra, seréis verdaderamente mis discípulos».* Aquí está la llave del discipulado, del aprendizaje y de la instrucción: ¡Aplicar y permanecer en su palabra! También Jesús en Juan 15.7 nos da la llave para obtener algo de parte de Dios: *«Si permanecéis en mí, y mis palabras permanecen en vosotros, pedid todo lo que queréis, y os será hecho».* ¿Qué le parece esta condición? Es sencillo, ¡Es solo permanecer en su Palabra! Y por último, en 1 Juan 2.14b, está la llave para la victoria espiritual de la juventud cristiana: *«Os he escrito a vosotros, jóvenes, porque sois fuertes, y la palabra de Dios permanece en vosotros, y habéis vencido al maligno».* Aquí está la solución de todo el problema de la tentación, del pecado, de la fornicación, de la presión juvenil, de los amigos, de la cultura posmoderna y anticristiana, de la inmoralidad, del alcohol, del sexo ilícito, de las drogas, y de todo lo que el mundo ofrece, y de todo lo demás que asecha a nuestra juventud…la solución: ¡APLICAR Y PERMANECER EN LA PALABRA DE DIOS! Cuando el joven permanece en ella,«¡VENCERÁ AL MALIGNO!» por el poder de la Palabra de Dios.

Hablando de aplicar y permanecer en la Palabra, todo el Salmo 119.1-176 habla sobre lo que ella es y representa para nosotros si lo hacemos. El salmo empieza con la primera letra del alfabeto hebreo, «Alef», pues este salmo es un salmo acróstico, elegantemente escrito, y es una verdadera obra de arte dividida en 22 estrofas, formadas cada una de ellas por ocho parejas de versos. Todos los versos pareados a la primera estrofa comienzan con la primera letra del alfabeto, «Alef», con la segunda letra los de la segunda estrofa «bet», y así sucesivamente hasta el final del poema. El sublime tema que hábilmente presenta el salmo es el de la divina revelación de «la ley», a veces llamada «mandamientos», «testimonios», «estatutos», «mandatos», «juicios», «palabra», «dichos», y «camino». Yo siempre he llamado a este salmo: «El Salmo de la Palabra de Dios», pues en ningún otro salmo se menciona tanto la Palabra como en éste. Teniendo en cuenta que Cristo es la Palabra viviente, cada vez que permanecemos en la Palabra, permanecemos en Él. Además, el Salmo 119.89 nos dice: *«Para siempre, oh Jehová, permanece tu palabra en los cielos».* Por lo tanto, si nosotros aplicamos y permanecemos en la Palabra, **¿qué producirá ella en nosotros y qué bendiciones tendremos en la Palabra** para alcanzar la victoria en nuestra vida espiritual? **EL SALMO 119** nos da exquisitamente la respuesta para que nosotros podamos aplicarla a nuestro diario vivir:

1-Seremos bienaventurados
V.1 *«Bienaventurados los perfectos de camino, los que andan en la ley de Jehová».*

2-La guardaremos de todo el corazón
V.2 *«Bienaventurados los que guardan sus testimonios, y con todo el corazón le buscan».*

3-No seremos avergonzados
V.6 *«Entonces no sería yo avergonzado, cuando atendiese a todos tus mandamientos».*

4-Le alabaremos con rectitud
V.7 *«Te alabaré con rectitud de corazón, cuando aprendiere tus justos juicios».*

5-Seremos limpios
V.9 *«¿Con qué limpiará el joven su camino? Con guardar tu palabra».*

6-No nos desviaremos
V.10b. *«...no me dejes desviarme de tus mandamientos».*

7-No pecaremos

V.11 *«En mi corazón he guardado tus dichos, para no pecar contra ti».*

8-Seremos enseñados

V.12b *«...enséñame tus estatutos».*

9-Nos gozaremos

V.14 *«Me he gozado en el camino de tus testimonios más que toda riqueza».*

10-Meditaremos

V.15a *«En tus mandamientos meditaré».*

11-No nos olvidaremos

V.16b *«...No me olvidaré de tus palabras».*

12-Sabremos sus maravillas

V.18 *«Abre mis ojos, y miraré las maravillas de tu ley».*

13-La desearemos

V.20 *«Quebrantada está mi alma de desear tus juicios en todo tiempo».*

14-Será nuestra delicia y nuestro consejo

V.24 *«Pues tus testimonios son mis delicias y mis consejeros».*

15-Seremos vivificados

V.25b *«...vivifícame según tu palabra».*

16-Entenderemos sus caminos

V.27a *«Hazme entender el camino de tus mandamientos...».*

17-Seremos sustentados
V.28b *«...susténtame según tu palabra»*.

18-No mentiremos
V.29 *«Aparta de mi el camino de la mentira, y en tu misericordia concédeme tu ley»*.

19-Escogeremos la verdad
V.30 *«Escogí el camino de la verdad; he puesto tus juicios delante de mí»*.

20-Correremos con ella
V.32a *«Por el camino de tus mandamientos correré...»*.

21-Tendremos entendimiento
V.34a *«Dame entendimiento, y guardaré tu ley...»*.

22-Seremos guiados
V.35a *«Guíame por la senda de tus mandamientos...»*.

23-No seremos avaros
V.36 *«Inclina mi corazón a tus testimonios, y no a la avaricia»*.

24-Nos confirmará su Palabra
V.38 *«Confirma tu palabra a tu siervo, que te teme»*.

25-La anhelaremos
V.40a *«He aquí yo he anhelado tus mandamientos...»*.

26-Seremos salvos
V.41 *«Venga a mí tu misericordia, oh Jehová, tu salvación conforme a tu dicho»*.

27-Confiaremos en ella

V.42b «...que en tu palabra he confiado».

28-Esperaremos en ella

V.43b «...porque en tus dichos espero».

29-Tendremos libertad del pecado

V.45 «Y andaré en libertad, porque busqué tus mandamientos».

30-Tendremos osadía delante de los que están en autoridad y eminencia

V.46a «Hablaré de tus testimonios delante de los reyes».

31-La amaremos

V.47 «Y me regocijaré en tus mandamientos, los cuales he amado».

32-Dios se acordará de la Palabra dada a nosotros

V.49 «Acuérdate de la palabra dada a tu siervo, el la cual me has hecho esperar».

33-Seremos consolados

V.50a «Ella es mi consuelo en mi aflicción...».

34-No nos apartaremos

V.51b «...Mas no me he apartado de tu ley».

35-Nos acordaremos de lo que Dios ha hecho

V.52a «Me acordé, oh Jehová, de tus juicios antiguos...».

36-Serán cánticos de alegría

V.54a «cánticos fueron para mí tus estatutos».

37-Seremos bendecidos
V.56 *«Estas bendiciones tuve porque guardé tus mandamientos»*.

38-Él será nuestra porción
V.57 *«Mi porción es Jehová; he dicho que guardaré tus palabras»*.

39-Él tendrá de nosotros misericordia
V.58b *«…ten misericordia de mí según tu palabra»*.

40-Regresaremos a su Palabra
V.59b *«Y volví mis pies a tus testimonios»*.

41-No nos retardaremos
V.60 *«Me apresuré y no me retardé en guardar tus mandamientos»*.

42-Nos levantaremos para alabarle
V.62 *«A medianoche me levanto para alabarle por tus justos juicios»*.

43-Él nos hará bien
V.65 *«Bien has hecho con tu siervo, oh Jehová, conforme a tu palabra»*.

44-Tendremos sabiduría
V.66 *«Enséñame buen sentido y sabiduría, porque tus mandamientos he creído»*.

45-En las pruebas aprenderemos su Palabra
V.71 *«Bueno me es haber sido humillado, para que aprenda tus estatutos»*.

46-Su Palabra será mejor para nosotros que todas las riquezas del mundo
V.72 *«Mejor me es la ley de tu boca que millares de oro y plata»*.

47-Seremos íntegros
V.80a *«Sea mi corazón íntegro en tus estatutos...».*

48-No la dejaremos
V.87b *«...pero no he dejado tus mandamientos».*

49-Ella será nuestra fortaleza en la aflicción
V.92 *«Si tu ley no hubiera sido mi delicia, ya en mi aflicción hubiera perecido».*

50-Seremos guardados de todo mal camino
V.101 *«De todo mal camino contuve mis pies, para guardar tu palabra».*

51-Su Palabra será dulce a nosotros
V.103a *«¡Cuan dulces son a mi paladar tus palabras...».*

52-Seremos inteligentes
V.104a *«De tus mandamientos he adquirido inteligencia...».*

53-Será lámpara y lumbrera a nosotros
V.105 *«Lámpara es a mis pies tu palabra, y lumbrera a mi camino».*

54-Cumpliremos su Palabra
V.112a *«Mi corazón incliné a cumplir tus estatutos...».*

55-Su Palabra será nuestra esperanza
V.114b *«...en tu palabra he esperado».*

56-Temeremos su Palabra
V.120 *«Mi carne se ha estremecido por temor de ti, y de tus juicios tengo miedo».*

57-Su Palabra será justicia a nosotros
V.123b «...y por la palabra de tu justicia».

58-Conoceremos su Palabra
V.125b «...para conocer tus testimonios».

59-Será de estima su Palabra
V.128a «Por eso estimé rectos todos tus mandamientos sobre todas las cosas...».

60-Maravillosa será su Palabra
V.129a «Maravillosos son tus testimonios...».

61-Seremos alumbrados y entendidos
V.130 «La exposición de tus palabras alumbra; hace entender a los simples».

62-Tendremos dirección
V.133a «Ordena mis pasos con tu palabra...».

63-Será la Palabra recta y fiel a nosotros
V.138 «Tus testimonios, que has recomendado, son rectos y muy fieles».

64-Su Palabra es vida
V.144 «Justicia eterna son tus testimonios, dame entendimiento, y viviré».

65-Empezaremos cada día meditando en Su Palabra
V.148 «Se anticiparon mis ojos a las vigilias de la noche, para meditar en tus mandamientos».

66-Tendremos paz
V.165a «Mucha paz tienen los que aman tu ley...».

67-Pondremos por obra la Palabra

V.166b «...y tus mandamientos he puesto por obra».

68-Seremos librados

V.170b «...líbrame conforme a tu dicho».

69-Hablaremos de su Palabra

V.172a *Hablará mi lengua tus dichos...».

70-Seremos ayudados

V.175b «...y tus juicios me ayuden».

Mary Reed fue la primera misionera americana de Ohio en India. Después de un tiempo ella regresó para unas vacaciones a su casa donde sintió los primeros síntomas de la lepra. Asimismo ella regresó con urgencia para la tierra a la cual Dios la había llamado y por la cual ardía su corazón. Fue allá, entonces, en India, que ella dedicó 53 años de su vida sirviendo entre los leprosos. Durante todo este tiempo ella PERMANECIÓ firme en la Palabra de Dios aplicándola diariamente y esto le fue de GRAN BENDICIÓN a ella y le dio aliento, ánimo y victoria para terminar su carrera y ministerio. Cuando ella tenía 88 años, cayó y se quebró la cadera y luego después falleció. En la lápida de su tumba está escrito: «Haré de todos mis montes un camino». Un misionero que la conoció dijo: «¡Ella ciertamente lo hizo!» Lo que mantuvo a esta gran misionera tantos y tantos años sirviendo al Señor, fue su entrega, pasión y dedicación sin importar el precio que tuvo que pagar, y lo que la sostuvo toda su vida, fue su deseo de PERMANECER escudada en el poder de la Palabra de Dios y las bendiciones que ésta le trajo. Ella hizo de todos sus montes, montañas y dificultades, un camino triunfador, por medio del respaldo que la Palabra de Dios fue para ella durante todo este tiempo. Con razón al hablar de lo que es la Palabra para nosotros en los 176 versículos del Salmo 119, dice ella:

«Nos enseña, es gozo, es delicia, nos vivifica, nos sustenta, nos guía, es confiable, nos da osadía, poder, sabiduría, inteligencia, consolación, es como un cántico, nos llena de bendiciones, es nuestra porción, es íntegra, nos fortalece, somos guardados por ella de todo mal, es lámpara y lumbrera, es nuestra esperanza, es maravillosa, nos da dirección, es nuestra vida, nos llena de paz, somos librados por ella, y es nuestra ayudadora. ¡Aleluya! Todo esto es la bendita Palabra de Dios.

Veintinueve victorias del que guarda, aplica y ama la Palabra

1-Nuestros años de vida y los de nuestros hijos serán añadidos

Deuteronomio 11.18, 19, 21: *«Por tanto, pondréis estas mis palabras en vuestro corazón y en vuestra alma...Y las enseñarás a vuestros hijos, hablando de ellas cuando te sientes en tu casa, cuando andes por el camino, cuando te acuestes, y cuando te levantes, para que sean vuestros días, y los días de vuestros hijos, tan numerosos sobre la tierra que Jehová juró a vuestros padres que les había de dar, como los días de los cielos sobre la tierra».*

2-El Señor entregará naciones en nuestras manos

Deuteronomio 11.22, 23: *«Porque si guardareis cuidadosamente todos estos mandamientos que yo os prescribo para que los cumpláis, y si amareis a Jehová vuestro Dios, andando en todos sus caminos y siguiéndole a él, Jehová también echará de delante de vosotros a todas estas naciones, y desposeeréis naciones grandes y más poderosas que vosotros».*

3-Viviremos y seremos multiplicados y bendecidos

Deuteronomio 30.16: *«Porque yo te mando hoy que ames a Jehová tu Dios, que andes en sus caminos, y guardes sus mandamientos, sus estatutos y sus decretos, para que vivas y seas multiplicado, y Jehová tu Dios te bendiga en la tierra a la cual entras para tomar posesión de ella».*

4-Todas las promesas se cumplirán en nosotros

Josué 21.45: «*No faltó palabra de todas las buenas promesas que Jehová había hecho a la casa de Israel; todo se cumplió*».

5-Todas las Palabras de Dios se cumplirán en nuestra vida

Josué 23.14: «*He aquí que estoy para entrar hoy por el camino de toda la tierra; reconoced, pues, con todo vuestro corazón y con toda vuestra alma, que no ha faltado una palabra de todas las buenas palabras que Jehová vuestro Dios había dicho de vosotros; todas os ha acontecido, no ha faltado ninguna de ellas*».

6-Anunciaremos las buenas nuevas

Salmo 68.11: «*El Señor daba palabra; había grande multitud en las que llevaban buenas nuevas*».

7-Dios se acordará de la Palabra dada a nosotros

Salmo 105.42: «*Porque se acordó de su santa palabra dada a Abraham su siervo*».

8-Seremos sanados y librados del mal

Salmo 107.20: «*Envió su palabra, y los sanó, y los libró de su ruina*».

9-La Palabra de Dios cumplirá su propósito en nosotros

Isaías 55.11: «*Así será mi palabra que sale de mi boca; no volverá a mí vacía, sino que hará lo que yo quiero y será prosperada en aquello para que la envié*».

10-Será de gozo y alegría su Palabra a nosotros

Jeremías 15.16: «*Fueron halladas tus palabras, y yo las comí; y tu palabra me fue por gozo y por alegría de mi corazón; porque tu nombre se invocó sobre mí, oh Jehová Dios de los ejércitos*».

11-Temeremos su Palabra

Habacuc 3.2a: «*Oh Jehová, he oído tu palabra, y temí…*».

12-Seremos sembradores de la Palabra

Marcos 4.14: «*El sembrador es el que siembra la palabra*».

13-Recibiremos confirmación de nuestro ministerio

Marcos 16.20: «*Y ellos, saliendo, predicaron en todas partes, ayudándoles el Señor y confirmando la Palabra con las señales que la seguían. Amén*».

14-Tendremos vida eterna

Juan 5.24: «*De cierto, de cierto os digo: El que oye mi palabra, y cree al que me envió, tiene vida eterna; y no vendrá a condenación, mas ha pasado de muerte a vida*».

15-Reconoceremos que solo en las palabras de Cristo hay salvación

Juan 6.68: «*Le respondió Simón Pedro: Señor, ¿a quién iremos? Tú tienes palabras de vida eterna*».

16-Nunca moriremos espiritualmente

Juan 8.51: «*De cierto, de cierto os digo, que el que guarda mi palabra, nunca verá muerte*».

17-Seremos eternamente del Señor

Juan 17.6: «*He manifestado tu nombre a los hombres que del mundo me diste; tuyos eran, y me los diste, y han guardado tu palabra*».

18-Predicaremos su Palabra

Hechos 5.20: «*Id, y puestos en pie en el templo, anunciad al pueblo todas las palabras de esta vida*».

19-La Palabra será glorificada en nosotros

2 Tesalonicenses 3.1: *«Por lo demás, hermanos, orad por nosotros, para que la palabra del Señor corra y sea glorificada, así como lo fue entre vosotros».*

20-Estaremos aptos para desarrollar el ministerio

2 Timoteo 2.15: *«Procura con diligencia presentarte a Dios aprobado, como obrero que no tiene de qué avergonzarse, que usa bien la palabra de verdad».*

21-Enseñaremos y exhortaremos a los pecadores en la Palabra

Tito 1.9: *«Retenedor de la palabra fiel tal como ha sido enseñada, para que también pueda exhortar con sana enseñanza y convencer a los que contradicen».*

22-La recibiremos con mansedumbre

Santiago 1.21: *«Por lo cual, desechando toda inmundicia y abundancia de malicia, recibir con mansedumbre la palabra implantada, la cual puede salvar vuestras almas».*

23-No negaremos el nombre del Señor

Apocalipsis 3.8: *«Yo conozco tus obras; he aquí, he puesto delante de ti una puerta abierta, la cual nadie puede cerrar; porque aunque tienes poca fuerza, has guardado mi palabra, y no has negado mi nombre».*

24-Vendrá la Palabra de Dios a nosotros

Lucas 3.2: *«Y siendo sumos sacerdotes Anás y Caifás, vino palabra de Dios a Juan, hijo de Zacarías, en el desierto».*

25-Seremos parte de la familia de Cristo al practicar Su Palabra

Lucas 8.21: *«Él entonces respondiendo, les dijo: Mi madre y mis hermanos son los que oyen la palabra de Dios y la hacen».*

26-Seremos bienaventurados al guardarla

Lucas 11.28: «*Y él dijo: Antes bienaventurados los que oyen la palabra de Dios, y la guardan*».

27-Desearemos oírla

Hechos 13.7: «*Que estaba con el procónsul Sergio Paulo, varón prudente. Éste, llamando a Bernabé y a Saulo, deseaba oír la palabra de Dios*».

28-De igual forma los habitantes de nuestra ciudad desearán escucharla

Hechos 13.44: «*El siguiente día de reposo se juntó casi toda la ciudad para oír la palabra de Dios*».

29-La hemos recibido y ella actuará en nosotros

1 Tesalonicenses 2.13: «*Por lo cual también nosotros sin cesar damos gracias a Dios, de que cuando recibisteis la palabra de Dios que oísteis de nosotros, la recibisteis no como palabra de hombres, sino según es en verdad, la palabra de Dios, la cual actúa en vosotros los creyentes*».

Cierta vez, un joven de la infantería estaba en su primera batalla, y cuando vino una lluvia de balas del enemigo, casi se desmayó. Uno de los oficiales superiores comprendiendo su terror le estrechó la mano y le dijo con cariño: «¡Valor mi muchacho, estarás bien dentro de unos momentos; yo tuve la misma experiencia en mi primera batalla!» El joven vivió y llegó a ser un oficial de carrera y honor, y dijo con frecuencia que LAS PALABRAS DICHAS por su superior fueron como si un ÁNGEL hubiera venido y puesto VIDA NUEVA en él. Desde ese momento fue el más valiente que todos los demás. De la misma forma que este comandante le habló a ese joven, la PALABRA DE DIOS nos habla, dándonos valentía, autoridad y osadía. Si las palabras de un hombre dichas a otro surten un efecto tremendo, ¿imagínese los DICHOS de la Palabra de Dios? Este «ÁNGEL» es el Señor Jesucristo que por medio de su Palabra nos alienta a seguir adelante, y Él pondrá VIDA en nuestra alma y espíritu al nosotros guardar, aplicar, amar y vivir en la Palabra. Y esta VIDA de su Palabra será NUEVA cada día, o sea, seremos RENOVADOS diariamente, pues su Palabra nos dice que sus misericordias son nuevas cada mañana (ver Lamentaciones 3.22, 23). Debemos, pues, para vivir una vida espiritual victoriosa, permanecer en el estudio y en la lectura de las Escrituras, pues de esta manera seremos grandemente bendecidos por el poder de la Palabra. Muchos cristianos se han apartado de las Escrituras, y yo os digo: «¡Volveos a la Palabra de Dios hoy!»

Capítulo

11

La victoria de perseverar y permanecer hasta el fin

Apocalipsis 2.26
«Al que venciere y guardare mis obras hasta el fin, yo le daré autoridad sobre las naciones».

En Lamentaciones 5.19 está escrito: *«Mas tú, Jehová, permanecerás para siempre; tu trono de generación en generación».* La palabra «**permanecerás**» aquí en hebreo es «**yashab**», que quiere decir sentarse, quedarse, morar, soportar, habitar, continuar y habitar en un sitio en particular o hacer morada permanente. Este verbo aparece más de 500 veces. En la mayoría de los casos (2 Samuel 7.2 y Jeremías 23.8), «**yashab**» podría traducirse como «habitar». En Nehemías 1.4 tiene el sentido de sentarse a «esperar». El Salmo 132.14 ilustra la idea de morar permanentemente. De «**yashab**», se derivan «**yeshiba**» (escuela religiosa donde los jóvenes estudiantes para el rabinato se sientan a estudiar) y «**yishub**» (el total de los habitantes judíos en la tierra de Israel). Aquí en esta referencia de Lamentaciones 5.19, la permanencia eterna de Dios contrasta con la desolación temporal de Sion. La Palabra es clara: ¡Dios permanece para siempre! De igual manera, nosotros que somos salvos por Él, somos llamados a permanecer hasta el fin, ya sea en nuestras vidas espirituales como sencillos cristianos o nuestro trabajo ministerial como ministros del evangelio que somos, pero la cosa es permanecer y terminar en victoria. Estamos aquí para «quedarnos» y «soportar» toda prueba, lucha o tribulación que pueda venir. Habitaremos en su presencia diariamente y continuaremos de victoria en victoria hasta que todo termine aquí en la tierra y seamos recibidos en gloria por el Señor y habitemos eternamente con Él. Pero la vida cristiana es un largo, arduo y difícil camino y muchos llegan hasta el fin, pero también muchos desisten, flaquean y caen, perdiendo así la corona que está reservada para ellos en los cielos. Otros a pesar de haber tenido un revés, se arrepienten, se levantan, se recuperan y vuelven a Cristo perdonados y restaurados y terminan victoriosamente sus carreras cristianas obteniendo así el codiciado galardón y premio final junto a Cristo.

Permanecer y terminar es mejor que comenzar

Uno de los deportes mas vistos y populares hoy día en el mundo entero es el automovilismo. Aquí en los Estados Unidos, la NASCAR se volvió el deporte que más crece en número de espectadores. En muchas partes del mundo las carreras de Fórmula 1 llaman la atención de millones de personas. La carrera «500 millas de Indianápolis» se transformó en el principal evento internacional, con pilotos de diferentes nacionalidades compitiendo por el derecho de beber el tradicional vaso de leche en el círculo de los vencedores. El automovilismo es más que un deporte. Se volvió en un gran negocio inclusive en escalas inferiores, con pilotos tratando de probar que pueden competir en niveles superiores. En la NASCAR, por ejemplo, equipos de punta gastan de 15 a 20 millones de dólares por año, mientras que en la Fórmula 1 cantidades aun mayores soportan operaciones impulsadas por la tecnología.

Muchos de los principios que afectan el éxito de una carrera, también son cruciales para una vida espiritual victoriosa, en todas las áreas de nuestras vidas. Algunos de estos principios en relación a una carrera se encuentran en las Escrituras y se aplican a nuestra vida diaria con Cristo. Hebreos 12.1 nos hace la comparación: *«Por tanto, nosotros también, teniendo en derredor nuestro tan grande nube de testigos, despojémonos de todo peso y del pecado que nos asedia, y corramos con paciencia la CARRERA que tenemos por delante».* Dice que debemos correr con paciencia… ¿pero quién en realidad corre con paciencia? si el que corre tiene prisa… Esto podrá aplicarse a los deportes, porque el que corre realmente tiene prisa…pero no en las cosas espirituales. Debemos correr con «paciencia» porque la carrera es muy, pero muy larga, de muchos y muchos años, de experiencias y de muchas experiencias…

Pero lo importante no es cómo se comienza, sino cómo se termina. Tanto en la NASCAR como en la Fórmula 1, el carro más veloz al inicio de una carrera de autos no es siempre el más veloz al final. Los carros pueden enfrentar problemas con el motor, colisiones o ser pasados por otros carros que impriman más velocidad a lo largo de la carrera. De la misma manera, un inicio a veces no tan bueno de algún carro, como suelen acontecer a menudo, en muchas de las ocasiones llegan entre los primeros y a veces es el primero. No importa cómo usted empieza lo que importa es cómo termina. El sabio Salomón ya nos decía esto miles de años atrás en Eclesiastés 7.8a que afirma: *«Mejor es el fin del negocio* [o carrera] *que su principio…»*. Por lo tanto en la vida espiritual es lo mismo, pues los que alcanzan el éxito no importando el comienzo, son aquellos que mantienen el foco concentrado en la línea de llegada desde el momento de la partida, o sea, desde su conversión a Cristo. El gran apóstol Pablo haciendo alusión a esto en 1 Corintios 9.24 declara: *«¿No sabéis que los que corren en el estadio, todos a la verdad corren, pero uno solo se lleva el premio? Corred de tal manera que lo obtengáis»*. Esto es para todos nosotros hoy. Debemos correr y llegar a la meta, permanecer y terminar nuestra carrera. Pablo mismo dijo que el hacía lo mismo, pues en 1 Corintios 9.26a él afirma: *«Así que, yo de esta manera corro…»*.

Y nosotros para permanecer y terminar necesitamos los unos de los otros, pues somos un cuerpo que se ayuda mutualmente. Necesitamos de ayuda, de ánimo, de mensajes, de consejos, de palabras, de oraciones y de afirmaciones positivas de nuestros hermanos en Cristo para correr con eficacia. No se puede correr solo. En la NASCAR y en la Formula 1 las carreras de estos carros es un deporte colectivo, con jefes de equipo, ingenieros, grupos de mecánicos, y muchos más, todos contribuyendo en un esfuerzo para alcanzar la victoria. De la misma manera no existe un solo creyente o ministro que pueda alcanzar el éxito solo, esto es imposible, pues hubo personas que le ayudaron a llegar hasta donde ha llegado, como en mi caso personal. Yo tuve muchas personas que me han ayudado a llegar donde estoy y las Escrituras nos dicen en Colosenses 3.15b que nuestra actitud debe ser: «...*y sed agradecidos*». Y me gustaría reconocer aquellos que con esfuerzo y dedicación me ayudaron en mi vida personal y ministerio. Desde el principio de mi caminar con Cristo en 1981 mi madre fue la primera que creyó en mi llamado. Luego mi pastor, el Rdo. Eliseo Dornelles Alves de las Asambleas de Dios creyó en mí y me envió a JUCUM en Belo Horizonte, MG., Brasil. Después el líder nacional de JUCUM, el Rdo. Jim Stier también reconoció mi llamado. Igualmente el pastor Jaime y Maristela Araujo de igual manera apostaron en mí y me enviaron a España con JUCUM. Allá mi gran maestro y consejero, el Rdo. Alfonso Cherene invirtió mucho tiempo en discipular las muchas áreas de mi vida que yo necesitaba. Cuando vine a los Estados Unidos muchos pastores me abrieron las puertas y me recibieron en sus iglesias en Los Ángeles en 1984, incluyendo el Rdo. Rodolfo y Evelyn Flores con quienes viví en su casa por un tiempo, igualmente en la casa de los hermanos Osuna. El Rdo. Martín García me ayudó a abrir muchas puertas y su querida madre que también permitió que yo viviera por un tiempo en su casa. La amable hermana María Nevarez y su esposo Sabino que tanto agradezco por permitir que yo viviera en su casa durante un tiempo tratándome como uno de sus tres hijos. De la misma manera, el Dr. Jesse Miranda me apoyó grandemente con una carta al permitir que yo predicara en las iglesias de nuestro distrito siendo él superintendente de las Asambleas de Dios. Mas tarde, el Dr. Joel Torres, me ayudó pacientemente a obtener las credenciales. Nuestro pastor, el Dr. Dean Gonzales, que casó a Damaris y a mí, y presentó a nuestros hijos Kathryn y Joshua cuando nacieron para el Señor, también me ayudó grandemente. Y muchos y muchos más que me llevarían mucho tiempo en nombrar uno por uno. También estoy eternamente agradecido a Sam Rodriguez, quien fuera gerente asociado y ejecutivo de la Editorial Thomas Nelson en el área hispana de Caribe-Betania, ahora Grupo Nelson. Él fue el hombre que Dios usó para editar mi primer libro, que en estos momentos ya será el sexto con este. A él va mi agradecimiento por creer en nuestro ministerio y publicar mis escritos. Y hasta hoy, 28 años después, muchos me siguen ayudando y yo ayudo a todos los que pueda, y nuestro ministerio ahora sostiene financieramente a 27 misioneros en todos los continentes del mundo y también sostenemos financieramente el Instituto J.Y. en la India. Y seguiremos y permaneceremos hasta el fin ayudando a todos los que podemos y siendo ayudados por muchos sembradores de nuestro ministerio de igual manera.

Por esto es necesario permanecer y mantenerse firme a pesar de las tribulaciones. Es fácil seguir en la carrera espiritual y ministerial cuando las cosas van bien, pero cuando enfrentamos oposición, o cuando nuestros planes no resultan o estamos delante de obstáculos inesperados, sufrimos reveses, y nos sentimos tentados a desistir en señal de frustración, debemos sembrar las palabras de Pablo en Filipenses 3.13, 14 que nos animan: «...*olvidando ciertamente lo que queda atrás y extendiéndome a lo que está delante, prosigo a la meta, al premio del supremo llamamiento de Dios en Cristo Jesús*». La vida tanto física como espiritual es una larga carretera, no una elipse. En la NASCAR, la mayoría de los círculos son ovales, lo que mantiene a los pilotos girando continuamente. Pero, dos pruebas son espectaculares en su trayecto, obligando a los pilotos a virar a la izquierda, luego a la derecha con desniveles en la pista que hacen al carro subir y bajar muchas veces con curvas difíciles. De igual manera es nuestra vida espiritual y ministerial, y debido a las mismas circunstancias y cambios repentinos, hay que seguir adelante y permanecer manteniéndose firme a pesar de las curvas peligrosas, los altibajos que todos enfrentamos y los cambios de un lado al otro que todos tenemos. Y recuerde que a veces en la carrera necesitamos acelerar; otras veces disminuir la velocidad, pero en todo tiempo debemos mantener en nuestras mentes la línea de llegada y proseguir hasta alcanzar la meta final, llevando siempre en nuestro espíritu las ardientes palabras victoriosas de Pablo en 2 Timoteo 4.7 que nos anima: *«He peleado la buena batalla, he acabado la carrera, he guardado la fe».*

¿Qué dicen las Escrituras sobre el permanecer?

1-Permaneceremos en la tormenta
Proverbios 10.25: *«Como pasa el torbellino, así el malo no permanece; mas el justo permanece para siempre».*

2-No resbalaremos al vivir correctamente
Salmo 15.5: *«Quien su dinero no dio a usura, ni contra el inocente admitió cohecho. El que hace estas cosas, no resbalará jamás».*

3-Seremos recordados eternamente
Salmo 112.6: *«Por lo cual no resbalará jamás; en memoria eterna será el justo».*

4-Permaneceremos al edificar nuestra casa en Cristo
Mateo 7.24: *«Cualquiera, pues, que me oye estas palabras, y las hace, le compararé a un hombre prudente, que edificó su casa sobre la roca».*

5-Nosotros los salvos permaneceremos firmes
Proverbios 12.7: *«Dios trastornará a los impíos, y no serán más; pero la casa de los justos permanecerá firme».*

6-Permaneceremos al hablar con la verdad
Proverbios 12.19: *«El labio veraz permanecerá para siempre; mas la lengua mentirosa sólo por un momento».*

7-Permaneceremos si estamos en Cristo

Juan 15.4: *«Permaneced en mí, y yo en vosotros. Como el pámpano no puede llevar fruto por sí mismo, si no permanece en la vid, así tampoco vosotros, si no permanecéis en mí».*

8-Debemos andar como Cristo anduvo

1 Juan 2.6: *«El que dice que permanece en él, debe andar como él anduvo».*

9-Debemos permanecer en el amor de Cristo

Juan 15.9: *«Como el Padre me ha amado, así también yo os he amado; permaneced en mi amor».*

10-Permaneceremos en fe en medio de las pruebas

Hechos 14.22: *«Confirmando los ánimos de los discípulos, exhortándoles a que permaneciesen en la fe, y diciéndoles: Es necesario que a través de muchas tribulaciones entremos en el reino de Dios».*

11-Debemos permanecer en fidelidad y de corazón

Hechos 11.23: *«Este [Bernabé], cuando llegó, y vio la gracia de Dios, se regocijó, y exhortó a todos a que con propósito de corazón permaneciesen fieles al Señor».*

12-Nuestro trabajo, si permanece, recibirá galardón

1 Corintios 3.14: *«Si permaneciere la obra de alguno que sobreedificó, recibirá recompensa».*

13-Nuestro deseo es seguir viviendo para anunciar el evangelio

Filipenses 1.25: *«Y confiado en esto, sé que quedaré, que aún permaneceré con todos vosotros, para vuestro provecho y gozo de la fe».*

14-Si permanecemos firmes en la fe venceremos
Colosenses 1.23a: «*Si en verdad permanecéis fundados y firmes en la fe, y sin moveros de la esperanza del evangelio que habéis oído…*».

15-Si permanecemos en la doctrina de la verdad seremos salvos
1 Timoteo 4.15: «*Ocúpate en estas cosas; permanece en ellas, para que tu aprovechamiento sea manifiesto a todos*».

16-El amor entre hermanos debe permanecer
Hebreos 13.1: «*Permanezca el amor fraternal*».

17-Si hacemos la voluntad del Señor permaneceremos
1 Juan 2.17: «*Y el mundo pasa, y sus deseos; pero el que hace la voluntad de Dios permanece para siempre*».

18-Muchos al no permanecer en Cristo se han descarriado
1 Juan 2.19: «*Salieron de nosotros, pero no eran de nosotros; porque si hubiesen sido de nosotros, habrían permanecido con nosotros; pero salieron para que se manifieste que no todos son de nosotros*».

19-Por lo tanto es importante retener lo que hemos oído y permanecer
1 Juan 2.24a: «*Lo que habéis oído desde el principio, permanezca en vosotros…*».

20-Por esto es necesario permanecer en Él hasta el final
1 Juan 2.28: «*Y ahora, hijitos, permaneced en él, para que cuando se manifieste, tengamos confianza, para que en su venida no nos alejemos de él avergonzados*».

21-Al guardar su Palabra permaneceremos en Él

1 Juan 3.24: *«Y el que guarda sus mandamientos, permanece en Dios, y Dios en él. Y en esto sabemos que él permanece en nosotros, por el Espíritu que nos ha dado».*

22-Al amar a nuestros hermanos Dios permanece en nosotros

1 Juan 4.12a: *«Si nos amamos unos a otros, Dios permanece en nosotros, y su amor se ha perfeccionado en nosotros».*

23-Si tenemos su Espíritu, permaneceremos

1 Juan 4.13: *«En esto conocemos que permanecemos en él, y él en nosotros, en que nos ha dado de su Espíritu».*

24-Si tenemos el amor en nuestros corazones permaneceremos

1 Juan 4.16: *«Y nosotros hemos conocido y creído el amor que Dios tiene para con nosotros. Dios es amor, y el que permanece en amor, permanece en Dios, y Dios en él».*

25-Y si andamos en la verdad permaneceremos

2 Juan 2: *«A causa de la verdad que permanece en nosotros, y estará para siempre con nosotros».*

William C. Townsend cuenta que cierta vez un evangelista que estaba enfrentando el desánimo y la crítica en su ministerio le dijo a un compañero: «Yo estoy pensando en abandonar todo y dejar el ministerio, ya no tengo ganas de continuar y permanecer». Su amigo le contestó: «¿Por qué me enseñas a mí tu renuncia, yo no fui quien te llamó, verdad? Cuando tú empezaste tu ministerio dijiste que habías sido llamado por el Señor Jesucristo para predicar la Palabra, ¿no fue así?» «Correcto», contestó el evangelista. «Muy bien», dijo el amigo, «entonces yo creo que lo mejor sería que presentaras tu renuncia a la persona que te llamó, en este caso al Señor. Vamos a doblar nuestras rodillas aquí y tú le dirás a Él que vas a abandonar el ministerio, que ya no quieres permanecer, deja que Él oiga todo lo que me acabas de decir, que es muy difícil, que muchos te critican y todo lo demás, pues fue Él quien te llamó y te envió y es a Él a quien debes hablar…». El evangelista respondió: «Yo no quiero hacer esto, pues temo que Él me dirá que permanezca en el ministerio…». «Entonces si es esto lo que Dios quiere, ¿no sería mejor continuar y permanecer en el ministerio?» dijo el amigo. Y el evangelista finalmente admitió: «Yo creo que sí, creo que Él quiere que yo permanezca trabajando…». Y llenándose de valentía y rehusando mirar hacía atrás, este evangelista permaneció predicando la Palabra de Dios y ganando almas para Cristo al ser alentado por su amigo. De igual manera, mis hermanos, si alguno de ustedes en este momento está enfrentando esta misma situación, reprenda el desánimo y la frustración, y anímese con las palabras de Cristo que nos dijo que estaría con nosotros hasta el fin del mundo y que no nos dejaría jamás. Usted siga firme y permanezca en lo que Dios le ha llamado y termine su carrera victoriosamente como un buen soldado de Jesucristo.

Permaneceremos al perseverar hasta el final

En Mateo 24.13 está escrito: «Mas el que **persevere** hasta el fin, éste será salvo». La palabra **«persevere»** aquí en griego es **«hupomeno»**, que significa mantenerse uno en pie en el conflicto, sobreponerse a la adversidad, no desplomarse bajo la tensión, estar uno firme, perseverar bajo presión, esperar calmada y valientemente. No es una pasiva resignación a la suerte, ni mera paciencia solamente, sino es la resistencia activa y enérgica a la derrota, lo que permite una calmada y valiente perseverancia. Nosotros somos llamados a perseverar en todas las circunstancias de nuestras vidas, «mantenernos» de pie en cualquier situación de conflicto sea a nivel personal, familiar, espiritual o ministerial. Tenemos el poder de Dios para «sobreponernos» a la adversidad, a la tristeza, a la angustia y al dolor. Si tan solo perseveramos, no nos rendiremos, no caeremos, no iremos a «desplomarnos» bajo la tensión, sea cual fuere. Estaremos «firmes» al servir a Cristo bajo la presión del enemigo que nos asecha y venceremos «valientemente» lo que nos venga por delante. Todo esto lo haremos en el nombre de Cristo si tan solo perseveramos hasta el final.

En estos momentos acabo de terminar de predicar en una cruzada en Monterrey, México. Estoy en el avión con ruta Monterrey-Atlanta-Los Ángeles, todavía padeciendo de lo que me sucedió físicamente. En medio de tantas luchas y oposiciones en contra de la campaña que los organizadores y el pastor Gerardo Fuentes Martínez, mi amigo y compañero que me invitó, tuvieron que enfrentar para llevar a cabo este evento, mire lo que me pasó. Todo aquél que ya predicó en Monterrey y que tiene discernimiento espiritual, sabe que esta ciudad tiene una fuerte influencia del satanismo, de brujería y de fuertes hechizos contra los siervos de Dios. Después de cenar con el pastor el jueves y dirigirnos al Gimnasio Nuevo León el primer día de la campaña, me agaché para abrir las cajas del material para ponerlos en la mesa con la ayuda de otros hermanos, cuando intenté pararme sentí un fuerte dolor en mi espalda y no tuve fuerzas en las piernas para levantarme. Me llevé un gran susto. Empecé a orar y a reprender al enemigo en mi mente mientras intentaba levantarme del piso donde estaba agachado. El dolor fue aumentando hasta que pedí ayuda y me ayudaron a sentarme en una silla. Yo no podía creer lo que me estaba sucediendo. Jamás había sentido un dolor tan fuerte en mi espalda como este. Cuando vi al pastor Gerardo, le dije lo que me pasaba y pedí oración por mí, pues era el primer día del evento y tenía que predicar en unos pocos minutos. Fue la primera vez en mi vida, después de haber predicado en 71 países en todos los continentes, que prediqué bajo un dolor que usted no tiene idea. A cada paso que yo caminaba empeoraba la situación. No sé cómo pude predicar y ministrar y orar por los demás estando yo con un dolor fortísimo, pero el Señor me dio la capacidad para hacerlo. Lo que el diablo quería era que no predicara y que se cancelara el evento y regresara a casa. Pero él no se salió con la suya. Ya habían cancelado el gimnasio para el servicio del sábado que tuvimos que hacer en otro lugar. Yo sabía que era lucha espiritual, resistencia de las tinieblas para estorbar el evento y que las almas no se salvaran. Después del primer servicio la esposa del co pastor Cosme, me dijo que su hija Rocío me podía dar un masaje pues era graduada de fisioterapia y especialista en estos asuntos. Al terminar el culto nos fuimos con su padre y madre y el hermano Jorge que me transportaba a mi cuarto del hotel en Monterrey. No puedo describir en palabras lo que yo sentía en mi espalda. El masaje me ayudó pero el dolor iba en aumento. Llamaron a un médico cristiano, el Dr. José Figueroa, que amablemente vino a mi cuarto a examinarme. Lo que tuve fue un espasmo lumbar, donde algunos de los nervios de mi espalda se hicieron nudos y afectaron mis piernas pues se encogió el nervio ciático. El término científico, dijo el Dr. Figueroa, se llama «Lumbalgia espática», que tuvo un grado agudo moderado. Me puso inyecciones durante los días del evento, por las mañanas y por las noches, pues yo tenía que predicar en conferencias por las mañanas y en los cultos de la campaña por las noches. Lo mismo hizo la hermana Rocío, hija de los co pastores Cosme, por las mañanas y noches me dio masajes para aliviar el fuerte dolor que sentía. Y si usted ya tuvo dolor de espalda, usted sabe lo que estoy diciendo. El Dr. José Figueroa me dijo de lo que me pasó, que en muchas ocasiones las personas tienen que ser cargadas y llevadas al hospital para internarse pues no pueden mover las piernas de tanto dolor. Qué gran dificultad fue para mí levantarme después de haber dormido solamente 4 ó 5 horas por noche debido al dolor e ir a predicar. Para cepillarme y bañarme y arreglarme tenía que ir agarrándome de los muebles para poder caminar… aun para ponerme las medias y el pantalón del traje para predicar me era muy, pero muy difícil doblarme un poquito solamente… ¡Qué dolor y qué lucha tan grande Dios mío! Además de las inyecciones, me recetó unos medicamentos para tomar y unos medicamentos para relajarme y hacerme dormir por las noches. En cada predicación pedía al final que oraran por mí. Los hermanos fueron tan lindos y compasivos conmigo y pedían al Señor que me sanara. Prediqué siete veces con dolor durante todo el evento, pero como dicen mis queridos hermanos mexicanos, «no me rajé», no desistí, no volví atrás, no cancelé mis predicaciones. Perseveré en medio del dolor, me mantuve de pie como buen soldado de Jesucristo, permanecí fiel en medio del conflicto, porque no hay toro que no se doble delante del dolor, pues solo con Cristo es posible hacer lo que hice. Me sobrepuse a la adversidad del momento, no me desplomé bajo la tensión de la prueba y estuve firme bajo la presión del enemigo, pues lo que él quería era dar fin a la cruzada. Me porté valientemente en medio de este fortísimo dolor, resistí ser derrotado por el diablo y salí victorioso de esta prueba contra mi vida. Ahora mismo estoy con mucho dolor de cabeza, por haber dormido tan poco todos los días del evento y todavía me duele la espalda, pero estoy llegando a casa en victoria, herido físicamente, pero espiritualmente victorioso en Cristo. La campaña fue un gran éxito, con centenas de personas salvas y un derramamiento del poder de Dios extraordinario en las conferencias por las mañanas y en los cultos de la noche. Somos llamados a perseverar y a vencer. Firmes y adelante, huestes de la fe, sin temor alguno que Cristo os ve… ¡Aleluya!

¿Qué dicen las Escrituras sobre el perseverar?

1-Si lo hacemos seremos salvos
Mateo 10.22: «*Y seréis aborrecidos de todos por causa de mi nombre; mas el que persevere hasta el fin, éste será salvo*».

2-Hay que hacerlo hasta el fin
Mateo 24.13: «*Mas el que persevere hasta el fin, éste será salvo*».

3-Si lo hacemos por el evangelio de Cristo seremos aborrecidos

Marcos 13.13: *«Y seréis aborrecidos de todos por causa de mi nombre, mas el que persevere hasta el fin, éste será salvo».*

4-Es necesario perseverar en la tribulación y ser fiel

Apocalipsis 2.10: *«No temas en nada lo que vas a padecer. He aquí, el diablo echará a algunos de vosotros en la cárcel, para que seáis probados, y tendréis tribulación por diez días. Se fiel hasta la muerte, y yo te daré la corona de la vida».*

5-Hacerlo con un solo corazón

Hechos 1.14a: *«Todos éstos perseveraban unánimes en oración y ruego…».*

6-Perseverar en la Palabra y en la comunión

Hechos 2.42a: *«Y perseveraban en la doctrina de los apóstoles, en la comunión…».*

7-Perseverar en unidad con los demás hermanos

Hechos 2.46: *«Y perseverando unánimes cada día en el templo, y partiendo el pan en las casas, comían juntos con alegría y sencillez de corazón».*

8-Hacerlo todos los días

Hechos 5.42: *«Y todos los días, en el templo y por las casas, no cesaban de enseñar y predicar a Jesucristo».*

9-Perseverar en la gracia

Hechos 13.43: *«Y despedida la congregación, muchos de los judíos y de los prosélitos piadosos siguieron a Pablo y a Bernabé, quienes hablándoles, les persuadían a que perseverasen en la gracia de Dios».*

10-Hacerlo con la ayuda de Dios
Hechos 26.22a: *«Pero habiendo obtenido auxilio de Dios, persevero hasta el día de hoy…»*.

11-Haciendo lo correcto obtendremos la vida eterna
Romanos 2.7: *«Vida eterna a los que, perseverando en bien hacer, buscan gloria y honra e inmortalidad»*.

12-Hacerlo en oración
Colosenses 4.2: *«Perseverad en la oración, velando en ella con acción de gracias»*.

13-Hay que andar en el temor de Dios y perseverar en la Palabra
1 Timoteo 4.16: *«Ten cuidado de ti mismo y de la doctrina; persiste en ello, pues haciendo esto, te salvarás a ti mismo y a los que te oyeren»*.

14-Seremos victoriosos al perseverar, orar y velar
Efesios 6.18: *«Orando en todo tiempo con toda oración y súplica en el Espíritu, y velando en ello con toda perseverancia y súplica por todos los santos»*.

Cuando el gran pianista polaco, Ignace Paderewski, escogió estudiar piano, su profesor de música le dijo que sus manos eran muy pequeñas para dominar el teclado. *Pero él perseveró y se tornó un gran pianista.* Cuando el gran tenor italiano, Enrico Caruso, buscó las primeras orientaciones, su profesor le dijo que su voz sonaba como el viento ruidoso por las ventanas. *Pero él perseveró y se tornó un gran tenor.* Cuando el gran estadista de la Inglaterra victoriana, Benjamín Disraeli, intentó hablar en el parlamento por la primera vez, los miembros se burlaron, lo abuchearon y se rieron de él cuando dijo: «Yo me siento ahora pero llegará el tiempo cuando ustedes oirán de mí». *Pero él perseveró y se tornó un gran estadista.* Henry Ford se olvidó de crear la opción de reversa, de retroceso en la caja de cambio de transmisión de su primer carro. *Pero él perseveró y se tornó el gran fabricante de los carros de la marca Ford que lleva su nombre.* Albert Einstein no consiguió pasar las primeras pruebas cuando intentó por primera vez entrar a la universidad. *Pero él perseveró y se tornó el físico, científico y matemático más grande de todos los tiempos.* Thomas Edison intentó e intentó miles de veces en medio de muchos fracasos crear sus inventos y gastó dos millones de dólares en una invención que fue de muy poco valor. *Pero él perseveró y creó la luz incandescente y muchos otros inventos que tenemos hoy.* Abraham Lincoln intentó e intentó ganar una elección en varios puestos del gobierno en medio de muchas derrotas y fracasos. *Pero él perseveró y llegó a ser presidente de los Estados Unidos en dos ocasiones.* Amados lectores: La vida de estos hombres nos enseñan que ellos no consiguieron el éxito en el primer intento, sino que después de muchísimos fracasos y frustraciones alcanzaron la meta. El camino del éxito es el camino de la perseverancia y la determinación. Por esto es importante permanecer firme intentando y perseverando hasta alcanzar la victoria. No desista, siga en frente. Usted debe permanecer por la fe sabiendo que Dios le ayudará a llegar a donde Él ya lo ha escogido y que todo lo que tiene que hacer es PERSEVERAR hasta el fin y verá con sus ojos la gran victoria que el Señor le dará. En mi vida, todo lo que he conseguido hasta ahora ha sido con mucho esfuerzo, dedicación y perseverancia, tanto en el ámbito personal como familiar y ministerial. Siempre conmigo ha sido una batalla constante, en todas las áreas, pero en todo he sido victorioso, pues he aprendido que con la ayuda del Señor es posible alcanzar todo lo que nuestro corazón desea cuando todo esté en el centro de la voluntad de Dios.

Veintidós victorias de todo aquel que persevera y permanece hasta el fin

1-Perseveraremos y permaneceremos porque su consejo permanece en nosotros
Isaías 46.10c: «...*mi consejo permanecerá, y haré todo lo que quiero*».

2-Perseveraremos y permaneceremos porque creemos en Él
Isaías 7.9b: «*Si vosotros no creyereis, de cierto no permaneceréis*».

3-Perseveraremos y permaneceremos porque somos sus discípulos
Juan 8.31: «*Dijo entonces Jesús a los judíos que habían creído en él: Si vosotros permaneciereis en mi palabra, seréis verdaderamente mis discípulos*».

4-Perseveraremos y permaneceremos porque vivimos en su Palabra
Juan 15.7: «*Si permanecéis en mí, y mis palabras permanecen en vosotros, pedid todo lo que queréis, y os será hecho*».

5-Perseveraremos y permaneceremos porque obedecemos la doctrina de Cristo
2 Juan 9: «*Cualquiera que se extravía, y no persevera en la doctrina de Cristo, no tiene a Dios; el que persevera en la doctrina de Cristo, ése sí tiene al Padre y al Hijo*».

6-Perseveraremos y permaneceremos porque reconocemos su bondad
Romanos 11.22: «*Mira, pues, la bondad y la severidad de Dios; la severidad ciertamente para los que cayeron, pero la bondad para contigo, si permaneces en esa bondad; pues de otra manera tú también serás cortado*».

7-Perseveraremos y permaneceremos porque retenemos su Palabra
1 Corintios 15.2: *«Por el cual asimismo, si retenéis la palabra que os he predicado, sois salvos, si no creísteis en vano».*

8-Perseveraremos y permaneceremos porque andamos en el Espíritu
Gálatas 3.3: *«¿Tan necios sois? ¿Habiendo comenzado por el Espíritu, ahora vais a acabar por la carne?»*

9-Perseveraremos y permaneceremos porque no regresaremos al mundo
Gálatas 4.9: *«Mas ahora, conociendo a Dios, o más bien, siendo conocidos por Dios, ¿cómo es que os volvéis de nuevo a los débiles y pobres rudimentos, a los cuales os queréis volver a esclavizar?»*

10-Perseveraremos y permaneceremos porque no vivimos de acuerdo al mundo
Colosenses 2.20: *«Pues si habéis muerto con Cristo en cuanto a los rudimentos del mundo, ¿por qué, como si vivieseis en el mundo, os sometéis a preceptos…?»*

11-Perseveraremos y permaneceremos porque no vivimos más en pecado
Romanos 6.6: *«Sabiendo esto, que nuestro viejo hombre fue crucificado juntamente con él, para que el cuerpo del pecado sea destruido, a fin de que no sirvamos más al pecado».*

12-Perseveraremos y permaneceremos porque retenemos la confianza
Hebreos 3.6b: *«…si retenemos firme hasta el fin la confianza y el gloriarnos en la esperanza».*

13-Perseveraremos y permaneceremos porque producimos fruto espiritual

Juan 15.2: *«Todo pámpano que en mí no lleva fruto, lo quitará; y todo aquel que lleva fruto, lo limpiará, para que lleve mas fruto».*

14-Perseveraremos y permaneceremos porque retenemos la fe, la esperanza y el amor

1 Corintios 13.13: *«Y ahora permanecen la fe, la esperanza y el amor, estos tres; pero el mayor de ellos es el amor».*

15-Perseveraremos y permaneceremos porque Cristo intercede por nosotros

Hebreos 7.22-25: *«Por tanto, Jesús es hecho fiador de un mejor pacto. Y los otros sacerdotes llegaron a ser muchos, debido a que por la muerte no podían continuar; mas éste, por cuanto permanece para siempre, tiene un sacerdocio inmutable; por el cual puede también salvar perpetuamente a los que por él se acercan a Dios, viviendo siempre para interceder por ellos».*

16-Perseveraremos y permaneceremos porque lo haremos en ÉL

1 Juan 3.6: *«Todo aquel que permanece en él, no peca; todo aquel que peca, no le ha visto, ni le ha conocido».*

17-Perseveraremos y permaneceremos porque Cristo nos confirmará hasta el fin

1 Corintios 1.8: *«El cual también os confirmará hasta el fin, para que seáis irreprensibles en el día de nuestro Señor Jesucristo».*

18-Perseveraremos y permaneceremos porque somos sus escogidos

Isaías 65.22: *«No edificarán para que otro habite, ni plantarán para que otro coma; porque según los días de los árboles serán los días de mi pueblo, y mis escogidos disfrutarán la obra de sus manos».*

19-Perseveraremos y permaneceremos fielmente aun hasta nuestra vejez

Salmo 92.12-15: *«El justo florecerá como la palmera; crecerá como cedro en el Líbano. Plantados en la casa de Jehová, en los atrios de nuestro Dios florecerán. Aun en la vejez fructificarán; estarán vigorosos y verdes».*

20-Perseveraremos y permaneceremos porque vivimos en el temor de Dios

Hebreos 4.1: *«Temamos, pues, no sea que permaneciendo aún la promesa de entrar en su reposo, alguno de vosotros parezca no haberlo alcanzado».*

21-Perseveraremos y permaneceremos al ser guardados hasta el fin por Cristo

Judas 24: *«Y a aquel que es poderoso para guardaros sin caída, y presentaros sin mancha delante de su gloria con gran alegría».*

22-Perseveraremos y permaneceremos porque venceremos hasta el fin por medio de Cristo y recibiremos sus promesas

Apocalipsis 2.7, 11, 17, 26; 3.5, 12, 21: *«AL QUE VENCIERE…».*

Muchos años atrás, un misionero americano que sirvió al Señor en África por muchísimo tiempo regresaba a los Estados Unidos. Su esposa había fallecido allá y él ya anciano estaba de vuelta después de haber dado más de 40 años de servicio. Él había escrito a sus hijos y nietos que llegaría a tal día y tal hora en el puerto de Nueva York y que ellos lo fueran a recoger, pues él venía en barco. Después de muchos meses de viaje, finalmente la nave se acerca a la costa de Nueva York. Al mirar él, nota que había mucha gente en el puerto esperando y pensó que era por él. Después al acercase aun más, miró una banda que tocaba alegremente y dijo así mismo: «Así es que se espera a un hombre de Dios que ha servido a Cristo por cuatro décadas en África». Y por último cuando ya estaba bien cerca, miró un gran cartel que decía: «Welcome!»

o sea, ¡Bienvenido! Entonces lágrimas brotaron de sus ojos al ver toda la gente, la banda y el cártel que según pensaba era para él. Pero al llegar el gran barco, salió la primera clase, la segunda y finalmente la tercera, donde él venía. Para su sorpresa, cuando él desembarcó ya no estaba la gente, ni la banda y ya habían quitado el cartel. Y pensó: *¿Qué pasó aquí, dónde se fueron todos?* Al preguntar a alguien adónde se había ido la gente, la respuesta fue que ya habían visto llegar al presidente y ya se habían marchado todos. Es que él no sabía que en la primera clase venía el presidente Roosevelt de los Estados Unidos, con su esposa y su comitiva que le acompañaban. Entonces se dio cuenta que la gente, la banda y el cartel de bienvenida no habían sido para él, sino para el presidente. Y se fue, y se sentó en un banquito con su maletita y se dio cuenta que ninguno de sus hijos y nietos vinieron a recibirlo. Bajando la cabeza, entre sollozos y lágrimas, le dijo al Señor: «Oh Dios, te he servido durante más de 40 años en África, ¿y este es el recibimiento que me dieron al volver a mi casa?» Entonces oyó la voz de Dios que le dijo: «Mira hacia arriba… tú estás triste porque nadie te vino a buscar y a reconocer tu trabajo, ¿no es así?» «¡Sí Señor!» le contestó el gran misionero. «Pues bien», le dijo el Señor: «Es que tú todavía no has llegado a casa, porque cuando tú llegues aquí arriba a tu casa, y cuando termines tu carrera, yo me levantaré de mi trono y te recibiré personalmente con todos los honores que mereces, en tanto que permanezcas y perseveres hasta el fin… Yo mismo te recibiré y te daré la bienvenida, con todos mis ángeles del cielo por el trabajo que hiciste por mí… y te diré, buen siervo y fiel, entra en el gozo de tu Señor…». ¡Aleluya! ¡Qué maravilla apreciados hermanos! Somos llamados a permanecer y perseverar hasta el fin, de esta manera seremos victoriosos por toda la eternidad, seamos ministros o simplemente creyentes. Nuestro trabajo y esfuerzo es para Dios. Que el Señor le pueda dar fuerzas para continuar victoriosamente hasta terminar la carrera, y que al finalizar la lectura de este libro, *La vida espiritual victoriosa,* pueda recibir nuevo aliento y que el Dios Todopoderoso le bendiga grandemente junto a su familia, iglesia y ministerio, este es mi deseo y oración, y que pongamos esta palabra de Deuteronomio 30.20a en nuestro corazón: «Amando a Jehová tu Dios, atendiendo a su voz, y siguiéndole a él; PORQUE ÉL ES VIDA PARA TI…». Persevere, permanezca y sea fiel hasta el fin, pues la vida eterna nos espera. Que Dios le bendiga.

ACERCA DEL AUTOR

El Rdo. Josué Yrion es un evangelista internacional que a su edad ha logrado un reconocimiento destacable. Ha predicado a millones de personas en 71 países en todos los continentes del mundo en la unción del Espíritu Santo. Esto ha resultado en la salvación de multitudes para Cristo. En 1985 estuvo en la Unión Soviética y regresó a predicar a Rusia en 1993 en una base militar soviética en Moscú, adonde su ministerio llevó dieciséis mil Biblias. Ha recibido muchos honores incluyendo la medalla del Congreso chileno y una placa del gobierno de Chile como Hijo y Visita Ilustre de Viña del Mar. Fue el primer ministro latinoamericano en predicar en una cruzada en Madras (Chennai), India, donde setenta mil personas fueron testigos del poder de Dios a través de milagros y prodigios. Es maestro activo y acreditado de misiología del curso "Perspectivas", de la División Latinoamericana de la Universidad William Carey y del Centro Mundial de Misiones en California. Es presidente del Instituto Teológico Josué Yrion en Manipur, India, donde muchos están siendo entrenados para alcanzar los países aun no evangelizados del Asia. Al momento su ministerio sostiene financieramente a 27 misioneros alrededor del mundo y su organización cuenta con una oficina en cada continente. Su ministerio se encuentra entre las 825 organizaciones misioneras reconocidas por el Libro de Consulta de Misiones (Mission Handbook) del Centro Billy Graham, EMIS (Servicio de Información de Evangelismo y Misiones) editado por Wheaton College. Es autor de los libros: *El poder de la Palabra de Dios; Heme aquí, Señor, envíame a mí; La crisis en la familia de hoy; La fe que mueve la mano de Dios; El secreto de la oración eficaz* y *La vida espiritual victoriosa*. Es ministro ordenado del Concilio General de las Asambleas de Dios en Estados Unidos y fundador y presidente de Josué Yrion Evangelismo y Misiones Mundiales, Inc. Reside con su esposa Damaris y sus hijos Kathryn y Joshua Yrion en Los Ángeles, California, EE.UU.

Si desea recibir un catálogo con los títulos de nuestros libros, DVDs, Videos y CDs disponibles en inglés, español y portugués, u otra información de nuestras cruzadas evangelísticas alrededor del mundo, búsquenos en nuestra página en la Internet: www.josueyrion.org o escriba a la siguiente dirección:

JOSUÉ YRION EVANGELISMO Y MISIONES MUNDIALES, INC.
P. O. Box 768
La Mirada, CA. 90637-0768, EE.UU.
Teléfono (562) 928-8892 Fax (562) 947-2268
www.josueyrion.org
josueyrion@josueyrion.org
josueyrion@msn.com

www.ingramcontent.com/pod-product-compliance
Ingram Content Group UK Ltd.
Pitfield, Milton Keynes, MK11 3LW, UK
UKHW020135250325
456668UK00001B/42